JN098039

ビジネス能力検定ジョブパス　実施要項

■試験の変更

2013年から「ビジネス能力検定試験」が「ジョブパス」に変わりました。

■受験要項

① 実施方式

1級はCBT方式

2，3級はCBT方式またはペーパー方式

※ペーパー方式は会場団体のみ。

② 受験資格

どなたでも受験できます。

③ 試験時間

実施級	試験時間
1級	CBT方式90分間
2級	CBT方式90分間 または　ペーパー方式 13：00〜14：30（90分間）
3級	CBT方式60分間 または　ペーパー方式 10：30〜11：30（60分間）

※　試験は各級とも前期と後期の年2回あります。試験日は実施方式などでそれぞれ異なるので，公式ホームページ等でご確認ください（右記「■問合せ」参照）。

④ 受験料

1級：8,500円　2級：4,200円　3級：3,000円

■合格基準

原則として1級は60%，2級は65%，3級は70%以上の得点をもって合格とします。

■出題形式と配点

1　級：記述入力方式，配点100点

2　級：多肢選択方式，配点100点

3　級：多肢選択方式，配点100点

■電卓の使用について

1級の試験では電卓を使用することができます。

ただし，下記の機種については，使用できません。

〈使用を認めない電卓〉

1．電池式（太陽電池を含む）以外の電卓

2．文字表示領域が複数行ある電卓（計算状態表示の一行は含まない）

3．プログラムを組み込む機能がある電卓

4．電卓が主たる機能ではないもの
＊パソコン，携帯電話，PHS，電子手帳，電子メモ，電子辞書，翻訳機能付き電卓，音声応答のある電卓，電卓付き腕時計等

5．その他試験監督者が不適切と認めるもの

※　2級，3級は使用不可

■合格証書類の発行

合　格　証：合格者に合格証（カード）が自動的に無料で交付されます。

合格証書：希望者には合格証書（A4判）を発行します。（発行手数料1,100円/税・送料込み）

合格証明書：就職や単位認定等のために，検定の合格を証明する必要に応じて発行します。（発行手数料600円/税・送料込み）

■出願方法

個人で出願する場合は，インターネット（下記URL）からの受付。

■問合せ

(一財)職業教育・キャリア教育財団　検定試験センター

TEL：03-5275-6336

https://bken.sgec.or.jp/

文部科学省 後援

B検 ｜ ビジネス能力検定 B検 JObpass ジョブパス

要点と演習

ビジネス能力検定

【ジョブパス】

2級

business manners / communication
teamwork / active listening
speech / management
cash flow / filing / internet
computer network
etc.

実教出版

※本書掲載の新聞記事は，日本経済新聞社の許諾を得て掲載されたものであり，無断で複写・転載を禁じます。

◆ まえがき ◆

　文部科学省後援のビジネス能力検定（B検）ジョブパス2級は，就職を控えている方から社会人1〜3年程度の社員を対象に，3級で学んだ社会人としての常識やマナー，ビジネスに関する基礎的な知識などについて，より一層のスキルアップをはかることを目的としています。

　2級では，3級の知識を前提として，企業の役割や責任と権限などを理解するとともに，効率的な業務の進め方，問題解決，企画提案のための基本的コミュニケーション，情報活用の技法を評価します。

　本書により，社会人として生きていくための知識と技術をよりステップアップさせ，ビジネス社会で活躍されることを期待しています。

● 構成と特色

1．学習と問題演習がこの1冊でできる

　各章とも「要点」と「演習」で構成。テキストと問題集を1冊にまとめました。授業にも自学自習にも最適です。

2．ビジュアルで，わかりやすい学習の「要点」

　「要点」では，図や表を多用し内容をビジュアル化。キーワード・エピソードは「コラム」で簡潔にまとめ，わかりやすさを出しました。

3．「演習」による学習内容の定着とくわしい「アドバイス」

　「演習」では，穴埋め問題のほか，実戦形式の択一問題・記述式問題までを網羅。多くの問題を解くことにより，学習内容の定着をはかれるようにしました。「アドバイス」（側注欄）を同時に読むことによって，より深い内容まで習得することができます。

4．巻末に「模擬試験問題」を掲載

　巻末には，実際の検定問題の出題形式・出題数にそった「模擬試験問題」を掲載。総合的な演習が行えるようにしました。

5．時事用語・英略語などの「付録」つき

　新聞記事を読む姿勢や情報収集の技術など実践的な能力を養えるよう，時事用語や英略語などを別冊「付録」にまとめました。

6．問題の解答

　演習，模擬試験問題の解答および解答例を別冊にのせました。

第**1**編　ビジネスとコミュニケーションの基本

1 キャリアと仕事へのアプローチ

■ 企業とそれをとりまく社会を理解しつつ，職業観の確立を目指す。
■ キャリア形成のために何をすべきかを知る。

1 職業観の確立

▶▶ 企業における仕事とともに自己の成長をはかり，生きがいのある職場にしよう。

企業を成長の場に	プロ意識を持つ	社会的使命を果たす	職業の倫理の維持	当事者意識のある仕事	職務権限内での仕事	得意分野の開拓・確立	存在感の確立
	自分の仕事に誇りを持つ	社会に貢献する	善悪・公私の区別をつける	責任感を持つ	チームプレー	専門能力を磨く	自分の存在価値を高める

2 企業と社会と個人との関わり

▶▶ 社会と密接な関わりを持つ企業（会社）と，そこで働く個人（社員）の役割は何か。

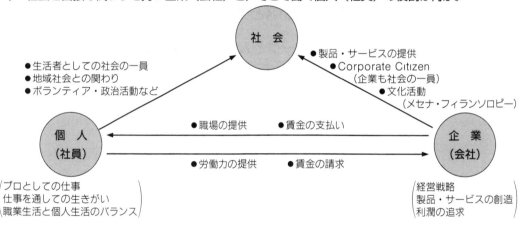

社　会

●製品・サービスの提供
●Corporate Citizen
　（企業も社会の一員）
●文化活動
　（メセナ・フィランソロピー）

●生活者としての社会の一員
●地域社会との関わり
●ボランティア・政治活動など

個　人
（社員）

●職場の提供　　●賃金の支払い

●労働力の提供　●賃金の請求

企　業
（会社）

プロとしての仕事
仕事を通しての生きがい
職業生活と個人生活のバランス

経営戦略
製品・サービスの創造
利潤の追求

3 経営理念の理解と実践

▶▶ 会社には，その業種や業態によって，それぞれの目的があり，その目的達成のために，経営理念がある。

●経営理念とは ——▶ 企業の長期的・普遍的な経営の方向性を示したもの。
社会に対して何をしたいか，価値観や規範は何か，など。

▶▶ 経営理念は，基本的に変化しないが，次のような理由で変わることがある。

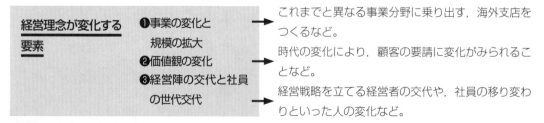

経営理念が変化する要素	❶事業の変化と規模の拡大	——▶ これまでと異なる事業分野に乗り出す，海外支店をつくるなど。
	❷価値観の変化	——▶ 時代の変化により，顧客の要請に変化がみられることなど。
	❸経営陣の交代と社員の世代交代	——▶ 経営戦略を立てる経営者の交代や，社員の移り変わりといった人の変化など。

4 部門の役割と目標

▶▶ 会社においては，設定された目標達成のために活動することが基本である。

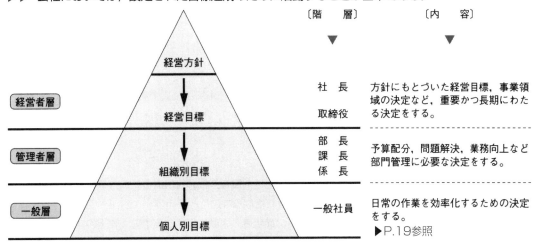

〔階　層〕　　　　　〔内　容〕

経営者層	経営方針 → 経営目標	社　長 / 取締役	方針にもとづいた経営目標，事業領域の決定など，重要かつ長期にわたる決定をする。
管理者層	組織別目標	部　長 / 課　長 / 係　長	予算配分，問題解決，業務向上など部門管理に必要な決定をする。
一般層	個人別目標	一般社員	日常の作業を効率化するための決定をする。 ▶P.19参照

5 環境の変化に応じた組織変革

▶▶ 会社の健全な発展のために，環境変化に的確に対応し，組織を改革する。

6 私たちをとりまくビジネス環境

▶▶ 社会全体の変化とともに，企業の考え方，働き方は急激に変わっている。

●IT時代のビジネス環境
（コンピュータが使いこなせることが前提になった）
→ 電子メールを使うことでビジネススピードが早くなった。

→ インターネットの活用でグローバル化，リアルタイム化，低コスト化が進んだ。

→ インターネットと電子メールにより，情報のやり取りが，いつでも，どこでもできるようになり，24時間体制業務を要求されるようになった。

●働き方の変化
働き方の多様化とは，職業選択の自由とともに，自らの力で変化に対応していかなければならないことをいう。
→ 企業は従業員の満足度，労働生産性を高めて，売上の向上に導くため「働き方改革」に取り組んでいる。

雇用形態の多様化

正社員	契約社員
派遣社員	請負社員
アルバイト	在宅勤務社員
SOHO	ノマドワーキング
	など

ジョブ型雇用
メンバーシップ型雇用

勤務時間の多様化

定時制	フレックスタイム制
裁量労働制	テレワーク
シフト制	など

給与体系の多様化

固定給制	月報制
年俸制	出来高払い制
成果・実績給与制	
能力給制	日給制	など

▶P.21「働き方改革」参照
▶P.186「労働法との関わり」参照
▶別冊P.6「テレワーク」参照
▶別冊P.5「ジョブ型雇用」参照
▶別冊P.9「メンバーシップ型雇用」参照

●ビジネスのグローバル化への対応
→ 仕事をする場所，取引をする国は国内にとどまらず，世界に広がっている。

- ●国際的な感覚を持つ
- ●異文化に対する認識と理解を持つ
- ●自分の価値観や文化を大切にする
- ●つねに世界に目を向けて動向を知る
- ●多言語で仕事が進められるよう，語学力の向上が必要

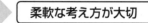

柔軟な考え方が大切

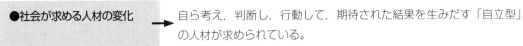

7 　自分のビジネスキャリアは自分でつくる時代

▶▶ 労働市場が世界に広がっているなかで，1人ひとりの「キャリア・プランニング」が人の人生を左右する時代になった。

●社会が求める人材の変化

→ 自ら考え，判断し，行動して，期待された結果を生みだす「自立型」の人材が求められている。

→ 「指示待ち」姿勢ではなく，自分から仕事を見つけ，創るという姿勢が必要である。

→ 少し先を見通して考え，行動し，発案できるよう，現状に問題意識を持たなければならない。

●キャリア形成とは何か

→ 仕事，家庭，友人，趣味など社会のなかで「あるべき自分の姿」「なりたい自分」を意識して，それに向かって努力するということ。

→ キャリアを考えるということは，「自分の人生を考える」ということである。

キャリア

会社は，自分のキャリア形成の場の1つである。

8 　これからの時代のキャリアマネジメント

▶▶ どのような環境のもとでも求められる人材でありつづけるためには，専門能力とともに幅広いビジネス能力を高めてキャリアを築いていく。

●キャリア形成のためには
（あるべき自分の姿を目指して）

→ 学びつづける姿勢と，レベルアップ，ブラッシュアップを心がける。

→ さまざまなことに興味と好奇心を持ち，自分の殻に閉じこもらず，偏った考え方をしないようにする。

→ 失敗や苦労は次のステップへのチャンスだと考え方を変える。

→ 仕事や生活が思うようにいかなくても，前向きに考え，変化していくことをこわがらない。

●コミュニケーション能力を身につける	→ すべての立場で必要なものは，「コミュニケーション」である。
	→ 自身の人間的魅力を備えるためには，まわりの人の人間的魅力に気づき，認め，学ぶ。
	→ だれとでも柔軟に対応できるように，幅広い知識と情報を得るようにする。
●得意分野を開拓する	→ キャリアをつくるには，自分の専門分野，得意分野をつくる。その努力が自信を生む。それを磨いてスペシャリストをめざす。
	→ スペシャリストからプロフェッショナルへと知識・スキルを上げ，まわりから評価される存在になれるよう努力をする。
●リスキリングを意識する	→ 時代の変化に対応していくため，新しい仕事，職務に必要なスキルを習得して，自律的なキャリアを形成する。

9 民法改正とキャリア形成

▶▶ 2022年4月より青年年齢は18歳に引き下げ。

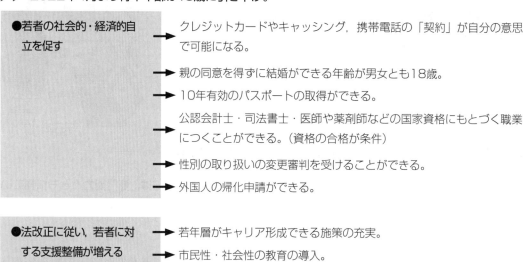

●若者の社会的・経済的自立を促す	→ クレジットカードやキャッシング，携帯電話の「契約」が自分の意思で可能になる。
	→ 親の同意を得ずに結婚ができる年齢が男女とも18歳。
	→ 10年有効のパスポートの取得ができる。
	→ 公認会計士・司法書士・医師や薬剤師などの国家資格にもとづく職業につくことができる。（資格の合格が条件）
	→ 性別の取り扱いの変更審判を受けることができる。
	→ 外国人の帰化申請ができる。
●法改正に従い，若者に対する支援整備が増える	→ 若年層がキャリア形成できる施策の充実。
	→ 市民性・社会性の教育の導入。
	→ 若年層がスキルや経験を身につけるための社会参画プログラムの提供。
	→ 親権者等からの虐待による自立支援者を減らす必要があることから児童福祉施設，社会全体で子育てを行っていく環境整備。

青年年齢を18歳に引き下げることは，18歳，19歳の若者の自己決定権を尊重するものであり，積極的な社会参加を促している。

1 次の各設問に答えなさい。

1. 「企業（会社）の役割」について，正しいものを 1 つ選びなさい。

① 経営戦略をきちんと立てる。
② 適正な利潤を追求する。
③ 地域社会の問題には触れない。
④ 製品の製造・サービスの創造に努める。

〔選択肢〕

ア	①	②	③
イ	②	③	④
ウ	①	②	④

2. 企業で働く人間（職業人）として，仕事に取り組む意識・姿勢について，正しいものを 1 つ選びなさい。

① 自分の仕事が社会に貢献していることをいつも認識すべきである。
② 自分の生きがいとして仕事をし，仕事を通し自分の成長もはかる。
③ 自分の給料が仕事に見合っているかをチェックしながら働く。
④ 職業と個人生活とのバランスをとることが大切である。

〔選択肢〕

ア	①	②	③
イ	①	②	④
ウ	②	③	④

3. 個人（社員）と社会との関わりについて，正しいものを 1 つ選びなさい。

〔選択肢〕

ア．個人といっても企業のなかで働くときは組織の一員として行動するので，地域社会に貢献できなくても仕方がない。
イ．ボランティアなど社会活動は大切なので，仕事より優先する。
ウ．地域社会への関わりを重視するとともに，企業の環境公害などにも気配りを怠ってはならない。
エ．工場や現場からの環境汚染や騒音公害には気を配るものの，利潤追求優先の企業に勤務している場合は，無視しなければならない。
オ．個人は企業に雇われ報酬をもらっているのだから，社会運動や政治運動に関わることはしてはならない。

4. 「経営理念」について，正しいものを 1 つ選びなさい。

〔選択肢〕

ア．企業の販売目標や売上げ目標などをもとにして，毎年の利潤を計算して作成し，経営者の営業姿勢を打ち出したものである。
イ．企業の長期的・普遍的な経営の方向を明確に示したものである。
ウ．企業がどのような価値観にもとづいて事業を進めていくのかを企業のトップが会議で決めて，毎年提案されるものである。
エ．企業の姿勢や概念を役員会で決定し，経営者の理想像を全社員に提案したものである。
オ．長期・短期の企業目標を示し，経営の方向性を示したものである。

1－4
経営理念の内容は，成文化されている場合，社是，社訓などと表現される。
経営理念において必要なのは「ホスピタリティ・マインド」（もてなし，歓待の心）である。

5. 部門の仕事に関する説明で，正しいものを1つ選びなさい。

① 顧客のニーズに応え，会社の信用を高めることにもつながる品質管理意識は，生産部門のみに求められている。

② 品質の高い商品を生むことで，より積極的な販売活動が展開できるなど，会社の業務は，各部門が密接に結びつきながら進められる。

③ 各部門の仕事を円滑に進めるためには，指示・命令に対して，的確に，報告・連絡・相談などを行うことが重要である。

④ 業務にともなって派生するさまざまな書類，帳票類の内容と流れを理解することは，スムーズに仕事を進めるうえで重要である。

〔選択肢〕

ア	①	②	④
イ	②	③	④
ウ	①	②	③

1−5
部門内における業務の流れには，経営者・管理者といった上位者からの指示や命令による「トップダウン」と，現場や顧客に近い者が上位の者に改善意見や提案を述べる「ボトムアップ」の場合とがある。

6. 組織が会社の目標に向かって活動するときに大切なことで，正しくないものを1つ選びなさい。

〔選択肢〕

ア．部長が課長たちを集めて，会社の目標をハッキリ伝えたので，社員も課長の指示で素早く行動しようとしている。

イ．課長の権限が弱く係長も動きにくいので，目標が実行されにくい。

ウ．目標がきびしいので不平・不満は出たが，話し合いで現状が把握できたので納得して全員が動いている。

エ．努力すればできるということで，上からの指示が社員1人ひとりにまで徹底したので，目標に向かって活気づいている。

オ．経営方針を理解し，部門間の調整もできている。個人の目標設定のガイドラインができれば心配はなくなる。

7. 会社は環境の変化に対応するため，組織を変えることがある。次の環境変化に対するもので，正しくないものを1つ選びなさい。

〔選択肢〕

ア．従業員各人用に，タブレット型のパソコンを導入した。導入にあたっては，ホストコンピュータとつないで情報のやりとりが可能なシステムをつくり，データ処理のスピード化をはかった。

イ．アメリカ・ヨーロッパにつづいて，アジア各地にも駐在員を置くようにした。この国際化の流れに乗って，営業部を3つの部に分けて専門化をはかることにしたため，効率化ができた。

ウ．関連企業の業績が思わしくないため，地方の支社を統廃合して本社の営業部に1本化した。これは会社が生き抜くためには必要な処置で仕方がない。リーダーの責任は逆に大きくなった。

エ．業績不振が長くつづいているが，利益の一部は経営の理念にそって地域文化の向上に役立てたいと願っている。地域社会に貢献するのは企業の大きな目標の1つだが，現状は苦しい。

オ．新規事業開発を進めるために，不採算部門をはじめ営業部門の一部を集約して新しい名称の部をつくって再出発した。経営陣の決断が遅かったので業績向上は難しい。

1−7
激動する経済社会のなかで，企業としての生き残りをかけ，どのように活動していけばよいのかを決める基本的な政策が「経営戦略」である。内容によって，より具体的に，企業戦略，競争戦略，提携戦略などに分けられる。

2 会社活動の基本

▌社員として仕事にのぞむ際に重要な意識について学ぶ。

1 顧客ニーズに応じた会社活動

▶▶ 顧客意識を含め，次の8つの意識が仕事を遂行するうえでの基本である。

8つの意識

❶顧客意識 → 商品やサービスを購入してくれる顧客があってこそ，経営が成り立つ。直接顧客に接する部署でなくとも，つねに顧客のニーズを先取りする努力をする。

❷品質意識 → 商品・製品・サービスの品質を，相手から要求されているレベルと同等か，それ以上のレベルに保つ努力をする。そのための仕事の進め方や管理の質も向上させる。

❸納期意識 → 仕事を約束の期日までに仕上げるために，つねに仕事の優先順位や進捗状況の確認を行う。納期に遅れないことが信頼の源になる。

❹コスト意識 → コピー用紙の節約といった無駄づかいの防止や，時間の節約を心がけ，コスト節減で利益に貢献する。最小のコストで最大の成果をねらう。

❺協調意識 → 各部署，社員1人ひとりの仕事は，会社の掲げる大きな目標を達成するための仕事であるという自覚を持つ。組織の一員として，全体の利益のために協力することで組織としてのパワーが結集できる。

❻目標意識 → 何を，いつまでに，どのような方法で行うのか。どんな仕事でも，ゴールを設定して前向き（ポジティブ）に取り組む。

❼時間意識 → タイムリーな仕事，もっとも効果的な時間を逃がさない仕事により，時間を有効に活用する。

❽改善意識 → つねに問題意識を持ち，ムダ，ムリ，ムラを取り除くための工夫をする。

● 仕事で接する人すべてがお客さま

「お客さま」というと，サービスや商品を提供する相手として，外部の人たちのことだけを想定しがちである。しかし，互いにサービスを提供したり提供されたりする関係という意味では，同じ企業，組織内の人たちも，広い意味で自分のお客さまになる。

ともに仕事に関わる人とはチームワークを発揮して質の高い仕事を行い，後工程として自分の仕事を引き継ぐ人がいる場合には，より遂行しやすい形でバトンを渡すなどの心構えが必要である。

2   「お客さま第一」の姿勢

▶▶ 「お客さま第一」を貫く。

●お客さま第一とは	→ 企業（自分）の事情よりも，お客さま（相手）の事情やニーズを優先するという意識。

▶▶ 顧客と接するうえで留意することは何か。

●お客さま対応の基本	→ 顧客の満足を高めるために「お客さま第一」の意識が不可欠である。顧客の満足を得ることが，ひいては企業の利益となる。
	→ 行動する前に，そのことがお客さまを満足させることになるのかをまずよく考える。

3   顧客満足を高めるための情報収集

▶▶ 情報収集を効果的に行うことが大切である。

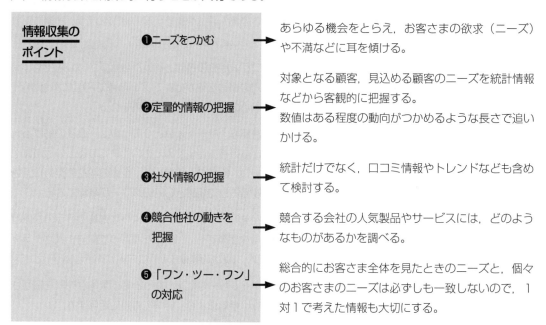

情報収集の
ポイント

❶ニーズをつかむ → あらゆる機会をとらえ，お客さまの欲求（ニーズ）や不満などに耳を傾ける。

❷定量的情報の把握 → 対象となる顧客，見込める顧客のニーズを統計情報などから客観的に把握する。
数値はある程度の動向がつかめるような長さで追いかける。

❸社外情報の把握 → 統計だけでなく，口コミ情報やトレンドなども含めて検討する。

❹競合他社の動きを把握 → 競合する会社の人気製品やサービスには，どのようなものがあるかを調べる。

❺「ワン・ツー・ワン」の対応 → 総合的にお客さま全体を見たときのニーズと，個々のお客さまのニーズは必ずしも一致しないので，1対1で考えた情報も大切にする。

4 顧客満足を高めるための行動

▶▶ 顧客満足を高めるために，具体的にはどのような行動があるのだろうか。

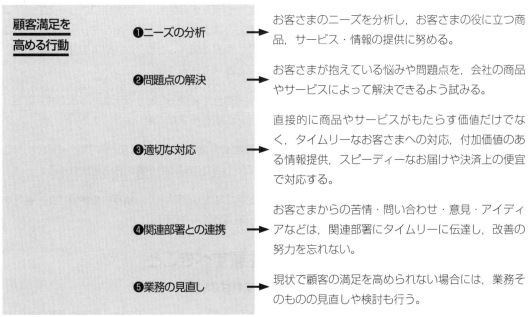

顧客満足を高める行動

❶ニーズの分析 →	お客さまのニーズを分析し，お客さまの役に立つ商品，サービス・情報の提供に努める。
❷問題点の解決 →	お客さまが抱えている悩みや問題点を，会社の商品やサービスによって解決できるよう試みる。
❸適切な対応 →	直接的に商品やサービスがもたらす価値だけでなく，タイムリーなお客さまへの対応，付加価値のある情報提供，スピーディーなお届けや決済上の便宜で対応する。
❹関連部署との連携 →	お客さまからの苦情・問い合わせ・意見・アイディアなどは，関連部署にタイムリーに伝達し，改善の努力を忘れない。
❺業務の見直し →	現状で顧客の満足を高められない場合には，業務そのものの見直しや検討も行う。

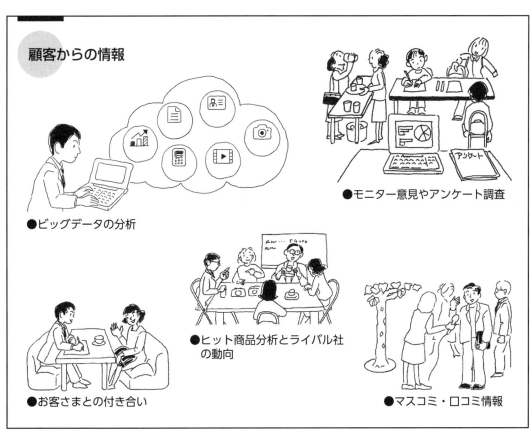

顧客からの情報

●ビッグデータの分析

●モニター意見やアンケート調査

●お客さまとの付き合い

●ヒット商品分析とライバル社の動向

●マスコミ・口コミ情報

5 　顧客満足度の調査とお客さまを巻き込んだ企画

▶▶ 社内だけの企画にせず，お客さまも参加した内容を工夫しよう。

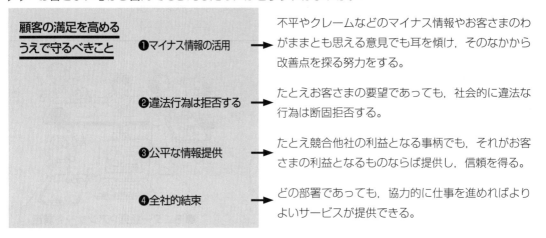

主な調査や企画

❶意識調査 → ビッグデータの分析・対面およびネット上でのアンケート調査・ヒアリング・モニタリングなどの方法で，商品を購入したり，サービスを選択したお客さまの意識を調査する。

❷感想を集める → 店頭販売や新商品の紹介コーナーなどでは，お客さまの生の声をすぐに聞くようにする。

❸顧客満足度調査 → 顧客満足度の結果を関係部門にフィードバックして，お客さま対応の企画や方法を検討する。

❹企画段階からの参加 → お客さまを企画段階から積極的に参加させ，意見を反映する試みを行う。

6 　顧客の満足を高めるために注意すべきこと

▶▶ お客さまに心から喜んでもらえるためにはどうすればよいか。

顧客の満足を高めるうえで守るべきこと

❶マイナス情報の活用 → 不平やクレームなどのマイナス情報やお客さまのわがままとも思える意見でも耳を傾け，そのなかから改善点を探る努力をする。

❷違法行為は拒否する → たとえお客さまの要望であっても，社会的に違法な行為は断固拒否する。

❸公平な情報提供 → たとえ競合他社の利益となる事柄でも，それがお客さまの利益となるものならば提供し，信頼を得る。

❹全社的結束 → どの部署であっても，協力的に仕事を進めればよりよいサービスが提供できる。

顧客満足度（CS）とは何か

　顧客を最優先させる立場に立ち，顧客がその会社や業界に対して，どの程度満足しているかを調査し，これを数値化することが行われている。

　この数値にもとづいて分析し，評価を下すのであるが，それによって一層のサービスの質的向上をめざす。

　この考え方を，顧客満足度（Customer Satisfaction）という。顧客満足度は単なる満足感ではなく，数値化することで客観的な判断基準になるところに特徴がある。メーカーのみならず，ホテル・広告会社・航空会社など，広く企業が採用して，成果を上げている。

---

7 組織を効率よく動かすための分業システム

▶▶ 経営組織の形態の基本は，タテとヨコの分業である。

●経営組織

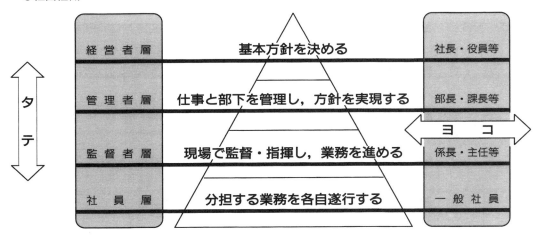

8 組織はライン部門とスタッフ部門に分かれる

▶▶ ライン部門とスタッフ部門が機能すれば，会社の組織はスムーズに動く。

●ライン部門とスタッフ部門

● 変わりつつある職場

　日本では，スタッフ部門はライン部門に比べて生産性が低いと言われていた。近年のコンピュータ・ネットワークによる情報活用の広がりが，スタッフ部門の生産性の改善に役立ち，管理者層の職務内容を変化させ，組織をフラットに再編成する動きも見られる。最近では異なった部署のメンバーによるプロジェクトチームによって仕事を進める場合もあり，ラインとスタッフの明確な区分が難しいケースもある。

9　組織内における自分の役割を認識する

▶▶　組織のなかで，自分の果たす役割を自覚して，責任をまっとうしなければならない。

●会社の代表的な部門と具体的業務内容の例

社長室・役員室	➡	命令系統の中枢となる業務……経営計画の立案・組織全体の管理など。
総　務　部	➡	組織がスムーズに動くようにする業務……庶務・渉外・警備・受付など。
人　事　部	➡	組織を構成する"人"に関する業務……採用・配置・教育・福利厚生など。
経　理　部	➡	組織を運営する"資金"に関する業務……出納・決算・資金繰りなど。
広　報　部	➡	企業のイメージアップ，自社製品の宣伝に関する業務……イベント開催・カタログ・ホームページの作成など。
開　発　部	➡	新製品の開発に関する業務……製品の開発研究・競合他社製品の調査など。
生　産　部	➡	品質のよいものを安くつくる業務……製品の加工・検査など。
営　業　部	➡	製品を販売し，代金を回収する業務……市場調査・販売促進・代金回収など。

10　組織の一員として自覚しておきたいこと

▶▶　組織の一員としての行動をとるには，明確な心がまえを持たなければならない。

●組織人としての5つの心がまえ

〔　〕内はある会社の例

①会社のビジョンとドメインを理解する。

ビジョン
経営理念
〔顧客第一の信念に徹し，社業を通じて社会の進歩に貢献する。〕

〔マーケットニーズを先取りし，素材からサービスに至る最高の商品を提供する。〕
ドメイン
事業範囲

②会社の基本方針を把握する。
〔支店長会議で最新の顧客・情報を交換して顧客のニーズにスピーディに応えるための具体策を立てる。〕

⑤チームワークを心がける。
〔同じ売り場の仲間との情報交換や，相互チェックにつとめ，力を合わせて目標を達成する。〕

③目標達成のための役割を確認する。
〔支店長会議の方針を，自店の各売り場に伝えて，実行する。〕

④責任を自覚する。
〔商品を売る努力をする。在庫が多すぎたり，品切れしたりすることがないように，商品の動きから目を離さない。〕

11 株式会社の特徴

▶▶ 株式会社のしくみや特徴を知っておく。

3つの特色		
❶株式制度	→	株式を発行して,事業に賛同する人から資本を集める。
❷有限責任	→	株主は,出資額分だけ責任を負えばよい。
❸法の規制	→	設立から運営まで,法による規制が厳しい。

12 会社の社会的な意義

▶▶ 会社は社会の一員として,社会に貢献し,責任を果たしている。

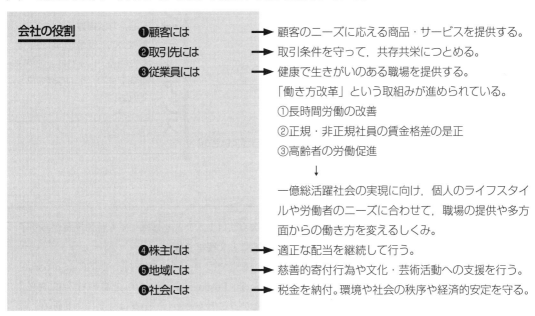

会社の役割		
❶顧客には	→	顧客のニーズに応える商品・サービスを提供する。
❷取引先には	→	取引条件を守って,共存共栄につとめる。
❸従業員には	→	健康で生きがいのある職場を提供する。

「働き方改革」という取組みが進められている。
①長時間労働の改善
②正規・非正規社員の賃金格差の是正
③高齢者の労働促進
↓
一億総活躍社会の実現に向け,個人のライフスタイルや労働者のニーズに合わせて,職場の提供や多方面からの働き方を変えるしくみ。

❹株主には	→	適正な配当を継続して行う。
❺地域には	→	慈善的寄付行為や文化・芸術活動への支援を行う。
❻社会には	→	税金を納付。環境や社会の秩序や経済的安定を守る。

証券取引所の上場基準

2022年4月から,東京証券取引所は,5市場から3市場に見直された。

プライム,スタンダード市場は,ガバナンス,売買がどれだけ活発に行われているかを示す流動性,利益水準,時価総額等の基準を定めている。グロース市場は,より基準を緩め幅広い企業に上場機会を提供している。

また,プライム市場ではコーポレートガバナンス(→p.24)の改善が進められた。これにより,投資家に向けて,企業は価値向上へと取り組みを発展させている。

13 社会人としてのルールと企業倫理

▶▶ 一人前のおとなとしての自覚
①仕事には成果（結果）が求められる。

②自分の仕事が，周囲にどんな影響を与えるかを考える。

▶▶ 職業人としての自覚
①仕事をするということは，商品やサービスを通じて社会に影響を与えている。

②1日もはやく一人前の職業人となり，自力で社会へ商品やサービスを提供できるように努力する。

▶▶ 社会の一員としての自覚
①会社から一歩外に出れば，まわりからは，その会社の代表として見られる。

②自分の権利を行使するには，それにともなう義務が生じる。また，他の人の権利を侵害しないようにする。

▶▶ 社会のなかの企業と組織
①会社や組織も，社会の一員として存在している。

②コンプライアンスを守り，社会的責任を求められていることを忘れてはいけない。

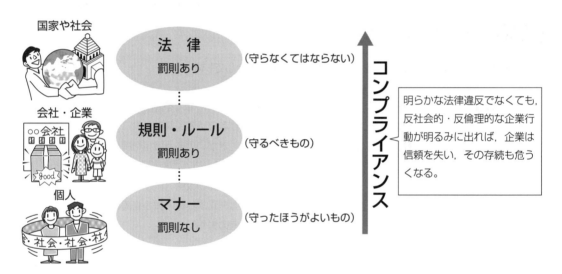

国家や社会	**法 律** 罰則あり	（守らなくてはならない）
会社・企業	**規則・ルール** 罰則あり	（守るべきもの）
個人	**マナー** 罰則なし	（守ったほうがよいもの）

コンプライアンス

明らかな法律違反でなくても，反社会的・反倫理的な企業行動が明るみに出れば，企業は信頼を失い，その存続も危うくなる。

コンプライアンスとは

法令を遵守すること。誠実な顧客対応，環境への配慮，ガバナンス（企業はだれのものかという意味）の徹底など，法令遵守が重視されている。

コンプライアンスは，企業だけでなく，そこで働く社員1人ひとりに対しても行動規範があり守ることを要求される。

最近では，もう少し幅を持たせCSR（Corporate Social Responsibility）＝「企業の社会的責任」ということもいわれ，企業は社会に「品質のよい製品やサービスを提供することで利益をあげ，納税する」という責任がある。

➡関連用語〈リコール，クーリングオフ，CS，法令遵守〉

14 コンプライアンスの重要性

▶▶ コンプライアンス活動はグローバルな視点で

どの要素も
コンプライアランスで
ある（CSR の基礎）。

▶▶ 企業が考えるコンプライアンスとは

➡ 法令遵守はもちろん，会社のルールや社会規範に適合した公正で健全な企業活動をさし，ステークホルダー（利害関係者）の期待に応えて，信頼を得ることが目的。

▶▶ 企業がコンプライアンスを重視する理由

➡ ・リスクの統制を充実
・企業価値を高める
▶ 健全で効率的な企業経営を実施できる。

————● もし経営者がコンプライアンスに真剣に取り組まないと ●————

1．経営の情報開示を怠ると，リスクの高い企業として，消費者，取引先，投資家から敬遠される。

2．重大なミスや不祥事が発生したときの対応が遅れ，企業により大きな影響を与える。

3．社員のモラルが低下して，希望する人材の確保や取引先との関係が維持できなくなる。

粉飾決算と情報開示

　粉飾決算とは，株価の下落や金融機関からの融資などを有利にするために，企業が売上げの水増しや経費の過小評価などによって財務状態をよく見せようともくろみ，貸借対照表や損益計算書の数字を操作して不正な会計処理を行い，虚偽の決算報告を行うこと。また，株式公開企業は，中小の未公開企業とは違って，法令により，企業の詳細な情報を新聞やインターネットなどで情報開示（ディスクロージャー）しなければならないことになっている。ただし，情報開示の際，虚偽の記載や粉飾決算などが明らかになった場合は，投資家に正しい情報を開示せずに損害をこうむらせる可能性があるとして上場廃止となり，倒産などのきびしい状況に追い込まれることもある。

▶▶ 企業の取り組み

→ • 多国籍企業のガイドライン作成
　　（グローバル化にともない）
　• 内部通報制度
　• 社員教育
　• モニタリング（第三者機関の目）
　• 贈賄防止のためのプログラム
　• 反社会的勢力排除に向けた考え方
　• 情報セキュリティと個人情報管理

これらの内容について多くの企業は，
社員の「行動規範」を制定している。

●企業とステークホルダー（利害関係者）との関係

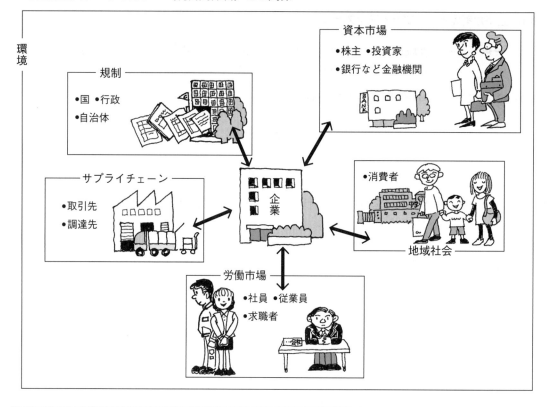

コーポレートガバナンスとCSR

　コーポレートガバナンス（Corporate Governance）とは，企業の組織ぐるみの不祥事を防止するため，社外取締役や社外監査役など，社外の管理者によって企業の経営を監視する仕組みのことであり，企業統治ともいう。これは，株主や利害関係者（ステークホルダー）の利益を守るためのものである。

　似た意味を持つCSR（Corporate Social Responsibility）は，企業が組織活動を行うにあたり担う社会的責任のことをいい，従業員，消費者，投資者，環境などに対する配慮と貢献について扱う。

　CSRには法令の定めはないが，被害が出るような不祥事が起こったときは重要な論点になる。そのためにも，コーポレートガバナンス体制を整え，不祥事の防止に努めることが求められている。

15 情報セキュリティ管理

▶▶ 会社では，独自の機密情報を保有している。

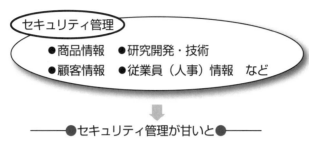

セキュリティ管理

- ●商品情報　●研究開発・技術
- ●顧客情報　●従業員（人事）情報　など

⬇

————●セキュリティ管理が甘いと●————

1．ウイルスなどに侵されて被害にあう。

2．被害者が加害者になってしまうこともある。

⬇

犯罪性をおびたことに，知らぬ間に関ってしまうこともある。

▶▶ アクセス管理をする。

➡ ・機密情報を一定の範囲の人にしか見られないよう
にする。

・見られないだけでなく，アクセスしたりデータを
改ざんしたりできないようにする。

アクセス権限
や
パスワード設定

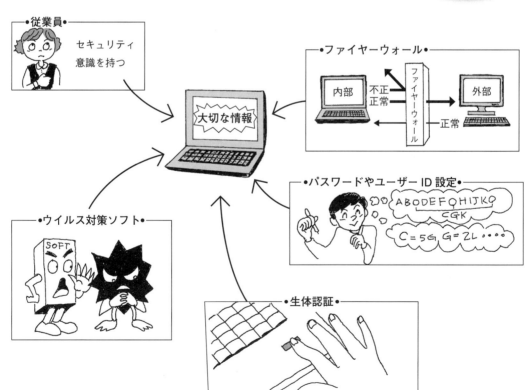

1 仕事にのぞむ際に持つべき意識の説明として，正しくないものを１つ選びなさい。

〔選択肢〕

ア．顧客意識……お客さま第一主義の考え方で，会社の事情より顧客の事情を優先する考え方

イ．品質意識……商品・製品，仕事・サービスなどの質全般について要求されるレベルを満たし，より以上のものを追求していくこと。

ウ．納期意識……信用の源ともいうべき納期管理は，しっかり行い，進行計画の策定段階から無理のない計画を立てる。

エ．時間意識……とにかく，すべての仕事の完成を早く仕上げる努力を行うこと。

オ．改善意識……仕事のムダ・ムラ・ムリを取り除き，つねに自分自身の仕事の方法を見直していくこと。

2 コストの管理について，正しくないものを１つ選びなさい。

〔選択肢〕

ア．コストの増大は，利益を圧迫する。

イ．人件費は，コストにおいて高いウェイトを占める。

ウ．コストの抑制のために，品質を下げるようなことがあってはならない。

エ．コスト管理は，「ヒト・モノ・カネ」といった経営資源のすべてに関わる問題である。

オ．コストは，とくに業務に変化がなければ増大することはない。

3 次の各文の（　　）にあてはまる用語を，下記の語群のなかから選びなさい。

1．協調意識

(1) 協調意識とは，（　　）として認識を持つことから始まる。

(2) 協調意識の本質は，和気あいあいの集団をつくることではなく，（　　）をつくり出し，より大きな成果を生むことである。

(3) 協調意識には，組織における（　　）協調と個人レベルの個人協調がある。

　　ア．会社　イ．組織パワー　ウ．協同作業　エ．部門

　　オ．組織の一員　カ．グループ

2．目標意識

(1) 会社や部門ごとの目標を個人レベルでの目標にまで設定すると，仕事に（　　）が持てる。

(2) 具体的に目標を設定することで，自分の能力が客観的に（　　）できる。

(3) 目標達成のために，（　　）をすることが大切である。

　　ア．創意工夫　イ．省略　ウ．はりあい　エ．具体化　オ．評価

　　カ．自信

4 次の坂井さんのケースを読んで，下記の設問に答えなさい。

〔坂井さんのケース〕

　坂井ゆかりは，飲料メーカーの食品企画室に配属されて３年目になる。坂井はこの
夏に売り出す健康飲料の企画について，会議で発表した。企画書の主旨は以下のよう
なものである。

　①　現在，野菜ジュースの市場規模は，ニンジン系ジュースにおいてその伸びが著
　　しい。（資料別紙①）

　②　当社で発売している「健康家族　充実カルシウム」は好評を博しているが，そ
　　のモニターアンケートなどによると，この姉妹品としてのキャロット系飲料を希
　　望する声も多かった。（資料別紙②）

　③　当社の生産面での状況で見ると，「充実カルシウム」において提携している酪
　　農家と同地域の農業協同組合からの仕入れとなり，流通面からも安価な仕入れが
　　可能である。（見積書を取り寄せて原価計算資料として利用）

　④　現在発売中の他社製品は３種類。これらの分析をもとに，味，量，パッケージ，
　　価格について検討し，「充実カルシウム」の姉妹品として「健康家族　充実カロ
　　チン」を企画したい。（別紙③）

　⑤　なお，季節および夏休みの拡販時との見地から，発売予定を７月末日として企
　　画室，工場スタッフ，営業スタッフとの議論を求めたい。

別紙①　**野菜ジュースの市場規模**

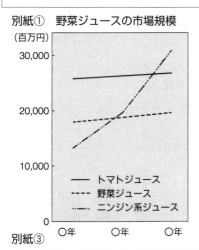

別紙②

「**健康家族　充実カルシウム**」

（モニターアンケートより抜すい）

①「健康家族　充実カルシウム」で，
　カロチン編をつくってほしい。
②４人家族で飲めるのでよい。夫婦
　で朝夕２本ずつ飲めるのでよい。
③200円は手頃な価格だ。
④紙パックは牛乳パックと同じ素材
　でリサイクルでき，環境に優しい
　と思う。
⑤栄養価表示がしてあるのがよい。

別紙③

商品名	製造元	原　材　料	カロリーほか	内容量	価　格
まるごとにんじん	川北商事	にんじん レモン果汁	カロリー50kcal 食物繊維 βカロチン	200 g	200円
ABキャロット	AB飲料	にんじん レモン果汁	——	150 g	103円
私のキャロット	昭和屋	にんじん・レモン果汁 はちみつ・ビタミンE ビタミンC	エネルギー50kcal たんぱく質0.7g 他	150 g	120円

問. この企画の提案には，仕事にのぞむ意識が生かされている。それ
　はどのようなところか，答えなさい。

5 企業におけるコンプライアンス運用について，正しくないものを1つ選びなさい。

〔選択肢〕

ア．全社で統一ルールを定め，ミスや不正を発生させない仕組みをつくることが求められている。

イ．顧客の個人情報は，外部流出防止の注意規定はあるが，取得後の利用目的の変更は企業の自由である。

ウ．重要情報の漏えい防止のため取扱者を限定したり，パスワードを随時更新するなどの対策をとっている。

エ．所属する組織の不正や悪事を，所定の機関に通報した者が保護される環境整備が進んでいる。

オ．物事の善悪より，会社の損得を優先するような職場の雰囲気をつくらないことが大切である。

6 次の各文の（　　）にあてはまる用語を，下記の語群のなかから選びなさい。

1．会社の法律上の特色

(1)　（　　）とは，法律によって認められた人格のことである。

(2)　一定の目的のために集まった団体を（　　）という。

(3)　会社は，（　　）の獲得を目的にしている。

　　ア．利益　イ．法人　ウ．営団　エ．社団　オ．人間　カ．財団

2．会社の形態

(1)　新会社法の下，株式会社の設立に必要な人数は（　　）人である。

(2)　株式を上場企業のように（　　）で売買できる会社を「公開会社」と呼ぶが，日本の多くの株式会社は（　　）の株式譲渡会社である。

(3)　譲渡制限など会社の基本事項を定めたものを（　　）という。

　　ア．3　イ．定款　ウ．取締役　エ．未上場　オ．市場
　　カ．上場　キ．1

3．株式会社の3つの特色

(1)　株式会社は，（　　）を発行して資本を集める。

(2)　株式会社の（　　）は，出資額分だけの責任を負う有限責任を持つ。

(3)　株式会社の設立と運営については，法による（　　）が多い。

　　ア．為替　イ．株式　ウ．株主　エ．社員　オ．保護　カ．規制

4．会社の役割

(1)　会社は，顧客に，商品や（　　）を提供する形で貢献している。

(2)　会社は，取引先とは（　　）条件を守って，共存共栄につとめる。

(3)　会社は，従業員に（　　）を確保する。

(4)　会社は，株主には（　　）を行う。

(5)　会社は，国に（　　）を納付する。

(6)　会社は，自発的に（　　）活動を行い，また文化・芸術活動の支援などを通じて，社会貢献を行う。

　　ア．サービス　イ．配当　ウ．商品　エ．職場　オ．税金
　　カ．株券　キ．取引　ク．配給　ケ．慈善　コ．独占

6－1
(1)人間ではないが，権利義務の独立した主体と認められた組織体。
(2)構成員の意思で活動する団体であり，設立者の定めた目的に従って財産を運用する団体ではない。

6－3
株式（株券）の所有者，出資者を**株主**という。

6－4
(6)会社が自発的に行う社会貢献活動や慈善的寄付行為などの公益活動を**フィランソロピー**（博愛・慈善）という。
会社が行う，文化・芸術活動への支援を**メセナ**（フランス語で文化の擁護の意）という。催しや寄付を行う際に，企業名をつけることも多い。

7 次の各設問に答えなさい。

1. 「会社の法律上の特徴」に含まれないものを，1つ選びなさい。

〔選択肢〕

ア．法人である。

イ．福祉を目的にしている。

ウ．社団である。

エ．利益の獲得を目的にしている。

2. 「会社の資本金」についての問題で，誤っているものを1つ選びなさい。

〔選択肢〕

ア．資本金は，会社の財産の確保に対する信用度のことを示す金額である。

イ．資本金額制度がなくなることで，ペーパー会社が増えていく。

ウ．1円で設立できた特例の「確認会社制度」は法律から取り払われる。

エ．資本金額規制が廃止されることで，ベンチャーなど会社がつくりやすくなる。

8 会社には，従業員が効率よく働くことができるシステムが必要である。そのために整備しておかなければならないことを，次のなかから3つ選びなさい。

ア．経験年数を最優先して人材を配置する。

イ．業務の分担は決めないで，そのつど話し合って業務をこなしていく。

ウ．適切な人材を配置する。

エ．命令系統を整備して，命令・指示が行き渡るようにする。

オ．業務の分担をきちんと決める。

カ．1人ひとりが分担した業務をこなしていけば，上司の命令系統は必ずしもはっきりさせる必要はない。

9 次の説明文にあてはまる用語を，下記の語群のなかから選びなさい。

(1) 企業の経営方針に従い，部下を管理して，目標達成をめざす。

(2) 企業の経営方針や，目標・計画を決める。

(3) 上司の命令に従い，与えられた業務にたずさわる。

(4) 現場，つまり企業の最前線で，現場の従業員を監督・指導する。

　　ア．一般社員層　イ．経営者層　ウ．監督者層　エ．管理者層

7−1
会社の法律上の特徴は，3つある。

8
企業（個人企業を除く）は，人々が集まってお互いに協力して，仕事を行う。
　世界最初の「会社」である「東インド会社」の「カンパニー」とは，「ともに」という意味の「コン（カン）」と，「パン」の意味の「パーニス」とから出ており，「日々の糧をともに食べる仲間」という意味からつくられた。

9
経営者層を**トップマネジメント**，管理者層を**ミドルマネジメント**，監督者層を**ロワーマネジメント**という。

10 次の図の〔　〕と（　　）にあてはまる用語を，下記の語群のなかから選びなさい。ただし，↓は指示系統を示している。

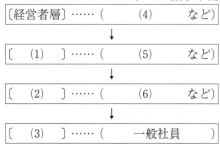

〔経営者層〕……（　　(4)　　など）
　　↓
〔　(1)　〕……（　　(5)　　など）
　　↓
〔　(2)　〕……（　　(6)　　など）
　　↓
〔　(3)　〕……（　　一般社員　　）

ア．管理者層　イ．部長・課長　ウ．係長・主任　エ．社員層
オ．社長・取締役　カ．監督者層

11 次の説明文にあてはまる正しい組み合わせを1つ選びなさい。
(1)　事業の目標を直接実現するための役割を分担する部門
(2)　上記の部門の仕事がスムーズに行われるように，専門的に補佐したり支援する部門

〔選択肢〕

	(1)	(2)
ア	生産部	販売部
イ	広報部	販売部
ウ	営業部	経理部

12 「組織の一員としての自覚」で，正しくないものを1つ選びなさい。
〔選択肢〕
ア．仕事上の責任を自覚する。
イ．会社のビジョンとドメインを理解する。
ウ．チームの和にこだわらず，もっと自分をアピールする。
エ．目標達成のための役割を確認する。

13 次の説明文にあてはまる会社の部門を，それぞれ選択肢のなかから選びなさい。
(1)　製品の加工・検査などを行う。
(2)　製品の販売・代金回収などを行う。
(3)　従業員の採用・教育などを受け持つ。
(4)　決算・予算・出納などを受け持つ。
(5)　会社の経営活動や製品を，広く社外に伝えて，販売促進や企業のイメージアップをはかる業務を受け持つ。
(6)　経営計画の立案，業務監査，組織計画の管理などを行う。
〔選択肢〕
ア．経理部　イ．社長室　ウ．人事部　エ．営業部　オ．生産部
カ．広報部

10
(1)組織のなかで，**ライン組織**は，企業の目標を直接実現化する組織である。**スタッフ**は，ライン組織の命令系統の外にあって，ラインの活動を支援する。スタッフは経営活動についての命令の権限は持っていないため，スタッフの指導・助言は，ラインの命令系統を通して流れることになる。このため，スタッフは，ラインの管理者のもとに配置されていなければ，スムーズに機能しない。
また，製品別，あるいは販売地域別に事業部を設け，これに一定の権限を与え，自主的に経営を行わせる組織もある。これを**事業部組織**という。この場合，それぞれの事業は，あたかも独立した企業のような形になる。

12
ビジョンとは企業の「経営理念」のことで，その企業の社会的使命を短いことばで言い表したものである。**ドメイン**とは，ビジョンを受けて，それを具体的に表現したものであり，事業の範囲を明示している。

13
(2)営業部と販売部の業務を一緒にして，1つの部門で担当している会社も少なくない。
(4)経理部は，財務部ともいう。
(6)**社長室**，**経営企画室**は，その会社の経営方針を立てたり，あるいは業務監査，組織計画の管理などを行う部門で，会社でもっとも大切なところである。
最近では，異なる部署の人が集まってプロジェクトチームをつくり，仕事をするケースも見られ，従来のライン・スタッフの区分だけでは分けられない場合もある。

14 次の説明文にあてはまる組み合わせを1つ選びなさい。

(1) 米国型企業において，経営実務に責任と権限を持つトップマネジメント担当者。

(2) (1)に次いで重要なポストとされる。企業のファイナンス戦略の立案，執行に責任を持つ。

〔選択肢〕

	(1)	(2)
ア	COO	CEO
イ	CEO	CFO
ウ	CFO	CEO

15 「組織人としての心がまえ」に関する次の文中(1)～(5)について，あてはまる内容をそれぞれ選択肢のなかから選びなさい。

A社は，(1)「地球的視野に立って未来を見つめ，絶えざる自己革新によって，素材からサービスに至る最高の商品を提供する」ことを理念としている。

生産部長は，関係課課長を集めて(2)「地球にやさしい洗剤」の商品開発方針の確認のための会議を開いた。その会議で，それぞれのテーマによって各担当を決め，B課長は，(3)自他社の売れ筋商品の分析を受け持つことになり，その特徴と問題を用意することになった。

生産部はただちに，他社製品の情報収集のために，(4)営業部との合同会議を開き，相互に密接な協力体制のもとに，新製品の開発に向けて努力することになった。

こうした生産部と営業部との関係強化のなかで，新しい製品が開発され，一大キャンペーンのもとに売り出しが開始された。全国各支店では，(5)販売に全力をあげ，支店間の情報交換を実施しながら，数年ぶりの大型商品の今後に期待感を高めている。

〔選択肢〕

ア．会社のビジョン・ドメインを理解する。

イ．仕事上の責任を自覚する。

ウ．会社の基本方針を確認する。

エ．チームワークを心がける。

オ．目標達成のための役割を確認する。

16 「知的財産権」に関する「コンプライアンス」の説明について，正しいものを1つ選びなさい。

〔選択肢〕

ア．著作権…海外のサイトで日本未公開の映画がアップされていた。だれでもダウンロードできたので，コピーして友達に安く販売した。

イ．実用新案権…ブランド品を購入したときの包装に使われていたリボンを使い，ブランド店も発売していないIDストラップをつくってネットオークションで売った。

ウ．肖像権…旅先で休暇中の芸能人と一緒に記念写真を撮った。本人の承諾をもらえたので，ブログに載せて，友人限定で閲覧できるようにした。

15
組織人としての心がまえにはこのほか，会社の業務上知り得た秘密を守る守秘義務といったモラルも欠かせない。

16 知的財産権の種類
・特許権…出願から20年（医薬などに限り最大25年延長可能）
・実用新案権…出願から10年
・意匠権…出願から25年
・商標権…登録から10年（10年単位で更新可能）
・著作権…死後70年
・回路配置利用権…登録から10年
・育成者権…登録から25年（樹木30年）
など

3 話し方と聴き方のポイント

■ ビジネス会話の始め方・終わり方を知る。
■ 相手に合わせた話し方を学ぶ。

1 場に応じた会話の基本

▶▶ 上司と話をする場合，そこに他社の人がいる場合といない場合では上司に対する言葉づかいは変わってくる。たとえば，他社の人に対して話すとき，「ただいまうちの部長がおっしゃったように，この件については……」などと上司に尊敬語をつけるのは間違いである。このように，場や状況に合った適切な言葉づかいや話し方をしないと相手に失礼になる。来客や取引先の方に対する適切な応対があとのビジネスチャンスをつくることも考えられるので，その場その場に応じた会話ができることが重要となってくる。

2 ビジネス会話の特徴と目的

▶▶ ビジネス会話の特徴と目的を知ることが第一歩。

❶会社の代表として（個人対個人ではない）	➡ つねに会社の代表者として，相手に向かって話す。とくに親しさを増したときなどには注意したいことである。
❷目的のある会話を	➡ ビジネス会話では，必ず何らかの目的がある。目的から大きくそれないように意識する。
❸相手を尊重する	➡ ビジネス会話では，お互いの関係性によって，いろいろな立場に立つことになるが，その立場をよく理解したうえで，なお相手を尊重する気持ちを持つことが信頼関係を築くことになる。
❹感情的にならない	➡ 自分自身の好みや感情をあらわにすることは，相手を不愉快にすることがあるので，ビジネス会話では避ける。
❺お客さまから学ぶ	➡ どんな相手でも，いろいろな点で学ぶべきところがあるはずである。お客さまとの会話を通して，情報収集し，多くの体験から学ぶ姿勢が大切である。
❻時間を考えて，効率的に	➡ 時間をかければ効果が上がるとは限らない。短い時間でいかに成果を上げることができるかがビジネス会話のポイント。

3 用件に入るまでの導入話法

▶▶ 場に適したあいさつ，雰囲気づくりの導入話法，双方向の会話を。

❶よく使われるあいさつの言葉	➡ 「こんにちは」「おはようございます」「失礼します」などのあいさつ言葉のあとに，次のようなあいさつの言葉をつづける。 「いつもお世話になっております」 「先日は，（いろいろ）ありがとうございました」 「お忙しいなかを，お越しいただきありがとうございます」

❷導入話法	あいさつのあとに，すぐ用件に入らなければならない急ぎの場合もあるが，ふつうは，相手との話しやすい雰囲気づくりのために軽い会話をかわすことが有効である。どんな人にも共通に話せるような天候のことやスポーツのことなどを話題にする。相手とよい関係で話を進めるための導入であるから，あまり長くならないようにすること，相手の気持ちを損ねるような話題や言い方には注意することなどが大切である。 「今日は，今年一番の暑さ（寒さ）だそうですね（エアコンの売り上げが伸びそうですね）」 「こう晴天がつづくと，また水不足が心配ですね」
❸会話は双方向	会話はすべて双方向で行われて，成り立つ。あいさつでも，相手の反応も確かめずに自分だけ言ってしまえば終わりというような言い方では，相手に失礼であるし，不快感を与えてしまう。相手の反応をしっかりとらえて，次の会話を進めよう。

4 相手に合わせた会話

▶▶ ビジネス会話をスムーズに進めるためには，相手に自分を受け入れてもらうことが重要となる。そのためには，相手がどんな人か，どんな状態にいるのかを的確に判断し，それに合わせることが大切である。

❶基本的な会話のマナー	●自分だけが話しすぎない。 ●相手が話しているうちに，割り込まない。 ●何でも否定的な意見で切り返さない。 ●話がわかりにくくないか，聞き取りにくくないかを，相手に確認する。
❷相手のタイプによって話し方を工夫	●話題を豊富にして，いろいろな人といろいろな話題で話せるようにする。 ●年長者には礼儀を尽くして，主に聞き役にまわる。言葉づかいに注意する。 ●年少者には堅苦しくしないで，話しやすい雰囲気をつくる。話を押しつけることはしない。 ●無口の人には，話しやすい話題や質問を選んで話す。 ●初対面の人には，相手の興味・関心をとらえてよい印象を与えられるように会話を進める。
❸相手の置かれている状態を理解して	●相手の変化を見逃さないように観察しながら話す。 ●時間を気にしているようなら，手際よく話す。 ●別な時間に話したほうがよさそうなら，時間だけを決めて別れる。 ●時間の余裕がありそうなら，あまり事務的に話を進めない。

5 　やわらかい印象を与える依頼や断りの言葉

▶▶ 仕事のうえでは，やむなく断る，急に断るなど，自分の意思に反して，そうしなければならないことは多々ある。断られる相手にとっては，決して気持ちのよいものではないので，相手を傷つけず，上手に断ることが大切である。

（1）　相手にソフトな印象を与えるために，まず初めに，「クッション言葉」を入れる。

●クッション言葉の具体例 →	「申し訳ございませんが，……」 「せっかくご足労いただきましたが，……」 「たいへん残念ではございますが，……」 「まことにありがたいことではございますが，……」

（2）　次に，相手に納得してもらえるように，簡単に「理由」を入れる（くどくならない程度に）。

●理由の具体例 →	「日程が合いませんので，……」 「定員数をオーバーいたしましたので，……」 「今年は，採用する予定がございませんので，……」 「いまのところ，間に合っておりますので，……」 「あいにくその日は，休業日となっておりますので，……」

（3）　最後は，「依頼型」にして終わる。

●依頼型の具体例 →	「今回は，控えさせていただきます」 「また，あらためてお越しいただけませんでしょうか」 「またの機会にお願いできませんでしょうか」 「次の（別の）機会にしていただけませんでしょうか」

6 　会話の終わり方

▶▶ 会話は終わりまでしっかりと。

❶確認事項 →	面談（会話）の終わりには，その面談で話し合った結果を，もう一度言葉にして確認しておく。決定事項・検討事項・禁止事項などの合意内容を確認することによって，お互いに同じように理解していたかを確かめることができる。
❷次回の予定 →	次回はいつ会うのか，未定の場合はどのように連絡を取り合うのかを約束しておく。最後に感謝のあいさつを忘れずに。「本日は，お忙しいところ，お時間をさいていただきありがとうございます」
❸具体例 →	ある会社の全社的プロジェクト会議の終わりの場面を見てみよう。 A：そろそろ時間になりますので今日はこの辺で終わりましょう。 B：それでは，今日決定したことはXとYの件ですね。Xの件については○○さんが△△部へ交渉するということですので，よろしくお願いします。Yのほうは各部への結果報告をして，次回までに各部の要望をまとめてくるということです。次回は○月の第3水曜日○日になりますが，ご都合はよろしいでしょうか。

まとめ役がいない場合にも，メンバーが上記の2点について必ず確認しないと，話し合ったことが確実に実行されず，無駄になってしまう。

7 「聞く」と「聴く」の違い

▶▶ 「聞く」は，「声が耳に達してきて，それを弁別する，聞こえる」の意味であるが，「聴く」は「耳を立てて音声をよく耳のなかまで通す意で，聴くこと。聴き入れる，許すなど」の意である。

　「聴く」行為は一見受け身的な行為と思われるが，「聴く」ことは決して受け身的な姿勢では行えない。相手の話を正確に聴き，その意図するところを理解することは，そうたやすいことではない。話し合いのなかで，相手が話し終わったところで，相手の言ったことを自分が理解したように話してみる。すると，相手は話したことが十分に伝わっていないことに気づく。日常会話のなかでは，相手の言ったことを繰り返して確認したりすることはないが，ビジネスのうえでは相手の発言内容を正確に聴き，理解できなければ，ここでの小さな聴き間違えが，大きなトラブルの原因となりかねない。

●聴き方のステップ

❶素直に聴く

ふつう，人は話を聴くとき，意識しないが自分自身の枠組みを持って聴いていることが多い。人と話をしていて，相手の話に「ひどく反感を持った」とか「イライラした」というようなときは，自分の枠組みに合わない考えにぶつかって，素直に聴けなくなってしまうことがある。まったく枠組みを持たないことは困難であるし，その必要もないが，つねに自分の枠組みにだけこだわっていると相手を理解することができなくなる。自分の枠組みにこだわらず，素直な気持ちで心を開くことが相手を話しやすくさせる。

❷話に集中する

相手の話を聴くときは，つねに相手の話す話にそうように，意識や心を持っていく。相手の話に対する反論や反感をすぐに意識したり，考えたりすると，それは態度にも現れ，相手は敏感に気づくことになる。まずいったんは相手の話に集中し，しっかりと相手の言おうとしていることを理解しようと努力することが重要である。そうすると，自然に相づちや，うなずきの表情・態度が出てくる。

❸最後まで話を聴く

相手が十分に最後まで話し終わる前に，口をはさむことは相手との信頼関係を壊すことになる。自分の話を最後までしっかり聴いてくれたと感じられたとき，話し手は聴き手に信頼感を感じることができる。早合点せずに，最後までしっかりと話を聴く。

❹話の内容を要約する

相手が話し終えたら，相手が話したことを聴き手である私がどのように聴き取ったか要約して話してみるとよい。そうすると，話し手が伝えようと思ったが十分に表現できなかった点，あるいは聴き手が聴き損なった点，聴きもらした点などがハッキリする。また聴き手も，自分のなかで話を整理することができる。

8 アクティブリスニング（積極的傾聴）

▶▶ アメリカの心理学者カール・ロジャースが説いた「アクティブリスニング（積極的傾聴）」は，対人関係における聴くことの重要性を指摘している。相手が持っている本質的な価値を心から認め，相手の権利と自立性を尊重するという心構え，姿勢をもとにした積極的な傾聴は，相手の態度変容を生み出し，自分の内面的変化や対人関係における人間的成長に効果を及ぼす。

●アクティブリスニングのポイント

❶相手が言おうとしている意味全体を聴く（言葉そのものの意味と言葉の奥に隠された気持ち） ➡

友人と歩いていて，友人が「おなかが空いたね」と言ったとする。このときあなただったらどんな反応をするだろうか。この友人は空腹であるという事実を伝えようとしてこの言葉を言ったのか。そうではなく，「どこかで食事でもしたいね」ということを言いたかったのではないだろうか。表現された言葉はそのものの意味と，言葉の奥に隠された気持ちを含んでいることが多い。相手が言った言葉から，相手が言おうとしている意味全体を聴くとは，この言葉の奥に隠された気持ちをも，聴き取ることを意味している。

❷相手の気持ちを重視する（言葉よりもその背景となる感情に理解を示す） ➡

表現された言葉の意味よりも，その背後にある感情のほうがはるかに重要となることがある。このような場合には，感情的な意味の部分に応えて，相手の言おうとしていることを理解する必要がある。たとえば，

A：まったく主任はいつもこうなんだから，嫌になっちゃう。もう主任の仕事はしたくない。

B：そんなこと言っても，仕事なんだから……

　Aさんは，Bさんから「仕事なんだからがまんしなくては」というようなことを言われても，がまんがならない気持ちをどうすることもできない。こんなとき，

B：ずいぶん頭にきているようね。

　と，Aさんの気持ちを受け止める言葉がけが初めにあったら，話はどのようになるだろう。だれでも感情的になっているときに，気持ちをそのまま受け止めてもらえると，気持ちが楽になり，自分自身が少し冷静になれることがある。反対にその気持ちを拒否されたり，否定されると，その感情は増幅する。

❸相手の話に対する興味，関心を態度，動作で示す ➡

❷のBさんの相手を受け止める言葉がけのあと，「いったいどうしたの？」や「主任がどうかしたの？　よかったら話して……」と相手の話に無関心ではなく，聴こうとする意思があることを態度・動作・表現で相手に示すことが重要である。相づちやうなづきはもちろんのこと，相手へしっかりと視線・姿勢を向けるなどが考えられる。

❹話し手の真意を確認する ➡

以上のことを心がけても，話し手の真意を聴き取るのは，難しいものである。そこで，聴き手である自分がどの程度理解したかを相手に対して，自分の言葉で表現してみることが有効になる。「課長のおっしゃりたいことは，こういうことですか」と，自分が理解したところを，率直に相手にぶつけてみると，相手とのズレを確認し，お互いによく理解し合うことができる。

9   情報収集のためのメモの取り方

▶▶ ビジネスで仕事を進めていくためには，メモを取りながら相手の言ったことを正確に聴き取ることが重要である。

- どんなときにも，仕事をしているときはすぐメモを取れるような状態でのぞむ。
  - 上司から呼ばれたとき
  - 客と面談しているとき
  - 部署内のミーティングのとき
  - 同僚・先輩と仕事の話をしているとき
  - 電話に出たとき　など
  - メモの必要が出てきたときにメモするものを探すのでは遅い。探すために時間がかかり，メモしようとしていたことを忘れたり，思考が中断されたりしてしまう。
- 言われたことをすべて書くのではなく，ポイントをおさえ，キーワードを落とさずにメモを取る。
- 相手の言ったことから浮かんだ，自分の考え・疑問についても簡単にメモしておくと，あとで質問しやすい。
- メモを取ることに集中しすぎると，話し手が話しにくくなるので，あくまでも話を聴くことを中心として，重要点のメモを手早く取るようにする。

10 質問技術を駆使する

▶▶ 質問技術を工夫する

　質問することで，話し手と聴き手のお互いの理解が深まり，共通理解を持てるようになる。質問されることで，話し手も考えていなかった重要点などに気づくことができる。

　次に，部署内のミーティングで，上司と部下が話しているときの会話から，いろいろな質問の仕方を見てみよう。

●効果的な質問例

	部署内のミーティングでの質問の仕方（例）
二者択一	部長：今度の○○の催し物はうちの部が担当だから，協力していいものにしよう。 部下：会場は社内ですか，社外施設ですか？ 部長：社外にしようと思う。
追跡	部下：社外施設のメリットは何ですか？（なぜ社外施設を使うのですか？） 部長：それは……
5W2H	部下：社外ならどのあたりがいいでしょうか？（地域・制約条件など） 　　　時期はいつ頃が？ 　　　主催は，うちの部ですね？ 　　　主催内容は（主催テーマは）？ 　　　主催目的は？ 　　　準備の方法は（制約条件は）？ 　　　予算は？ 　　　収容人数は？
多義	部下：この催しで大事（大切）なことは何でしょうか？ 部長：（いろいろなとらえ方の返答が考えられる）
誘導	部下：○○の点は，こうしようと思いますがどうでしょうか？ 　　　（それでは，○○しようと思いますがよいでしょうか？） 部長：そうだね（いや，こうしたほうがいいよ）。

　このように質問をしながら，内容の検討を重ね，お互いに共通理解を持ち，1つの仕事をつくり上げていくことができる。

1 次の各設問に答えなさい。

1. 「ビジネス会話の特徴」の説明で，正しいものの組み合わせを選択肢から１つ選びなさい。

① 自分の好みや感情をあらわにしない。

② ビジネスだから，会話を通してお客さまに何かを教える。

③ どんな相手に対しても，相手を尊重する気持ちが大切である。

④ 個人で話していても，会社の代表であるという意識を忘れない。

〔選択肢〕

ア	①	②	③
イ	①	③	④
ウ	②	③	④

2. 導入話法として，正しくないものを１つ選びなさい。

〔選択肢〕

ア．昨日の高校野球決勝は感動的でしたね。

イ．ここのところ，雨があまり降りませんが，今年のコメは大丈夫でしょうかね。

ウ．○○さんはテニスがお好きでしたよね。

エ．そろそろ人出が多い季節になりますね。

オ．今朝の新聞見ました？○○党の政策はどうも納得できませんね。

3. 時間を考えて効率的に話すための方法として，正しくないものを１つ選びなさい。

〔選択肢〕

ア．客と面談するときは，あらかじめ準備をしておく。

イ．時間節約のため，一般的に敬語は使わず話したほうがよい。

ウ．面談・会議の開始時間と終了時間を明確にして，時間内で終わるように，努力する。

エ．まず，結論から先に述べる。

オ．経過・理由・根拠などは，簡潔にまとめてダラダラ話さない。

4. 次の言い方を，感じのよい断り方に言いかえなさい。

①「今日は会えない。また来てくれ」

②「申し込んでもらったが，不採用になった」

1－1
ビジネス会話の目的は，仕事をスムーズに進めることである。

1－4
断りのときによく使われるフレーズ
●いっさいお断りすることになっておりますので…。
●今回は見送らせていただくことになりましたので。
●またの機会に……。

5. 次のような状況のときは，どのように言ったらよいか，書きなさい。

①満席なので，しばらく待ってもらわなくてはならない。

　　　　　　　　　　　　　　　　　　　　　　　　　　　　　　　

　　　　　　　　　　　　　　　　　　　　　　　　　　　　　　　

②名指し人は電話中で，（電話に）出られない。

　　　　　　　　　　　　　　　　　　　　　　　　　　　　　　　

　　　　　　　　　　　　　　　　　　　　　　　　　　　　　　　

6. 次の言い方を適切な言い方に直しなさい。

①（部長に）課長は，仙台から明日戻るとおっしゃられました。

　　　　　　　　　　　　　　　　　　　　　　　　　　　　　　　

　　　　　　　　　　　　　　　　　　　　　　　　　　　　　　　

②（部長に）常務は，今日はもう（自宅へ）帰りました。

　　　　　　　　　　　　　　　　　　　　　　　　　　　　　　　

　　　　　　　　　　　　　　　　　　　　　　　　　　　　　　　

7. 次のクッション言葉を使って，お客さまに対する断りの言葉，依頼の言葉を完成させなさい。

①申し訳ございませんが……

　　　　　　　　　　　　　　　　　　　　　　　　　　　　　　　

　　　　　　　　　　　　　　　　　　　　　　　　　　　　　　　

②せっかくお越しいただきましたが……

　　　　　　　　　　　　　　　　　　　　　　　　　　　　　　　

　　　　　　　　　　　　　　　　　　　　　　　　　　　　　　　

③たいへん恐縮ですが……

　　　　　　　　　　　　　　　　　　　　　　　　　　　　　　　

　　　　　　　　　　　　　　　　　　　　　　　　　　　　　　　

④お差し支えなければ……

　　　　　　　　　　　　　　　　　　　　　　　　　　　　　　　

　　　　　　　　　　　　　　　　　　　　　　　　　　　　　　　

⑤恐れ入りますが……

8. 「相手によって話し方を工夫する」ことについての説明で，正しいものを１つ選びなさい。

① 新入社員には，つねに教える姿勢で話す。

② よくお見えになるお客さまには，名前を読んで話しかける。

③ 口数の少ない人にも，話しやすい話題などを提供する。

④ ゆっくり話す人に，畳み込むように話しかけない。

〔選択肢〕

ア	②	③	④
イ	①	③	④
ウ	①	②	③

9. 「相手のおかれている状態を理解して話す」ことの説明として，正しいものを１つ選びなさい。

① 時間的余裕のあるときは，あまりビジネスライクに話を進めない。

② 「いまお話してよろしいですか」と相手の都合を尋ねるのもよい。

③ 急いでいるようなら，「メールで後ほど報告します」と，話を短く切ることもよい。

④ 約束をして訪問しても，相手がとても忙しそうなら，「また出直しましょうか」と，聞いてみる。

〔選択肢〕

ア	①	②	③
イ	②	③	④
ウ	①	③	④

10. 次のような状況での導入話法を，具体的な言葉で書きなさい。

①１週間以上も長雨がつづいている。

---

②４月：桜の開花が遅れている。そろそろ新入社員や新入生を見かける。

---

③寒波のため，ある地方では豪雪で交通にも支障をきたしている。

---

11. 次のような状況での最後のあいさつを，具体的な言葉で書きなさい。

①８月の２週目〇日から〇日まで，わが社は一斉休暇となる。

---

②（この担当者とは）１年後のこの時期まで，当分会うことはない。

■－11
一般的な最後のあいさつ
●今後とも，どうぞよろしくお願いいたします。
●今日はこの辺で失礼いたします。
●お忙しいところ，ありがとうございました。

2 次の稲垣君のケースを読んで，下記の設問に答えなさい。

〔稲垣君のケース（1）〕

稲垣三郎は，ホテルの営業部に配属になって2年が過ぎた。

今日は取引先のMT食品の村田総務課長のところを訪れることになっている。村田課長には入社以来お世話になっており，初めて1人でのぞんだ商談でもいろいろとアドバイスをしてもらっていた。

来月同社の社長就任披露パーティーを稲垣のホテルで開催することになっている。何度かオンライン会議で打ち合わせをしていたが，今日は最終的な確認のためMT食品に向かっている。

稲垣「こんにちは。いつもお世話になっております。本日はご予約いただいております社長就任披露パーティーの内容につきましておうかがいいたしました」

村田「もう来月に迫っているんだな。私のほうもいくつかの変更点など，確認しておきたいことがあるからよろしく頼むよ。ただ2時から会議が入っているので1時間くらいで済ませたいんだが」

稲垣「かしこまりました。では早速ですが，お話に入らせていただきます。私のほうで当日の資料をお持ちいたしておりますが，その前にただいま村田課長がおっしゃいました御社の変更のご希望内容を先に承ったほうがよろしいでしょうか」

村田「そうだなあ。いや当日の資料にそって先に君の説明を聞こう。そのなかで，途中こっちの意見を言ってもいいかな」

稲垣「はい。結構です。では，こちらの資料をご覧ください。当日のタイムテーブルにそってご説明いたします」

1. ビジネス会話を展開するうえでポイントとなることについて述べた次の文のうち，正しいものの組み合わせを選択肢から1つ選びなさい。

① 会社の代表としての自覚を持ち，目的意識を持って会話を進める。
② 相手の立場を尊重し，信頼関係を築くよう心がける。
③ お客さまからもつねに学ぶ姿勢を持って会話をする。
④ 納得のいくまで時間をかけて相手を説得することが肝要である。

〔選択肢〕

ア	①	②	③
イ	②	③	④
ウ	①	③	④

2. 稲垣君の会話の進め方において，よい点を4つあげなさい。

①
②
③
④

〔稲垣君のケース（2）〕

稲垣は，村田課長との打ち合わせをおおむね終えた。

稲垣「それでは本日承りました変更点につきましては，ホテルに戻って料理の担当者と相談，確認させていただきまして，本日中にメールにてお返事申し上げます。来週もう一度最終確認におうかがいしてもよろしいでしょうか」

村田「ああ，そうしてくれたまえ。別の依頼についても一括してそのときに報告してくれればいいから。ああ，30分で済んだな。詳しい資料を用意してもらってたから助かったよ。ありがとう。ところで別件なんだけど，秋に予定している中堅研修もお宅に頼もうかと思っているんだ。実は去年まで蓼科高原に行ってたんだけど予算の関係でね，場所についても検討中なんだ。君のホテルは研修施設を持っていたよね」

稲垣「はい。神奈川県内に2か所，研修施設がございます。申し訳ございません。本日はその資料を持参しておりません。もしよろしければ，参考動画を含めた資料をメールでお送りしたいと思いますが」

村田「そうだね。今日急に相談したことだからね。決定までにはまだまだ時間があるし，それじゃあ来週来てくれたときに改めて相談にのってもらおう。事前に資料を見せてもらえれば，助かるよ」

稲垣「はい，ありがとうございます。それでは，村田課長に動画を含めた資料をメールでお送りいたしますのでよろしくお願いいたします。また本日ご依頼のありましたパーティーの変更点につきましても，次回までに調整させていただき，お返事申し上げます。また何かございましたら，どうぞご遠慮なくお申しつけください」

稲垣は次回の面談の約束を確認し，約40分で面談を終え，MT食品を出た。

3. 相手に合わせた話し方のポイントについて述べた次の文のうち，正しいものの組み合わせを選択肢から1つ選びなさい。

① 否定的な意見で切り返さず，相手の希望にできる限りそえるよう，誠意を持って話す。

② 相手が無口な人の場合は，焦らずゆっくりと，相手が口を開くまでじっと待つ。

③ 相手の置かれている状況を判断しながら，時間配分を考える。

④ 自分の意見だけを主張するのではなく，相手の意向を確認するようにする。

〔選択肢〕

ア	①	②	③
イ	②	③	④
ウ	①	③	④

4. 面談を終えるにあたっておさえるべき2つのポイントについて，稲垣君のケースをもとに答えなさい。

①

②

3 次の各設問に答えなさい。

1. 「アクティブリスニング」の説明で，正しくないものを１つ選びなさい。

〔選択肢〕

ア．言葉よりも，その背景となる感情を理解しなければならないこともある。

イ．相手が言おうとする意味全体を聴こうとすることが大切である。

ウ．アクティブリスニングによって対人関係をよい方向に持っていくことができる。

エ．アクティブリスニングのためには，黙っていないで質問をどんどんしたほうがよい。

オ．相手の話に対する興味・関心を，態度や行動で表す。

3－1
アクティブリスニングで重要なことは，相手を受容すること，「受け入れる」ことである。

2. 「情報収集のためのメモの取り方」として，正しいものの組み合わせを選択肢から１つ選びなさい。

① 上司からの指示を受けるときは，言われたことをすべてメモする。

② わからない言葉や内容は，メモをしながら印をつけておき，あとで確認する。

③ メモを取ることに集中しすぎて，話し手のほうを向いたり，見たりすることをおろそかにしてはならない。

④ 取ったメモは手早く整理し，次の仕事や質問に生かす。

〔選択肢〕

ア	①	②	③
イ	②	③	④
ウ	①	③	④

3－2
一文字一文字を読まずに全体を把握できるようなビジュアルなメモがよい。

3. 「聴き上手」になるためのポイントとして，正しいものの組み合わせを選択肢から１つ選びなさい。

① 話を聴くときは，相手のほうに体を向け，目だけでなく体全体で聴いていることを示す。

② 「なるほど……」「そうですか……」などの合いの手をタイミングよく，ときどき入れる。

③ 相手が話しているときに，わからない点があれば，すぐに「いまおっしゃったことが理解できません」と忘れないうちに，聴き正す。

④ 相手の話す言葉だけでなく，表情・態度など全体から，相手が言わんとする言葉をつかむ。

〔選択肢〕

ア	①	②	③
イ	②	③	④
ウ	①	②	④

4. 「質問の仕方」の説明として，正しいものの組み合わせから１つ選びなさい。

① 追跡質問をして行くうちに，問題点や重要点が明らかになることがある。

② 「どのようにしたらいいでしょうか」「どうしたらいいか」などの答えを相手にすべて考えさせるような質問の仕方がよい。

③　質問するときは，ある程度いろいろな答えを予測して，その先の質問も考えておくとよい。

④　誘導質問は，相手の気質や状況を的確に判断しないと，かえって逆効果になる。

〔選択肢〕

ア	①	②	③
イ	①	③	④
ウ	②	③	④

5. 上司・先輩から次のような指示を受けた。正確にとらえるために，どのような質問内容が考えられるか，具体的な言葉であげなさい。

(1)　急に仙台に出張になったから，切符を取りたいんだけど。(上司から部下へ)

3−5
●日時　●復路
●枚数

(2)　来週の月曜日の11時から12時の時間を空けておいてください。(課長から課員へ)

●目的
●該当者
●準備するもの

(3)　この書類を人事部長に渡してきて。(先輩から後輩へ)

●書類の確認
　(緊急度・重要度)
●人事部長不在の場合の処置

6. 日常生活のなかで，相手の話したことをアクティブリスニングの要領で聴く練習をしてみなさい。

●相手が言おうとしている真意を聴こうとする。

〈例1〉　部長が会議室に入ってくるなり，「この部屋はずいぶん蒸し暑いなー」
　(部下のひとりが)

〈例2〉　課内ミーティングが長引いている。メンバーに疲れが見え始めた。課長が，「疲れてきて，いい考えが浮かばないなあ…」
　(課員のひとりが)

●相手の言ったことを受け止める。

〈例3〉　課長が課員のAさんに「これを営業のBさんに渡してくれ」と頼んだ。Aさんはいま，ワープロで明日の会議資料を作成中。
　(Aさんが)

3−6
いきなり「いま，手が放せません」では困る。

4 次の松村君のケースを読んで，下記の設問に答えなさい。

〔松村君のケース（1）〕

　松村尚一は，メーカーの関連会社の技術課に勤務して，2年半が過ぎた。現在松村は，新規製品の開発プロジェクトメンバーである。

　午前10時，同じプロジェクトメンバーである技術課の桑田からリモートで打ち合わせをしたいとメッセージがきた。

桑田「松村くん，この間報告してもらった顧客の既成製品への改善意見についてなんだけど，いまちょっといいかな」

松村「何か問題がありましたか？」

　松村は，調べていた技術用語の画面と桑田の映る画面を重ね，カメラを見ずに言った。

桑田「いや，問題というわけじゃないんだけどね。実は技術課のスタッフから，お客さまの意見をもう1つ確認したいと言われて……」

松村「えっ！意見聴取をやり直せって言うんですか？そんなの無理ですよ」

桑田「いやいや，もう1回全員から聞いてほしいわけじゃなくて，これから売り込みを強化しようと思っている3〜4社に対してでいいんだ」

　松村が大きな声で反論したので，画面の向こうの桑田の表情は少し曇った。

1. 次の文は，話を聴く際に留意すべき点について述べたものである。
正しいものの組み合わせを選択肢から1つ選びなさい。

① 素直な気持ちで相手の話に耳を傾ける。

② 相手の話に集中して相づちを打ったり，うなずいたりする。

③ 最後まで相手の話をしっかり聴く。

④ 意見や反論は，大きな声ではっきり強く言う。

〔選択肢〕

ア	①	②	③
イ	②	③	④
ウ	①	③	④

2. 松村の聴き方においてよくない点を3か所書き出し，どういう
点がよくないかその理由を書きなさい。

----

3. このあと松村は桑田に対して，どんな態度でどう返事をすべき
か書きなさい。

〔松村君のケース（2）〕

　松村の会社はフレックスタイムを導入しているので，今日，松村は10時30分からの開発の担当者佐竹祐二とのミーティングに合わせて，10時に出社した。

　すると机の上に，1枚の伝言メモが置かれていた。それは佐竹からの電話のメモで，次のように書かれていた。

　「松村さんへ　佐竹さんよりTELあり　○月○日9：50　今日のミーティング：10時30分〜13時にしてください。内藤受」

　これを見た松村は，10時30分という約束はしていたが，終わり時間をとくに指定していなかったので，少し変だなと思ったが，佐竹が確認のために電話してきたのだろうと思った。

　資料をそろえて，約束の会議室に出向いた。しかし，10時30分を過ぎて，40分になっても，50分になっても姿を現さない。おかしいなと思って，開発課に電話してみると，佐竹の同僚の室井礼子が出た。

松村「佐竹君いる？」

室井「佐竹さんですか，今朝立ち寄りで，○○会社に行ってますが」

松村「10時半の約束でミーティングの予定なんだけど」

室井「そう言えば，10時ちょっと前に電話が入って，トラブルがあって，すぐ戻れなくなったと言ってましたけど……」

松井「エー，連絡してもらわないと困るなー」

室井「佐竹さんから電話が入ったとき，技術課のほうにも電話を回したから連絡行ってると思ったけど……」

＊　　　＊　　　＊

　午後になって，佐竹が現れてから聞いてみると，佐竹は技術課の内藤に，次のような伝言を頼んだと言った。

「今日のミーティング，10時半から13時に変更してほしい」

4. このケースの伝達ミスは，伝え手，聴き手双方にあると言える。伝え手は，どのように言ったらよかったか。聴き手はどのようにしたらよかったか。それぞれについて考えて書きなさい。

伝え手（佐竹）：_____

_____

聴き手（内藤）：_____

_____

5. 人に正確に伝達するときの注意として，正しいものを1つ選びなさい。

〔選択肢〕

ア．一字一句間違いのないように聞き取り，そのとおり伝える。

イ．相手の言いたいことのニュアンスを大切に伝えるようにする。

ウ．聴いたことをしっかりと理解し，自分の言葉で復唱して確認をとる。

エ．理解できないことは，相手の言ったとおりにおうむ返しに伝える。

○月○日
9：50AM
松村さんへ
佐竹さんよりTELあり
〈用件〉
「今日のミーティング
　10時30分〜13時に
　してください」とのこと。
　　　　　　内藤受

4－4

● 「10時30分から13時」の間にミーティングをする意味なのか。

● スタート時間を「10時30分」から「13時」に変更する意味なのか。

5 次の各文の（　　）にあてはまる用語を，下記の語群のなかから選びなさい。

1. 上司の指示内容

(1) 上司の指示は，内容を正確に把握するため，（　　）をしっかりおさえる必要がある。

(2) 上司の指示についての質問は，上司が話し終わったあとに行う。上司の話を（　　）のは避けなければならない。

(3) 上司に呼ばれたときは，「ハイッ」と明るく，大きな声で（　　）して，すぐに行く。

(4) 直属の上司以外からの指示を受けたときは，直属の上司に相談し，（　　）の確認をとっておく。

　ア．返事　イ．無視する　ウ．相談　エ．報告　オ．優先順位
　カ．5W2H　キ．さえぎる　ク．拒否

2. 上司に対する報告

(1) 指示を受けて，行った仕事が終了したときは，（　　）に報告しなければならない。

(2) 指示を受けた仕事が長期にわたる場合は，途中で（　　）報告しなければならない。

(3) 口頭による報告にあたっては，（　　）を先に言い，経過についてはそのあとで言うようにする。

(4) 文書による報告にあたっては，必要に応じて（　　）を添付する。

　ア．参考資料　イ．印象　ウ．迅速　エ．文書　オ．推測
　カ．同僚　キ．中間　ク．結論

3. 連　絡

(1) 出張先から，会社に連絡を入れるときは，現在地，現在の状況，（　　）などを伝える必要がある。

(2) 社内において，お互いに連絡するときは，（　　）を活用して，正確に伝わるようにすることも大切である。

(3) 社内連絡用のメモには，自分の氏名を記入して，（　　）の所在を明確にしておく必要がある。

　ア．メモ　イ．帰社予定時刻　ウ．社内電話　エ．欠勤者の氏名
　オ．責任　カ．交通費

4. 相　談

(1) 仕事上の悩みなどは，1人で考え込まないで，積極的に経験豊かな上司や先輩に（　　）するとよい。

(2) 上司や先輩に相談する場合，安易にすぐ相談に行かないで，まず自分で（　　）方法などを調べる努力をするべきである。

(3) 相談する際には，（　　）で押しかけたりせずに，相談する相手の都合に合わせることが大切である。

　ア．依頼　イ．自分の都合　ウ．相談　エ．責任　オ．解決
　カ．タイミング

●**5**〜**14**
〔3級復習問題〕

5－**1**
上司の指示には，積極的かつ忠実に従うことが必要である。

5－**2**
上司への報告は，まず口頭で行い，あとから文書で報告する形が多い。

5－**3**
連絡には，電話やメールなどによる社外連絡と，口頭や社内電話，メモ，メールなどによる社内連絡がある。

5－**4**
相談にあたっては，結論のみを求めようとせず，自分なりの考えを持って，上司や先輩からのヒントを得るようにする。

6 次の各設問に答えなさい。

1. 報告や連絡の心がまえとして，正しいものの組み合わせを選択肢から1つ選びなさい。

① ついあとまわしになりがちであるが，タイミングが重要であるから，こまめに報告したり連絡をとる。

② 言いにくいことは先にのばしがちだが，できるだけ早く報告または連絡すべきである。あとになるほど，ますます言いにくくなる。

③ 事実と推測をはっきり区別することが大切である。

④ 報告や連絡する相手が不在のときにことづける場合，まちがいなく伝わったかどうか，あとで確認することは失礼にあたる。

〔選択肢〕

ア	①	②	③
イ	①	②	④
ウ	②	③	④

2. 相談するときの基本姿勢として，正しいものの組み合わせを選択肢から1つ選びなさい。

① 自分の都合がよいときに，なるべく早く相談する。

② 相談することは，ある程度，自分で調べて考えをまとめておく。

③ 自分で解決することを前提に，上司や先輩からヒントを受ける。

④ 上司や先輩は経験・知識が豊富なので，積極的に相談する。

〔選択肢〕

ア	①	②	③
イ	②	③	④
ウ	①	③	④

3. 上司に対して，口頭による報告を行う場合の留意点として，正しくないものを1つ選びなさい。

ア. いずれ文書で報告するのであれば，口答による報告は，いっさい不要である。忙しい上司は，報告を受ける時間も惜しいほど，スケジュールがたてこんでいるものである。

イ. 報告は簡潔に行う。何を言っているのかはっきりしないのでは，上司はイライラするばかりである。

ウ. まかされた仕事が一段落したら，経過と結果をすぐに報告する。

エ. 報告内容が多い場合は，重要事項や緊急なものから先に伝える。

4. 次のようなケースの対応として，正しいものの組み合わせを選択肢から1つ選びなさい。

① 同じ上司からの指示が重複したときは，優先順位を確認する。

② 仕事中でやり方に疑問が生じたら，考えついた方法に変更する。

③ 仕事が予定どおりにできそうもないときは，原因や見通しを報告して指示を受ける。

④ 緊急事態が発生したときには，まず自力で対応し，影響を与える相手への連絡と上司への連絡を行う。

〔選択肢〕

ア	①	②	③
イ	②	③	④
ウ	①	③	④

6-3
報告は，自分が本当に必要（大事）だと思えば，何度しても構わない。上司も，仕事の進捗状況がわかれば，適切なアドバイスや指示をすることができる。ただし，上司の仕事の都合を確認し，タイミングを見はからって行うことが必要である。

7 次の表は，自他の呼称についての尊敬語・謙譲語である。(1)〜(5)の
（　）にあてはまることばを入れなさい。

対　象	呼　称
自　分	（　1　）
私たち	（　2　）
自　社	私ども，（　3　），小社，弊社
他　社	貴社，（　4　）
あなた	○○さま，そちらさま，お宅さま，お客さま
だ　れ	どなたさま，（　5　）
上　司	○○部長，○○課長（○○部長さんとは言わない）

8 次の尊敬語（左）と謙譲語（右）の組み合わせで，正しくないもの
を1つ選びなさい。

1．名詞・代名詞

〔選択肢〕

ア．貴　社――――弊　社　　　ウ．お　宅――――拙　宅

イ．そちらさま――てまえども　エ．お住所――――住　所

2．動　詞

〔選択肢〕

ア．おっしゃる――申し上げる　ウ．いらっしゃる――お　る

イ．ご覧になる――拝見する　　エ．いたす――――――なさる

9 次の（　）にあてはまる用語を，下記の語群のなかから1つ選び
なさい。

1．尊敬語・謙譲語・丁寧語

(1) 尊敬語とは，相手の人または話のなかの第三者を（　）心を表
　　現する。自分のことには使わない。

(2) 謙譲語とは，自分や身内を（　）表現する。相手のことには使
　　わない。

(3) 丁寧語は，相手に敬意を表して使う丁寧な表現で，（　）を使
　　うのが普通である。

(4) 尊敬語と謙譲語は，同じ人の動作や行動でも，話す相手によって
　　（　）する。

　　ア．変化　イ．へりくだって　ウ．常体文　エ．多用　オ．敬体文

　　カ．敬う　キ．自慢して　ク．噂して

2．相手に不快感を与えることば

(1) 相手が（　）できないような業界用語，特殊な略語，軽薄な流
　　行語などは使わない。

(2) 大げさなほめことばや過度な敬語といった（　）は，不快である。

(3) 語尾をのばしたり，無自覚に同じことばを繰り返し言うといった
　　（　）にも注意する必要がある。

(4) 他人の話の受け売りで（　）や悪口を言うと，人間関係がこわれる。

　　ア．理解　イ．質問　ウ．大言壮語　エ．美辞麗句

　　オ．七癖　カ．口ぐせ　キ．噂話　ク．ほめことば

7

▶自分に関する謙譲語

一般	私・わたくし・小生
上役	私・わたくし・小生
社員	当社社員・弊社社員・弊社・○○（姓）・当行行員・当店店員
会社	当社・弊社・小社・わが社
銀行	当行・弊行・小行
商店	当店・弊店・小店
団体	当会・本会・小会・弊会・当協会・本協会
官庁	当省・本省・当庁・本庁
学校	当校・本校・わが校・本学
家	拙宅・小宅・私宅・小生宅
土地	当地・当市・当町・当方面
手紙	手紙・書中・書面
意見	私見・愚見・愚案・拙案
配慮	配慮・尽力
物品	寸志・粗品
受領	拝受・受領・入手
往来	お伺い・参上
父	父・実父
母	母・実母
両親	両親・父母・老父母
祖父	祖父
祖母	祖母
息子	息子・愚息
娘	娘
兄	兄
弟	弟
姉	姉
妹	妹
夫	夫
妻	妻

9－2

口癖の多用

副詞―やっぱり，つまり，
　　　とにかく，そういう
接続詞―それで，でも
　　　　だって，だから
間投詞―えー，えーと，あのー
　　　　はいはい，どうも

10 次の表現をそれぞれビジネスの場にふさわしい適当な表現に直しなさい。

(1) そりゃやっぱできないんじゃないかな。

(2) その問題はちょーむずかしいです。

(3) 手紙を見ました。

(4) うちの会社の社長さんは稲垣さんといいます。

(5) はいはい，わかりました。

(6) 心配してくれてありがとう。

(7) また来てくれるのを待ってます。

11 次の原型をそれぞれ，適当な敬語表現に直しなさい。

1. 質 問

(1) 何の用ですか。

(2) どうでしょうか。

(3) （電話で）少し声が聞こえないのですが。

(4) 名前は何ですか。

2. 回 答

(1) ないです。

(2) できません。

(3) 知りません。

(4) そうです。

3. 依 頼

(1) ちょっと待ってください。

(2) ～してもらえませんか。

(3) 来てください。

(4) 聞いてください。

12 次の文中の敬語の使い方には誤りがある。正しい文章に書き直しなさい。

(1) （来客に対して）部長さんはただいまお出かけになっております。

(2) （取引先に対して）私どもの山田課長がよろしくとおっしゃってました。

(3) （取引先に対して）清原部長はおりますか？

(4) 久保田さまと申す方が，明日参ることになっております。

(5) （来客に対して）お会議室で待ってください。

(6) （取引先に対して）だれでございますか。

(7) （社内の上司に対して）予定は本木課長に伺ってください。

(8) 同封の文書を拝見してください。

(9) 不明の点がありましたら，下記へ伺ってください。

(10) （社内の同僚に対して）この文書は部長がお書きしました。

(11) （来客に対して）そんなことできません。

(12) （取引先に対して）そんなものありません。

(13) （取引先に対して）ゴルフをやりますか。

(14) （来客に対して）いま呼んでくるので，ちょっと待ってください。

(15) （取引先に対して）小社へ行ってもいいですか。

▶他人に関する尊敬語

一般	貴殿・貴兄・貴君・○さま
上役	貴殿・社長・専務・部長・課長
社員	貴社社員・御社社員・貴(御)社○○さま・貴行行員・貴店店員
会社	貴社・御社
銀行	貴行・御行
商店	貴店・御店
団体	貴会・御会・貴協会
官庁	貴省・御省・貴庁・御庁
学校	貴校・御校・貴学
家	尊家・貴宅・貴家
土地	貴地・御地・貴町
手紙	貴書・貴状・御書状・御書簡・ご書面
意見	ご高見・ご卓見・ご高説・ご意見
配慮	ご配慮・ご高配・ご尽力
物品	ご厚志・けっこうなお品・佳品
受領	ご査収・ご高覧・お納め・ご笑納
往来	お越し・ご来社・ご来訪・お立ち寄り
父	御尊父(さま)・おとう(父上)さま・お父上
母	御母堂さま・(お)母上さま・お母さま
両親	ご両親(ご父母)さま
祖父	ご祖父さま・おじいさま
祖母	ご祖母さま・おばあさま
息子	ご令息さま・ご子息さま
娘	ご令嬢さま・お嬢さま
兄	兄上さま・おにいさま
弟	弟さま
姉	姉上さま・おねえさま
妹	妹さま
夫	ご主人(だんな)さま
妻	奥さま・令夫人

会社によっては，上司を呼ぶ際，○○部長などの役職名で呼ばず，○○さんと，さんづけで呼ぶところも出てきている。

13 次の各設問に答えなさい。

1. 「電話応対の基本」で，正しくないものを1つ選びなさい。

〔選択肢〕

ア．相手の顔が見えないのであるから，相手に聞き取りやすいようにとくに気を配る必要がある。

イ．語尾を，はっきり発音する。

ウ．数字や地名，氏名など，聞きまちがえやすいものについては，十分注意を払う。

エ．相手の話の内容について確認をとることは，失礼にあたるケースが多いので，避けなければならない。

2. 電話が「終わったとき」の応対のしかたについての説明で，正しくないものを1つ選びなさい。

〔選択肢〕

ア．聞き取りにくい場合には「恐れ入りますが，もう一度お願いできますか」と言って，相手に依頼してもよい。

イ．終わりのあいさつとして「よろしくお願いいたします」とか「どうもありがとうございます」と言う。

ウ．電話を切るときは，受話器を静かに置く。

エ．コスト意識をつねに持ち，用件を終えたら相手より先に切る。

3. 電話で，相手から指名された人が「不在」のときの応対について，正しくないものを1つ選びなさい。

〔選択肢〕

ア．指名された人の帰社時間がわかっていれば，その時間を伝える。

イ．伝言を受けた場合は，伝言メモなどを使い，確実に伝わるようにする。

ウ．急用であれば，名指し人が持っている個人の携帯電話の番号を伝えるようにする。

エ．応対した自分の名前を，相手に伝えることを忘れないこと。

4. 電話の「取りつぎ」をするときの説明について，正しいものの組み合わせを選択肢から1つ選びなさい。

① 取りつぎに時間がかかるようなときは，こちらからかけ直すようにする。

② 電話がたらいまわしになるのはやむを得ない。

③ 電話を取りつぐ際は「保留」にして，相手にこちらのやりとりは聞こえない状態にする。

④ 「ただいま○○と代わります。少々お待ちください」と丁寧に応対しなければならない。

〔選択肢〕

ア	①	②	③
イ	②	③	④
ウ	①	③	④

13－1
ウ．発音をはっきりさせることや，意味のとりちがえのないように，言い換えの必要なことばの例。
　1（イチ）……7（シチ）
　4日…………8日
　病院…………美容院
　市立…………私立
　使用…試用…私用
なお，アルファベットの場合は「CatのC」とか，「JapanのJ」など，簡単な単語や国・都市名などを引用して説明するとわかりやすい。

13－2
受話器をガチャンと置くと，相手の耳にその音がそのまま入ってしまう。

13－3
相手の身分や所属などを確かめないうちに，不在者のことをペラペラ話すのはいけない。気を使うべき取引先や，逆に同業他社などからかかってきた電話であれば，社内のことをありのままに伝えてはまずいわけである。

13－4
電話器の性能がアップしているため，周囲の音声は相当広範囲に拾ってしまう。

5. 「電話をかける」場合の説明で，正しくないものを１つ選びなさい。

〔選択肢〕

ア．かける前に，相手の会社名や電話番号などを確認する。

イ．相手が出社した直後，昼休み・退社ごろなどの時間帯は，なるべく避ける。

ウ．右利きの場合，受話器は右手で取り，左手で番号を押す。

エ．相手が出たら，まず，こちらから名乗り，あいさつをする。

6. 「メモの取り方」についての説明で，正しくないものを１つ選びなさい。

〔選択肢〕

ア．相手の話を聞きながら，すばやく，正確に書き取る。

イ．金額，数量，目的などは，とくに正確を期さなければならない。

ウ．伝言メモは，書くことが制約されることも多いので，使わないほうがよい。

エ．箇条書きも多用して，わかりやすく書く。

14 次のケースについて，正しいものを１つ選びなさい。

1. 相手の声が聞き取りにくい場合

〔選択肢〕

ア．問い直すのは失礼にあたるので，勘を働かせる。

イ．聞き取りにくいことを伝える。

ウ．かけてきた人に，別の人に代わって話してもらうように頼む。

エ．いったん電話を切り，かけ直す。

2. 電話を受けるとき

〔選択肢〕

ア．「もしもし」と，話し出しに必ず言うようにする。

イ．相手を10秒以上も待たせても，とくにわびる必要はない。ビジネスライクに，いきなり用件に入るのが鉄則である。

ウ．相手が社名を名乗ってから，自分の社名，氏名を伝えて簡単なあいさつをする。

エ．社外からの電話では，自社の社員には，敬称をつけない。

3. 電話が途中で切れてしまったとき

〔選択肢〕

ア．原則として，電話を受けたほうからかけ直す。

イ．こちらのミスでなければ，再び話が通じたときに「先ほどは失礼いたしました」と言う必要はない。

ウ．相手のミスで電話が切れた場合には，なぜ切れてしまったか，理由をはっきりさせる。

エ．電話が途中で切れたうえに，相手の名前を聞いていなかった場合，自分の名前と，用件を簡潔にまとめた説明をして，担当者を探してもらう。

13−5
電話のかけまちがいは想像以上に多いと言われている。電話代のムダ，時間のロス，迷惑をかけるといったマイナスを考え，電話は番号をまちがえないようにかける心がけが大切である。

14
新入社員は，自分の担当する仕事をはやく覚えることが大切であるが，そのほかに，社内の人の名前と顔を一致させることも，きわめて大切である。そうすれば，電話の応対のとき，らくになる。

14−3
エ．具体例
「私，○○（社名）の△△（名前）と申します。先ほど～（用件を簡潔に）の件でご連絡させていただいたのですが，あいにく，担当の方のお名前をお伺いしていなかったため，お名前がわかりません。申し訳ございませんが，もう一度担当の方をお願いできませんでしょうか」

4 不満を信頼に変えるクレーム対応

- お客さまへ誠実な対応をするには？
- クレーム対応は積極的に行う。

1 お客さまの購入動機と対応

▶▶ 商品やサービスの価値や効果を，お客さまが十分に納得し，購入にかかる費用以上の満足を得られると確信すれば，ビジネスは成立する。そのためには，お客さまのニーズを的確に把握し，販売する商品やサービスが，お客さまにとってどのような価値を生むかを説明できなければならない。対応の基本は，お客さまのニーズを上手に聞き出すこと，十分な商品知識を備えてそれに応えること，そしてお客さまの立場に立った誠実な対応である。

2 誠実な対応

▶▶ どんなに商品がすばらしくても，お客さまは最終的な購入の決定をするとき，この対応の仕方によって左右されることがある。誠実な対応を心がけたい。

●対応の基本 ➡	基本は相手の立場に立った思いやりのある言葉や態度である。 お客さまの話を，よく聴き，何を求めているかを的確にとらえる。 お客さまの態度や服装・持ち物などで対応の仕方に差をつけないで，公平に対応する。

3 クレーム対応の手順

▶▶ 最初のクレーム対応には，会社の代表としての自覚を持ってあたる。

クレーム対応の手順		
	❶誠実な対応 ➡	相手の身になってよく聴く姿勢を持つ。 担当部署でなくても逃げずに受け止め，たらい回しは絶対に避ける。（初めに対応した人の誠実さが重要。） 感情を害している相手には，素直に謝る。 電話の場合などでは，自分の部署・名前を名のると相手に安心感を与える。 事実を正確に確認し，相手の希望や本音をつかむ。 （事実誤認の可能性・悪意の場合も考慮する。）
	❷クレームを大きくしない努力 ➡	相手に怒らせず，明らかな非は認めながら聴く。 あいまいな説明や答えで事態を悪化させない。
	❸迅速な対応 ➡	個人的・内密的な処理をしない。 マニュアルに従ったり，前例を参考に考慮する。 前例がない場合は上司の判断で処理する。
	❹適切な連絡と報告 ➡	第一当事者としての責任を果たしたのち，上司あるいは直接担当者に速やかに連絡，報告する。 上司不在で自分の責任や権限を越える回答については，その旨説明し，その場限りの対応をしない。

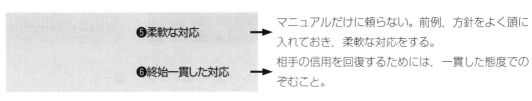

❺柔軟な対応	マニュアルだけに頼らない。前例，方針をよく頭に入れておき，柔軟な対応をする。
❻終始一貫した対応	相手の信用を回復するためには，一貫した態度でのぞむこと。

4 責任ある回答と再発の防止

▶▶ 同じようなクレームの再発防止の第一歩は，問題点の根本的原因の究明から。

❶クレームそのものへの処理 → クレームを寄せた相手に対しては，会社として責任ある回答を用意し，相手の納得を得られるような対応が必要となる。しかし，会社にとって重要なのは，その相手個人を納得させることだけでなく，類似のクレーム発生の原因を探り，クレーム再発を防ぐことである。

❷クレーム発生の根本的原因の究明 → クレームによって，問題点・改善点が明らかになったわけであるから，これをチャンスに，その根本的原因を明らかにする必要がある。個人のミスを指摘するというよりは，組織全体としてどのような取り組みが必要なのかを明らかにしていく必要がある。

5 お客さまからの感謝などへの対応

▶▶ クレームばかりでなく，お客さまからおほめの言葉をいただくこともある。このようなことは，仕事に関わったすべての人にとって喜びであるから，自分だけではなく，関係者に早速連絡をし，喜びを分かち合いたいものである。そのことが，また次への仕事の励みになる。

1 次の各設問に答えなさい。

1. 「お客さま対応の基本的考え方」について，正しいものの組み合わせを選択肢から1つ選びなさい。

① お客さまからの苦情や意見には，的確・正確・迅速に対応する。

② お客さまの声によって，ニーズを組み取り新製品開発につなげる。

③ お客さまの声は，お客さま相談室がまとめて処理すればよい。

④ お客さまの声は，関連部署にタイムリーに知らせる。

〔選択肢〕

ア	①	②	③
イ	②	③	④
ウ	①	②	④

1−1
企業によっては「お客さま相談室」などの専門部署で対応を行う場合もあるが，いずれにせよ，お客さまの満足を第一に考えることが大切である。
ウ．このような姿勢は，顧客満足度の向上につながる。

2. 「クレーム情報の大切さ」について，正しいものを1つ選びなさい。

〔選択肢〕

ア．クレームは，繰り返されるほど役立つものである。

イ．クレームとは，納期や販売員の言動などといったソフト面に対してのみ言われるものである。

ウ．クレームを言う客は，わがままや不満の多い人である。

エ．クレームは，ライバルが流していることが多く危険である。

オ．適切なクレーム処理は，逆に客の信頼を得ることにつながる。

1−2
イ．クレームには，品物やサービスの内容といったハード面に向けられるものもある。

3. 「クレームに対する基本姿勢」として，正しいものを1つ選びなさい。

〔選択肢〕

ア．クレーム客から，思っていることをすべて伺い，事実をきちんと確認する。

イ．クレーム客の興奮がさめるよう，ひたすら謝りつづける。

ウ．初めにクレームを受けた人は，直接担当者へ回すだけでよい。

エ．クレームの解決法は，こちらでできることだけを早く示す。

オ．クレーム処理は，関係者だけが責任を持つようにする。

1−3
クレーム処理には誠意が大切である。相手の不満を理解しながらわびるという姿勢が求められる。

4. 「クレーム対応の手順」の説明で，正しいものを1つ選びなさい。

〔選択肢〕

ア．クレームとわかった時点で，先輩・上司に代わってもらう。

イ．丁寧におわびをする→とにかく相手の希望どおりにする→上司へ連絡する。

ウ．担当者を聞き出す→わからなければ代わって聞く→後日連絡することを約束する。

エ．相手の話を聞く→担当者に連絡する（簡単にわびない）。

オ．相手の話を誠意を持って聞く→自分の責任範囲外でもきちんと受け止める→相手が感情を害している点は素直にあやまる→クレームを大きくしない努力をする→できる処理はただちに行う→上司，あるいは当事者に連絡・報告する。

2 次の西川君のケースを読んで，下記の設問に答えなさい。

〔西川君のケース〕

　西川優は半導体メーカーのSEである。この会社に転職して半年になるが，その前は別のメーカーで2年ほど勤めた。この会社では社内システムの構築が主な仕事であり，電子メールから在庫管理まで，さまざまな仕組みを提案し，改善しなければならない。そのためには，現場の人間の意見を聞いて何が必要なのかを把握して，理解しなければならない。現在のところ，西川のやろうとしていることについて，コンセンサスが得られていないらしく，一部の現場の人は協力的でない。

　先日もある部署の課長から，「クラウドシステムの活用で情報の共有化がはかれると思ったが……」と不満の声が聞かれたので，担当者に聞きに行くと，「いまのままで問題ありません」と言われてしまった。

　まるで「構わないでください」と言われているようで，当人がそう言うならそれでよいと，西川までが思い始めていた。

　現在，西川が上司から指示されているのは，データの有効活用である。この会社では，データのダブルエントリーが頻繁に起きている。あるシステムに入力したデータを，別のシステムにも入力し直しているわけである。そこで，データを有効活用して，一度入力すれば次のシステムにもつながるようにして，オペレーション業務を軽減させようというのだ。このまま現場の協力が得られなければ，西川の仕事は進まない。

　転職してきてから半年たつが，まだ西川に対して，用心しているような態度や雰囲気があるのは事実である。

1. このような状況で，西川君が仕事を進めやすくするにはどんなことをしたらよいか。正しいものの組み合わせを選択肢から1つ選びなさい。

① 周囲がどう考えようが気にせず，与えられた仕事を遂行することに専念する。

② 上司に，自分が抱えている問題について，相談してみる。

③ 同僚と積極的に話し，会社の気風や社員の考え方を理解するように努める。

④ 仕事以外でも，他の人と交流して，話しやすい雰囲気をつくる。

〔選択肢〕

ア	①	②	③
イ	①	③	④
ウ	②	③	④

2. 指示された仕事が期日までにできそうもないと思ったときの行動として，次のなかから，正しいものを1つ選びなさい。

〔選択肢〕

ア．上司に，この仕事はできませんときっぱり断る。

イ．先輩に相談して，代わりにやってもらう。

ウ．同僚の力を借りて，適当に期日までに間に合わせる。

エ．期日を遅らせてもらい，何とか自分でコツコツやる。

オ．自分のできることを明確にして，上司の再度の指示に従う。

3 次の東山さんのケースを読んで，下記の設問に答えなさい。

〔東山さんのケース〕

東山春子は，大手家具販売会社に勤めている。会社は年中無休で，社員はウィークデイに交替で休みを取っている。とくに週末は忙しくなる。

今日は土曜日で，いましがた，遅めの昼食をやっととったばかりで，客の対応に追われていた。そこへ1週間前の土曜日に，収納棚を買った客から電話があった。（午後3時過ぎ）

客 「まったく，おたくのお店はどうなっているの？ あなたに電話がつながるまでにもう3分以上も待たされたのよ。ところで，今日届くはずの収納棚の件だけど，まだ届かないのよ。今朝，配送センターから電話で，午後の配達になるって言うから『早めにお願いね』って頼んだのに……。こんなことなら，こちらから取りに行ったほうが早かったわ」

東山 「ちょっと配送のことはここではわからないんですが，配送の者は午後の何時頃配達になるというようなことは言いませんでしたか？」

客 「遅くとも3時までには届けられると言っていたのに……」

東山 「じゃあ，折り返しお電話いたしますので，もう少々お待ちください」

配送センターに連絡を取って確認し，客へ電話を入れた。

東山 「いま，そちらへ向かってますが，交通渋滞でたいへん遅れてしまいました」

客 「それなら，電話1本入れてくださればいいのに，何の連絡もなしに遅れるから，家から1歩も外へ出られないじゃないの……。それからついでに言っておくけど，おたくからいただいた伝票に，店の電話番号も書いてなくて，わざわざ調べなきゃならなかったのよ……」

東山 「すみません」

電話を切ったあとも，東山の耳には客のきんきんとした声が響いていた。

1. 電話のつながりが悪かったことについて客から指摘されたが，この場合どのようにしたらよかったか。正しいものを1つ選びなさい。

〔選択肢〕

ア．待たせるときに，何分くらいかかりますと時間を告げる。

イ．代表電話でなく，直接担当者につながるように，担当者個人が携帯する電話の番号を伝える。

ウ．初めに電話を受けた者が，責任を持つために，名前を名のる。

エ．土曜日のため担当者を呼び出すことは難しいと初めから断る。

オ．担当者を探すのに時間がかかるような場合には，いったん電話を切ってこちらからかける。

2. 客から「伝票」についての指摘を受けた東山さんの行動として，もっとも適切なものを1つ選びなさい。

〔選択肢〕

ア．販売担当者には関係ないことなので，聞かなかったことにする。

イ．ダイヤルインで直接担当者につながるように携帯電話を持ち，伝票に電話番号を入れた担当者名と電話番号のゴム印を押す。

ウ．上司に客から受けた指摘を，詳しく報告する。

エ．上司から聞かれるまでは，とくに行動を起こさず黙っている。

オ．重大なことなので，上司に改善を提案する。

4 次の客のクレームの言葉に対して，正しい対応の言葉を考えて書きなさい。

客：「おたくの〇〇を買ったんだけど，〇〇が入っていなかったよ」
　①（誠実な対応）

　————————————————————————————

客：「まったくどうなってんの？」
　②（素直にあやまる）

　————————————————————————————

客：「昨日，渋谷の〇〇で買ったんだけど……」
　③（できる処理はただちに行う）

　————————————————————————————

客：「エー，送らなきゃいけないの，どこか近くの店で交換してくれないかなー」
　④（相手の望んでいる処理を把握して対応する）

　————————————————————————————

　⑤（直接クレームをしてくれたことへのお礼を言う）

　————————————————————————————

5 クレームの事後処理として，正しいものの組み合わせを選択肢から1つ選びなさい。

①　会社にとって重要なのは，クレームを寄せた個人を納得させることだけでなく，類似のクレーム発生の再発を防ぐことである。

②　クレームについては，クレームを受けた人だけがその事実をしっかり受け止めればよい。

③　クレームを寄せた相手に対しては，会社として責任ある回答をしなければならない。

④　クレームによって問題点・改善点が明らかになったのだから，そのチャンスを逃がしてはならない。

〔選択肢〕

ア	①	②	③
イ	①	③	④
ウ	②	③	④

5 接客と営業の進め方

■ 商談の心構え・基本行動を学ぶ。
■ 具体的な商談の進め方を学ぶ。
■ お客さまとの信頼関係がビジネスの場を広げることを学ぶ。

1 商談にあたっての心構え

▶▶ 商談といっても，仕事の業種や形態によってそのあり方は違っている。お店に来られたお客さまとの商談，お客さまの会社・自宅を訪問しての商談，外の面談場所での商談，と場所もいろいろである。進め方も，取り扱っている商品，販売方式，会社の方針などによって違いがある。しかし，商談にあたっての基本的な心構えは，どのような場合にも共通するものがある。初対面での印象が，その後のビジネスを左右することさえある。まずは，相手によい印象を与えてスタートしたい。

●相手に好感を与えるには ➡
- ●事前の準備（訪問の場合も来訪を受ける場合も）をすることも大切である。
- ●明るい笑顔と適切なあいさつも，大切なポイントである。
- ●その場にふさわしい服装と態度にも注意したい。
- ●相手への感謝の気持ちと態度を表現することも大切。

2 商談時に心がける基本的行動

▶▶ 商談を進めて行くうえで心がける基本的な行動としては，次のような点があげられる。

❶鋭敏な観察と気配り ➡ 商談の間は，つねに相手の反応に敏感でありたい。相手のちょっとした言動から，相手の興味・関心がどんなところにあるのかを知ることができる。また，相手の立場に立ったちょっとした気配りが大切である。

❷相手に役立つ情報の提供 ➡ 商談の相手が，とくに関心を示した商品や話題などがあれば，それに関連した情報や資料を積極的に提供するようにする。相手が知りたいと望んでいる情報を，適切なタイミングで提供する。

❸今回の商談を振り返る ➡ 訪問した会社やオフィスの雰囲気，面談した相手の反応などから，今回の商談を振り返り，今後どのように活動を進めたらよいかを検討する。

● こんな面談者は嫌われる

　人は目に見える部分から多くの情報を得ている。商談で話している最中でも，商談内容や言葉だけでなく，相手の態度・振る舞い・風貌・服装など，目に入ってくる情報を無意識のうちに取り込み，判断基準としている。次のような人はどんなによいことを言っても相手に言葉が届かないだろう。

- ●声が小さく，元気のなさそうな人
- ●落ち着きのない人
- ●妙になれなれしい人または反対に気取っている人
- ●態度・振る舞いが横柄な人または反対に卑屈な人
- ●場にそぐわない服装や持ち物を身につけている人

3　お客さまのニーズを把握する

▶▶　相手のニーズを把握することで信頼を得ることができる。

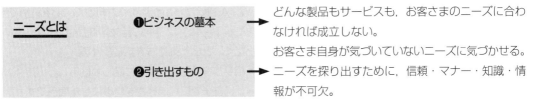

| ニーズとは | ❶ビジネスの基本 | ➡ | どんな製品もサービスも，お客さまのニーズに合わなければ成立しない。
お客さま自身が気づいていないニーズに気づかせる。 |
| | ❷引き出すもの | ➡ | ニーズを探り出すために，信頼・マナー・知識・情報が不可欠。 |

▶▶　ビジネスでは，商品やサービスに付加価値をつけることで，顧客にアプローチする。

●顧客へのアプローチの具体例

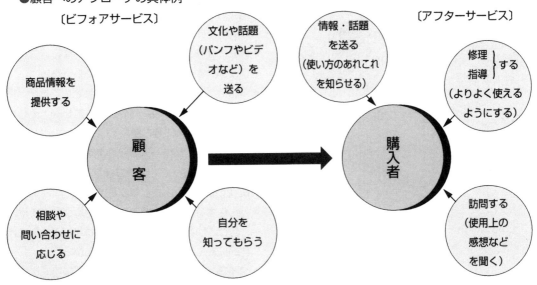

〔ビフォアサービス〕

- 商品情報を提供する
- 文化や話題（パンフやビデオなど）を送る
- 相談や問い合わせに応じる
- 自分を知ってもらう

顧客

購入者

〔アフターサービス〕

- 情報・話題を送る（使い方のあれこれを知らせる）
- 修理／指導 する（よりよく使えるようにする）
- 訪問する（使用上の感想などを聞く）

4　顧客のニーズを引き出す

▶▶　相手から，より多くの情報を引き出すためのポイントをおさえておこう。

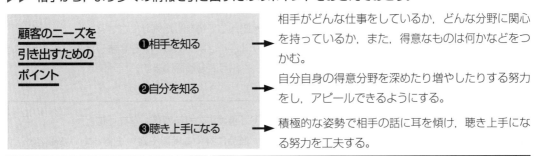

顧客のニーズを引き出すためのポイント	❶相手を知る	➡	相手がどんな仕事をしているか，どんな分野に関心を持っているか，また，得意なものは何かなどをつかむ。
	❷自分を知る	➡	自分自身の得意分野を深めたり増やしたりする努力をし，アピールできるようにする。
	❸聴き上手になる	➡	積極的な姿勢で相手の話に耳を傾け，聴き上手になる努力を工夫する。

● 応酬話法とは何か

　顧客との会話では，相手とのやりとり（応酬）の仕方がポイントとなる。相手の言葉を受けて，このあとの自分の発言を展開するものである。訓練と経験によって，その場にふさわしい内容と方法を使い分けることができるようになる。

①質問法……多いとおっしゃいますが，実際には何セットご入り用でしょうか？

②YES－BUT法……確かに近くはありません。でもそれには～という利点があります。

③引例法……この商品は，A工業さまでもご利用いただいております。

④おうむ返し法……いいお値段だと思います。だからアフターサービスとして～。

5 　効果的な商談の進め方

▶▶ 効果的な商談のためには，いくつかのステップとテクニックを活用する。

商談の流れの例

❶商談を切り出す

❷商品の説明

❸応酬

❹締めくくり

"W・A・K"（わかりやすく，明るく，心を込めて）をモットーに，ソフトに話す。商談は，"買っていただく"という気持ちで話しかける。

● 相手が興味を持つように話しかける
⇒ 「いままでにない軽さを特徴にした商品です」
● 商品に目がいくように持っていく。
⇒ 「これが話題の商品です」
● 具体的に動かしたり，触らせたりする。
⇒ 「案外，簡単に使えるでしょう」
● 商品にほれこみ，自信を持って説明する。
⇒ 「使いやすく丈夫なのが，とってもうれしい」
● つねに，同種の商品との比較検討をしておき，マイナス面についての質問や疑問に対して，それを受け入れプラスに置き換えていく。
⇒ 「確かに重くスペースも取りますが，地震に強く，多少乱暴に扱っても傷がつかないのが特徴です。使ってみますとよさがわかりますよ」
● どんな場合でも，笑顔で対応できるようにする。
⇒ 「きびしいお言葉ですね。よくわかりました。具体的にどんな形や色がお好みですか？」
● タイミングを逃さないようにする。
● 顧客が購入する気持ちになったら，丁寧にお礼を言う。そのあと締めくくりをする。
⇒ 「本当にありがとうございます。この商品でよろしいですね」
● 購入して得をした気分にさせる。
⇒ 「これはいいお買い物をしましたよ。私も，たいへんうれしく思います。

顧客との信頼関係

顧客との信頼関係は一朝一夕につくれるものではない。日頃のコミュニケーションを通じ，単に商品やサービスを売り込むだけでなく，自分自身の姿勢を理解してもらうように努めることも大切である。その際には，次のような２つのポイントが必要である。商品やサービスとともに，自分自身も評価されるのが理想である。

① 「相談にのれる関係」を築くこと
　商品に対する疑問や迷いを持っている顧客や，アフターサービスなどを期待している顧客に対して，「あなたなら安心して任せられる」と言われるようになるための，豊富な商品知識と誠実な対応を心がける。
② 「日常のつき合い」も誠実であること
　顧客に購入意欲のあるときだけ熱心に接する態度や，公私混同，裏表のある態度で，自分自身の信用・評価を落とすことのないように注意する。

6 　受注（クロージング）

▶▶ 自信を持った言葉や態度で，受注（クロージング）に導く。相手の反応の変化を観察していて，最適なタイミングをとらえることが重要。

　タイミングをとらえたら，積極的にクロージングのチャンスをつかむようにする。「いかがでしょうか？　〇〇は（色・タイプなど）どちらかよろしいでしょうか？」「ご注文はこちらでよろしゅうございますか？」などの言葉がけをする。

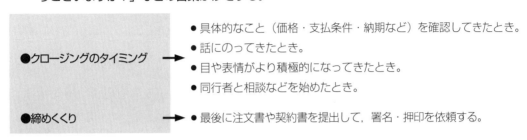

●クロージングのタイミング　➡
- 具体的なこと（価格・支払条件・納期など）を確認してきたとき。
- 話にのってきたとき。
- 目や表情がより積極的になってきたとき。
- 同行者と相談などを始めたとき。

●締めくくり　➡
- 最後に注文書や契約書を提出して，署名・押印を依頼する。

7 　商談の仕上げ

▶▶ 商談の仕上げは，製品の確実な納入やアフターサービスの実施である。これらのことが行われないと，それまでの商談の努力や，築いた信頼関係がすべて失われてしまう。次のような点をチェックして注意しておこう。

●商談の仕上げのチェック
　ポイント　➡
- お客さまの希望する納入・納品日時，サービス実施の方法などを事前に打ち合わせて，確実に実行する。
- 納入やサービスの実行については，手違いが起こらないよう，事前に関連部署に連絡し，確認を取る。
- 業者や他の部署へ依頼して納入する場合は，できるだけ現場に立ち会う。できない場合は，お客さまに結果を確認する。
- 納品後は適切なタイミングで，お客さまの満足度を確認し，積極的に接することで，苦情の発生を未然に防ぐことも可能になる。

8 　信頼関係の構築

▶▶ 製品の納入やアフターサービスが確実に行われ，相談にのれる体制ができていると，お客さまとの間に信頼関係が築かれる。満足したお客さまとは継続的な取引関係になると同時に，新しい取引先の紹介者になってくれる場合もある。

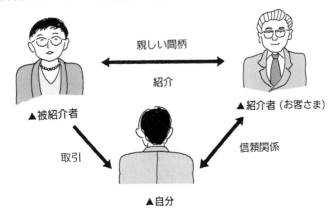

1 商談について述べた次の文のうち，正しいものの組み合わせを選択肢から１つ選びなさい。

① 商品を売り込むには，商品価値に加えて，顧客に満足という付加価値を加えることが重要である。

② 顧客ニーズを引き出すためには，相手の業務や関心のありかを知り，自分自身も学び，相手のニーズを聞き出す姿勢が望まれる。

③ 顧客のニーズを引き出すためには，とにかく質問をしつづけることが有効である。

④ 商談においては単に商品を売り込むのではなく，自分をも売り込み，人柄も買ってもらえるように心がける。

〔選択肢〕

ア	①	②	④
イ	②	③	④
ウ	①	②	③

2 商談における相手とのやりとりの方法について述べた次の文のうち，正しいものの組み合わせを選択肢から１つ選びなさい。

① 商談を切り出す際には，相手が興味を抱くよう，相手の興味に直接訴えかけるようにする。

② 相手が興味を示したら，購入した場合のメリット，購入しなかった場合のデメリットなどを具体的に説明できるよう，商品の長所・短所をあらかじめおさえておく。

③ 相手とのやりとりでは，パンフレットなども利用し，効率的に説明を行って，短時間で説得できるようにする。

④ 相手が商談に応じたら考えが変わらないうちに，すぐ話を締めくくるようにする。

〔選択肢〕

ア	①	②	④
イ	②	③	④
ウ	①	②	③

3 応酬話法について述べた次の文のうち，正しくないものを１つ選びなさい。

ア．「お急ぎということですが，何日までにご入用でいらっしゃいますか」などと，相手の発言を受けて問い返すことを質問法という。

イ．「確かに以前よりは少しお高くなっております。しかし，今回の商品は……」など，相手の主張を一度受け入れてから，返す方法をYES−BUT法という。

ウ．「おかげさまで，○○大学でもご採用いただきまして……」などと他を例に出して売り込む方法を引例法という。

エ．「そうです。おっしゃるとおりです」と，相手の言うことに終始肯定的な対応をすることをおうむ返し法という。

オ．会話は，あくまでも客とのコミュニケーションであることを忘れず，単なるテクニックで進めてはならない。

4 次の倉田君のケースを読んで，下記の設問に答えなさい。

〔倉田君のケース〕
　　倉田光男は，鉄鋼メーカーの建設会社向け販売促進を担当する営業部員である。今日は，3年前からの得意先である，KYU建設の業務課長，高橋浩一とリモート商談をしている。新製品のPUK205の売り込みである。

高橋「今日は，新製品について説明してくれるんだって？」

倉田「はい。数分ですが，こちらの商品説明の動画をご覧いただけますか。こちらのPUK205でございます。2年前の春，希望ヶ丘マンションを建設なさったときにご購入いただきましたPUJ200を，新たな工法にマッチするよう再度検討のうえ，つくりました」

高橋「ほ～。値段のほうは……。うん，やはりかなり割高だなあ～」

倉田「　　　　　①　　　　　」

高橋「う～ん。それはそうとしても，やはりいい値段だなあ」

倉田「　　　　　②　　　　　」

高橋「なるほど。ところで，今回，こちらで検討しているのは，AS産業の新ビル建設に伴う資材の検討なんだが，工事の着手は9月1日の予定だ。製品の在庫状況はどうなっているかな」

倉田「　　　　　③　　　　　」

高橋「もし，お願いするとなると，遅くとも8月中旬には湾岸倉庫に納品ということになるな」

倉田「それでしたら十分間に合います。おかげさまでこの製品は工期短縮に有効とご好評をいただき，現在も生産ラインを拡大して増産中でございますし…」

高橋「ほう，そりゃ結構だ。それでは1,500セットの見積書を21日までにメールで送ってくれるかな。部会にかけるから」

倉田「はい，PUK205，1,500セットのお見積もりでございますね。20日の午前中にはメールできると思います」

高橋「それじゃ，20日の午前中だね。必ずメールしてね」

倉田「はい，かしこまりました。ありがとうございます」

問. 倉田君の受け答えについて，次の内容を踏まえて，①～③に適する答えを書きなさい。

(1) 高橋課長の言葉を一度引き取り，しかし，工期短縮のメリットがあるという点を伝える。

　①：
　　　

(2) 高橋課長の言葉をそのまま受け取り，①のメリット以外にさらに耐久性が3倍であることをつけ加える。

　②：
　　　

(3) 9月1日工事着手との言葉を受け，納期はいつであるかを尋ねる。

　③：

5 次の各設問に答えなさい。

1. 来客の出迎え・案内のしかたについて，正しくないものを1つ選びなさい。

〔選択肢〕

　ア．来客があったら，立ち上がり，にこやかにあいさつする。来客をうろうろさせるようなことでは，失礼になる。

　イ．来客の氏名，用件の取つぎ先などを確認する。

　ウ．案内する場合は，2，3歩後ろから歩く。決して来客の前を歩くようなことをしてはならない。

　エ．廊下の曲がり角では，いったん立ち止まり，来客を振り返る。

2. 階段・踊り場での案内のしかたについて，正しくないものを1つ選びなさい。

〔選択肢〕

　ア．階段では，来客を先に立て，自分はあとからのぼる。ただし，来客が女性の場合は，自分が先に立つ。

　イ．階段を降りるときは，階段をのぼるとき（上記ア）の逆になる。

　ウ．階段ののぼり降りに際しては，来客の歩調に合わせる。

　エ．踊り場では，いったん立ち止まる。

3. エレベータでの案内のしかたについて，正しくないものを1つ選びなさい。

〔選択肢〕

　ア．エレベーターに乗るときは，原則として来客を先にするが，場合によっては自分が先に乗り込み，「開」ボタンを押しながら片手でドアをおさえ，来客を乗せる。

　イ．降りるときは「開」のボタンを押して，自分が先に降り，あとから降りてくる来客におじぎをして迎える。

　ウ．エレベーターのなかが混み合っているときは，「次の階でございます」と言って，周囲の人にも示唆を与えるとよい。

　エ．エレベーターの操作板の前が，案内する人のポジションである。

4. 応接室でのマナーについて，正しいものの組み合わせを選択肢から1つ選びなさい。

① 内開きドアの場合，来客を先に室内に案内する。そのあと自分も入り，ドアを静かに閉める。

② 外開きドアの場合，手前にドアを開け，「どうぞ」と言って来客を先に入れる。

③ 内開きにしろ外開きにしろ，ドアをおさえていないほうの手で，来客に席を示す。

④ 来客が入室したあとドアを閉める際，ドアに正対して閉める。後ろ手に閉めたりするのは感じがよくない。

〔選択肢〕

ア	①	③	④
イ	②	③	④
ウ	①	②	④

●**5**〜**8**
〔3級復習問題〕

5−1
来客と目が合っても，「私は受付係ではない」という顔で，応対に出ようとしない人がいるが，来客側からすれば，「なんて無愛想な社員なんだろう」と思われる。受付を置いていない会社の場合は，社員1人ひとりが受付係（会社の窓口）だと思っていなければならない。

5−3
エレベーターのなかで，仕事の話やうわさ話は避ける。
エレベーターは公共の場であり，人に会話を聞かれることを意識して，乗っている間の会話は一度中断する。

5−4
来客を応接室にお通しする前に，事前に部屋の空調，照明の状態，湯のみ（先客のもの）が片づけられているかなどをチェックする。念のため入室の前にはノックをする。

6 次の上村さんのケースを読んで，下記の設問に答えなさい。

〔上村さんのケース〕

　上村貴恵は，川上電器の営業部に配属された。彼女の席は営業部のフロアの入口に近く，直接取引先の人が入ってくるのでよく応対をすることになる。

上村「いらっしゃいませ」―（立ち上がっておじぎをする。）―

中井「こんにちは。私，SP産業の中井と申します。営業部の森部長に10時のお約束をいただいて参りました。（　①　）」

上村「（　②　）ただいま呼んで参りますので，恐れ入りますが，少々お待ちください」

中井「お願いします」―（席を立って，森部長の席へ行く。）―

上村「森部長，お客さまがお見えです」

森　「どなただね」

上村「ええっと，SP産業のあの〜，中…，10時に約束したそうですⓐ」

森　「中井君か」

上村「あ，はい。（　③　）そうです。中井さんです」

　上村は，名前を忘れてしまったので，すっかりあわててしまった。

森　「応接室へお通しして。お茶も頼むよ」

上村「かしこまりました」―（入口に戻る。）―

上村「(中井に向かって）中井さま，お待たせいたしました。ただいま森部長がいらっしゃいます。ⓑ 応接室へご案内いたしますので，（　④　）」

1. 次の（　）にあてはまる用語を，下記の語群のなかから選びなさい。

(1)　中井の依頼の言葉として，①には（　　　）が入る。

(2)　上村の受け答えの言葉として，②には（　　　）が入る。

(3)　上村のおわびの言葉として，③には（　　　）が入る。

(4)　上村の案内の言葉として，④には（　　　）が入る。

　　ア．呼んでください。　　　　イ．お取り次ぎをお願いします。

　　ウ．わかりました。　　　　　エ．かしこまりました。

　　オ．申し訳ございません。　　カ．ごめんなさい。

　　キ．こちらへどうぞ。

2. 下線部ⓐ，ⓑの中井さんの言葉づかいには誤りがある。正しい表現に書き直しなさい。

　　ⓐ　10時に約束したそうです。

　　ⓑ　ただいま森部長がいらっしゃいます。

3. 上村さんは，中井さんの名前を忘れてしまった。今後このようなミスのないようにするにはどうすればよいか。もっとも適切なものを1つ選びなさい。

〔選択肢〕

　　ア．初めて来る客には必ず「名刺をください」と言う。

　　イ．相手が名乗ったあと，もう一度「○○（社名）の△△さま（個人名）ですね」と復唱する。

　　ウ．顔や体型で説明できるように，相手をよく観察しておく。

　　エ．その日に来社予定の客の名前を，あらかじめ聞いて確認しておく。

7 次の各設問に答えなさい。

1. 名刺の受け渡しの説明で，正しくないものを１つ選びなさい。

〔選択肢〕

ア．名刺の受け渡しは，立った姿勢で行うのが原則である。

イ．名刺のやりとりは，手渡しするのが原則である。

ウ．受け取った名刺は，しっかり読み取る。名前をまちがって覚えると失礼であるから，面談の途中で何回も手にとって見直す。

エ．名刺は，相手に向けて，差し出すようにする。

2. 名刺を双方が同時に交換する場合の説明について，正しくないものを１つ選びなさい。

〔選択肢〕

ア．あいさつをかわしたあと，名刺を用意する。

イ．相手の名刺に，左手を添えて支える。

ウ．あいた右手で相手の名刺を持つ。

エ．先方が先に名刺を差し出しても，受け取ってはならない。あくまで当方の名刺との同時交換の形をとるのが基本である。

3. 「訪問にあたってのアポイントメント」についての説明で，正しくないものを１つ選びなさい。

〔選択肢〕

ア．同行者がいる場合，その人の氏名，肩書きについても伝えておく。

イ．まず，自分の社名・氏名などを，はっきり名乗る。

ウ．面会を希望する担当者に，直接電話するのはよくない。順序として，その担当者の下位者に話をしておく。

エ．訪問場所について，先方の意向を聞き，時間に遅れないよう路線を調べる。

4. 「面談のための資料づくり，情報収集」についての説明で，正しいものの組み合わせを選択肢から１つ選びなさい。

① なぜ訪問するのか，訪問目的を確認し，資料を調べる。

② 訪問先に見せる資料は，１部作成すればよく，必要であれば，先方にコピーしてもらう。

③ 訪問先の担当者の業績や人柄などについて，情報を収集する。

④ 訪問する前日に，念のため確認の電話を入れる。

〔選択肢〕

ア	①	③	④
イ	②	③	④
ウ	①	②	③

5. 「面談と訪問後のフォロー」についての説明で，正しくないものを１つ選びなさい。

〔選択肢〕

ア．面談に入る場合，雑談時間を初めに多く取る。

イ．訪問後，その日の決定事項はすばやく社内の関係部署へ連絡する。

ウ．予定の時間が近づいたら話に区切りをつけ，内容をまとめ，双方で再確認する。

エ．話の要点はメモに取るか，部内共有フォルダーに書き込む。

7－1
受け取った名刺はその人の分身だと思って丁寧に扱うこと。

7－2
先方が先に差し出した名刺は，「先にいただいて申し訳ありません」と断る。

7－3
予定の時間に遅れた場合，長々と遅刻の言い訳はよくない。

8 次の各設問に答えなさい。

1. ビジネスの面談についての説明で，正しくないものを1つ選びなさい。

〔選択肢〕

ア．メモを取りながら聞くのがよい。メモを取ると，相手の話のポイントが整理できる。

イ．来客の気持ちがリラックスすると，面談が雑談に終始してしまうので避けなければならない。そのためには，相手がつねに緊張を保つようにしむける必要がある。

ウ．話の内容に不明な点が出てくれば，その面談中に，相手に確認をとることが必要である。それは決して失礼にはあたらない。

エ．受け答えは慎重でなければならない。つい相手のペースに乗って，安請け合いすることがあるが，あとで断るときにたいへんな思いをすることがある。

2. 「聞き上手」についての説明で，正しくないものを1つ選びなさい。

〔選択肢〕

ア．本当の聞き上手は，ただ相手の言うことにうなずくのではなく，相手が話しやすいように聞き出す態度をとるべきである。

イ．相手の話を途中から口を出して取ってしまうのは，よくない。

ウ．相手と同時に話し出すようになったときは，相手に話をゆずるべきである。

エ．面談では，自分が多く話さなければ相手に言い負かされてしまう。

3. 「面談中の姿勢」についての説明で，正しいものの組み合わせを選択肢から1つ選びなさい。

① 姿勢を正しく保ち，きちんと相手の目を見て話す。

② 語尾を明確に，最後まではっきり話すことが大切である。

③ ボディーランゲージは，軽薄な感じになるので慎む。

④ 一段落したあと，世間話をすることは必ずしも悪いことではない。

〔選択肢〕

ア	①	②	③
イ	②	③	④
ウ	①	②	④

4. 「上司や同僚と同席しての面談」についての説明で，正しくないものを1つ選びなさい。

〔選択肢〕

ア．積極的な姿勢を示すために，つねに発言を心がけ会話に加わる。

イ．上司・同僚と来客のやりとりを，メモや持参したタブレットに記録する。

ウ．自分がどのレベルの発言を求められているかを自覚し，発言のしかたを調整する。

エ．面談終了後は，その後の処理について役割分担がないかなど，指示をあおぐ。

8−1
面談中に同業他社の悪口を言ってはならない。他社製品の悪口を言ったり，けなしたりするのではなく，当社製品のすぐれている点とか，他社製品にない機能などをPRするのがよい。他社の社員の悪口も，口にすべきでない。
面談に際しては，双方の立場に配慮して，話の内容によって，相手がのびのび発言できるムードをつくるようにする。

8−2
面談では，できるだけ相手に多く話してもらうように心がける。

6 会議への出席とプレゼンテーション

▌会議の司会，運営の仕方について学ぶ。
▌会議の主催者としての知識を学ぶ。

1 会議の意義

▶▶ 会議を開催する意義や目的を明確に把握しておく。

会議の意義		
	❶業務上の決定・合意 →	仕事を達成するため，能率を上げたり障害を取り除いたりすることができる。
	❷情報交換 →	参加者の衆知と情報を集め、何らかの決定を行う。
	❸連帯意識 →	自分と異なる視点や意見により，視野を広げることができるとともに，連帯意識，協力体制が生まれる。
	❹目標達成意識 →	会議での決定事項を受け入れ，その目標の達成をめざす姿勢が生まれる。

2 会議の基本的な流れ

▶▶ 会議がどのように進行されるのか，その基本的な流れを知っておく必要がある。

会議の流れ		
	❶導入段階 →	開会の宣言，出席者の確認，会議の目的・議題等の説明，進行スケジュール等の説明を行う。
	❷展開段階 →	審議・討論を行う。参加者おのおのが自分の考えを述べ，質疑応答を行い，全員が同じ理解を持つようにする。
	❸集約段階 →	考えをさらに発展させ，結論を絞り込んでいく。
	❹結論段階 →	結論を出し，実行計画まで話し合う。未決定事項についての扱いを決めておく。結論を全員で確認する。

会議の種類と目的

《種類》	《目的》	《例》
●情報伝達会議………………業務上の連絡や情報伝達…………部門の定例会議
●意見調整会議………………部門間の調整……………………関連部門の合同会議
●意思決定会議………………会社の意思決定…………………取締役会，常務会
●創 造 会 議
問題解決・対策会議………問題の解決法を決める…………クレーム対策会議
教育・研修会議……………能力開発・相互啓発……………新入社員研修会
研究・企画会議……………研究開発，情報交換・収集………○○開発・企画会議，○○検討会
アイディア会議……………アイディアの収集………………○○ブレーンストーミング

3 リモート（オンライン）会議のマナー

▶▶ 新しい働き方（ニューノーマル）に合わせた仕事をする。

▶▶ 在宅勤務・リモートワークにITを活用する。

　働き方の多様化により，通勤や取引先への訪問といった行動はリモート（オンライン）でも可能になった。イベント，セミナーへの参加もリモートで行われることが増えた。

▶▶ 出社しなくても仕事は進められる。

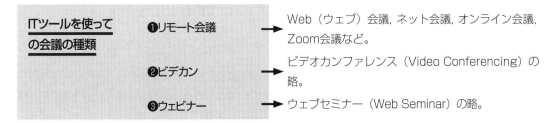

ITツールを使って の会議の種類	❶リモート会議 →	Web（ウェブ）会議，ネット会議，オンライン会議，Zoom会議など。
	❷ビデカン →	ビデオカンファレンス（Video Conferencing）の略。
	❸ウェビナー →	ウェブセミナー（Web Seminar）の略。

▶▶ オンライン会議の準備は，次のとおりである。

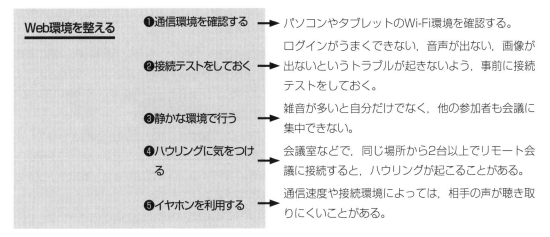

Web環境を整える	❶通信環境を確認する →	パソコンやタブレットのWi-Fi環境を確認する。
	❷接続テストをしておく →	ログインがうまくできない，音声が出ない，画像が出ないというトラブルが起きないよう，事前に接続テストをしておく。
	❸静かな環境で行う →	雑音が多いと自分だけでなく，他の参加者も会議に集中できない。
	❹ハウリングに気をつける →	会議室などで，同じ場所から2台以上でリモート会議に接続すると，ハウリングが起こることがある。
	❺イヤホンを利用する →	通信速度や接続環境によっては，相手の声が聴き取りにくいことがある。

▶▶ パソコンの画面をカスタマイズする。

画面設定の注意	❶プロフィールはわかりやすく →	オンライン会議では，参加者のサムネイル（参加者画面の一覧）に名前が表示されるサービスがある。主催者も名前を頼りに入室承認の可否を判断するので，設定画面ではわかりやすい名前（漢字やローマ字）で入力する。会社のアカウントで参加する場合は，会社名で構わない。
	❷会議にあった服装にする →	カジュアル過ぎる服装は避け，ビジネスパーソンとしてふさわしい服装で臨む。社外の取引先との会議では，基本はスーツ，または襟付きの服装で，マスクは外す。
	❸背景に気をつける →	余計な背景が画面の後ろに映り込んでいると，他の参加者が会議に集中できないこともある。

	❹照明は明るめで	部屋の電気をすべてつけ，顔全体に光が当たるようにする。背中側の光（逆光）だと，他の参加者からは影しか見えないことになる。
	❺画面の共有システムを活用する	会話のみで説明するより，文字，画像を活用して伝えたほうがわかりやすいこともある。他の参加者と画面共有をして，画面とともに説明や解説をする方法をとると，伝わりやすく，また会議の時間を短縮することができる。

▶▶ 対面で話すときとの違いを知ろう。

効果的な話し方	❶ゆっくり大きめの声で話す	実際に会って話すときよりも，相手の声が聴き取りにくい場合がある。心持ちゆっくり大きめの声で話すようにする。
	❷通信速度によっては声にタイムラグが出る	一方的にならないよう相手があいづちを打つ「無言の間」をつくり，考えてもらう時間，質問の時間などを考慮する。
	❸あいづちにジェスチャーを使う	声によるあいづちは，相手の声と被って，話の邪魔をすることがある。話を止めないためにも，大きくうなずく，ジェスチャーで表すなど「聴いている」ことを伝える方法も使う。
	❹画面を見て話す	リモート会議中は，パソコンの画面ばかり見てしまいがちである。カメラ部分を見て，アイコンタクトを忘れずにする。自分が話す場合，視線を下げず会話ができるよう工夫する。
	❺リモート（オンライン）会議の終了時	自分が主催者なら「本日はありがとうございました」，「今日はこれで会議を終了いたします」と告げ，ログアウトを促す。自分が参加者の場合は，「失礼いたします」，「ありがとうございました」のあいさつをする。

4　主催会議の準備

▶▶　会議を主催する際には，準備は余裕を持って進めよう。チェックリストに従うとヌケがない。

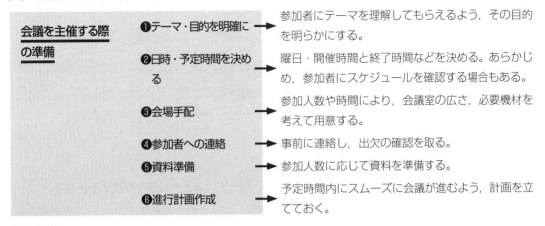

会議を主催する際の準備		
❶テーマ・目的を明確に	→	参加者にテーマを理解してもらえるよう，その目的を明らかにする。
❷日時・予定時間を決める	→	曜日・開催時間と終了時間などを決める。あらかじめ，参加者にスケジュールを確認する場合もある。
❸会場手配	→	参加人数や時間により，会議室の広さ，必要機材を考えて用意する。
❹参加者への連絡	→	事前に連絡し，出欠の確認を取る。
❺資料準備	→	参加人数に応じて資料を準備する。
❻進行計画作成	→	予定時間内にスムーズに会議が進むよう，計画を立てておく。

5　司会者としての会議の進め方

▶▶　司会者の良し悪しで，会議の成否が決まる。司会者としての心得をチェックしておこう。

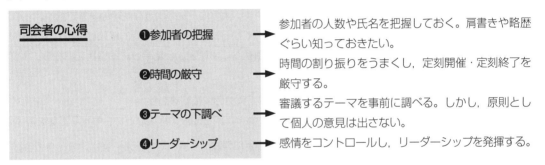

司会者の心得		
❶参加者の把握	→	参加者の人数や氏名を把握しておく。肩書きや略歴ぐらい知っておきたい。
❷時間の厳守	→	時間の割り振りをうまくし，定刻開催・定刻終了を厳守する。
❸テーマの下調べ	→	審議するテーマを事前に調べる。しかし，原則として個人の意見は出さない。
❹リーダーシップ	→	感情をコントロールし，リーダーシップを発揮する。

▶▶　司会者としては，会議出席者のすべてに発言の機会を与え，意見を引き出すように心がけたい。

議事の進め方		
❶発言機会の提供	→	出席者には平等に発言の機会を与える。
❷参加者へのサポート	→	消極的な人，話の苦手な人をサポートする。
❸展開とまとめ	→	有効な意見を引き出し，結論をまとめる。

6　議事録をまとめるポイント

▶▶　会議での決定事項の確認，経過の記録・証拠となる議事録は，客観的立場で正確に書く。

議事録作成のポイント		
❶必要事項の記載	→	会議名，実施年月日，出席者名などを正確に記録する。
❷決定事項の明記	→	5W2Hをおさえ，会議での決定事項を明確に書く。要点を正確に。
❸記録としての表記	→	少数意見や採択されなかった意見・審議未了事項なども，合わせて表記する。

7 パソコンとメールの活用

よりスムーズに 会議を進めるため	❶会議の連絡	→ 開催の連絡や事前配布できる資料をメールで送る。
	❷プレゼンテーション ソフトを使う	→ わかりやすく，具体的な説明・討議ができる。
	❸議事録	→ 作成・保存まで一元化できる。 会議当日に参加した人，欠席した人にメールなどで 送信する。議事録は秘密書類に属する。

8 よい話し方とは

▶▶ 効果的な話をするには，話す前の十分な準備と，話しているときの態度が決め手となる。

❶話す内容をまとめる	→	ポイントのメモを書く（話すとおりの言葉づかいで全文を書くのは，適切でない）。 導入・内容・締めくくりをしっかり組み立てる。 内容は，大項目で3つくらいにまとめる。
❷論理的に話す（筋道立てて話す）	→	聴き手に理解されやすいように，次のような説明の順序で話す。 ①話の全体像を話してから，詳細へ。②時間的経緯にそって。③既知の事柄から未知の事柄へ。④原因から結果へ。⑤現状を把握し，本質を追究，そして対策へ。
❸相手に応じた言葉を選ぶ	→	1人の人に話すのか，大勢の人に話すのか。 相手の性別・年齢・職業・前提知識の程度などに合わせて言葉を選ぶ。
❹具体的な表現をする	→	具体的な表現は，相手に興味深く聴いてもらえ，強い印象を与える。 「昨日カッコイイ車を見た」より， 「昨日会社の前で，……なモスグリーンのスポーツカーを見た」 のほうが車を視覚的にイメージできる。
❺事例・データを交える	→	「前年より増えた」ではなく，どのくらい増えたのか，他のものと比べてどうなのかなどの，データや事例（実際に起こった例など）を示すことによって，説得力を増すことができる。 「今月の売上げは，先月に比べ26パーセント伸びた」
❻肯定的に話す	→	「そんなことをやっても，結局ダメなんですよ」などといった否定的な考えや意見は聴いている人をがっかりさせ，聴く意欲を失わせる。 「こういった点は難しいが，この点を少しずつこのように改善することはできるはず」などと，現状をしっかりととらえ，肯定的に話す。
❼相手に顔を向けて話す	→	相手の目を見て話すのが基本。 大勢の人の場合にも，ワンセンテンスごとに，1人ずつをしっかりと見て，次々に語りかけるように話すとよい。
❽はっきりと聞こえる声と口調で話す	→	口をはっきりとあけ，一語一語を明瞭に話す（モゴモゴ・モジモジしてはいけない）。 場所・時をわきまえて話す（静かに話す場所では小声でなど）。

❾パソコンのプレゼンテーションソフトを使って効果的に説明する	→	パソコンを使っての提案や説明資料の展開やシミュレーションなどの視覚資料で説明すると効果的である。 黒板・ホワイトボードなどに書く文字は，聴き手に見えるように書く。 ジェスチャーなどのアクションは，モジモジとやっては効果がない。

9 話の構成

▶▶ 相手にわかりやすく話すためには，この話の目的は何かをハッキリとさせ，要点を順序よくおさえて話すことが大切である。

❶話の構成（全体）を最初に示す	→	話の内容に入る前に，何の話をしようとしているのか，どんなことを話すのか，どんな目的でこの話をするのかなど全体的なことに触れる。この話は，依頼なのか，問い合わせか，相談かなどが相手にハッキリと伝えられたほうが，相手も聴く準備ができる。この場合，必要があれば，自分がだれなのかということを名のる必要がある。
❷内容に入ったら，初めに結論（結果）を話す	→	内容について話し始めたからといって，いきなりくどくどと詳しい説明をされても，聴き手は混乱するばかりである。要するにどういうことになったのか，どうすればよいのか，結論を簡潔に告げることである。そのうえで，理由や経過を順序よく整理して話す。
❸話の締めくくりをする	→	話した内容のまとめをし，とくに重要な点，相手に行動してもらいたい点などを繰り返す。相手へ聴いてくれたことの謝辞を述べて終わる。

●庶務課の田中さんが営業１課へ電話したときの例

悪 い 例

　庶務課のものですが，実は貸切りバスの人数がいっぱいで，課によってはバラバラに乗ってもらわないといけないんで困っているんですが……。あっ，そうです視察研修の貸切りバスです。営業１課の人で１号車に乗ってくれる人はいないでしょうか。営業１課の人には悪いんですけど，庶務と経理は１号車に決まっていて，あと４人しか乗れないんです。２号車は，営業２課と３課の人が乗るんですが，こっちは，あと10人くらい乗れると思うんですけど，それぞれのバスにだれが乗るかを決めてもらって，知らせてほしいんですけど，お願いできますか？なるべく早く知りたいんで，今日中に知らせてほしいんですけど，無理ですか？

良 い 例

　庶務課の田中です。来月の視察研修のことで，ご相談したいことがあるのですが，いまお時間よろしいでしょうか。

　実は視察研修のときの貸切りバスの件なのですが，バスの台数の関係で，そちらの営業１課の方たちには，２台のバスに分かれて乗っていただかなくてはならなくなりました。申し訳ありません。

　１号車には４名，２号車には10名の余裕がありますので，そちらでどなたがどのバスに乗るか，決めていただいて，メモをいただきたいと思います。お忙しいところを申し訳ないのですが，準備の都合で，できれば今日中にお願いできませんでしょうか。ちなみに１号車には庶務と経理が，２号車には営業２課と３課が乗る予定です。よろしくお願いいたします。

10 こんなときの話し方

話し方	話の目的	留意点
提案や説明の際の話し方	聴き手に「わからせる」こと「納得させる」こと	●要領よく簡潔に話をする。 ●客観的事実と主観的判断・意見・推測は区別する。 ●話し手の話す内容を受け止めてもらえるような人間関係を，聴き手との間に築いておくことも重要。
注意や忠告の際の話し方	聴き手に「改めさせる」こと	●忠告する前に事実と原因を調べる。 ●忠告するときは，忠告する人とされる人の1対1で話す。 ●他人と比較して忠告しない。 ●頭ごなしに決めつけて話さない。 ●話し手の話す内容を受け止めてもらえるような人間関係を，聴き手との間に築いておくことも重要。
相談を受けたときの話し方	相談相手に対して「対処を考える」「悩みを軽くする」	●相手の言うことを最後まで聴く。 ●相手の言うことをすぐに否定しない。
依頼の際の話し方		●依頼する内容を明確に相手に伝える。 ●タイミングと人間関係についても考慮する。
拒絶の際の話し方		●相手の話は積極的に最後まで聴く。 ●誤解のないように「ノー」をはっきり言う。 ●クッション言葉をはさむ。 ●拒絶の根拠・理由を告げる。 ●代案を示す。

●こんな話し方に注意しよう。

▼注意や忠告をするとき

▼拒絶するとき

《話し方によっては，パワーハラスメントやモラルハラスメントに抵触する》

11 人前で話す方法

▶▶ **事前準備のポイントをおさえ, 必要な情報を収集しよう。**

❶話す「対象者」についての情報 → 年齢・性別・職業・人数・特性・話すテーマについての知識の程度など, できるだけ具体的に聴き手を想定し, 準備することによって, 聴き手に合わせた話をすることができる。

❷話す「場」についての情報 → 会場がどのようなところであるかを知る。会議室なのかホールなのか, 広さはどの程度か, 聴き手との距離はあるか, 演台はあるのか, マイクの位置, 席の並び方, スクリーンやプロジェクター, パソコンやタブレットを使う場合は, 聴き手の見やすさなどを考えて位置などを確認できるとよい。事前に会場を下見し, 本番と同じ状況で, 話す場所に立って話してみることができると安心できる。

❸話す「時」についての情報 → 話す時刻, 全体のプログラムのなかでの順番などによって, 聴き手の反応に多少の差異が生じてくることがある。昼食後や何人もの話がつづいたあとなどは, 聴き手にも疲れが見えるなど, 自分が話す時(時刻・時間・タイミング)などについて知り, 話の内容に考慮する。

❹話の準備 → 7 の「よい話し方とは」(P.74)にそって, 話ができるように準備する。話すことば一字一句を紙に書くよりも, ポイントを順序立てて整理したメモを1枚に作成するようにするとよい。全体を1枚にできない場合には, テーマごと(大項目)に1枚にして, メモをあちこち見ずにすむようにしておく。

❺ツールの準備 → 聴き手にそれを見せることによって, 理解を深めてもらったり, 興味を持ってもらうために, 目に見えない話だけでなく, コンピュータを使用したプレゼンテーションや現物や写真・スライド・OHPなどの視覚資料・ビジュアルに訴えるツールを準備しておくとよい。準備したツールはすべて使用するとは限らないが, 準備しておくことで, 安心感が得られる。それらを見せるタイミングはメモに明記しておき, 一番効果的なタイミングを選ぶ。

▶▶ **聴き手を引き込む話し方を工夫しよう。**

十分な内容準備のあとは, 準備した内容をいかに表現するかによって聴き手に与える効果が変わる。聴き手を引きつけ, 話を聴き入れてもらうには, 話し手の態度・表情・話し方すべてが関わってくる。

▶▶ **効果的な話し方には次のような方法がある。**

- **●三段論法** → 現状把握・本質追究・解決策の順に論理的に話す。
- **●5W2H法** → 5W2Hの要素をおさえて話す。
- **●誘導法** → 話の結論・目的に誘導するように話を持っていく。
- **●方針引用法** → 基本方針から引用し, せざるを得ないことを納得させる。
- **●繰り返し法** → 重要点を繰り返して覚えてもらう。

1 次の文の（　　）にあてはまる用語を，下記の語群から選びなさい。

1. 会議の基本的な流れ

(1) 第1段階（導入）：出席者の確認，会議の目的・（　　）・進行スケジュール，会議方法の説明。

(2) 第2段階（展開）：議題に関する事実や（　　）を示して説明する。（　　）を行って全員が同じ理解を持つようにする。

(3) 第3段階（集約）：全員で具体的な（　　）を行い，結論を絞り込む。

(4) 第4段階（結論）：結論を出し，実行計画まで話し合う。（　　）を全員で確認する。

　　ア．議題　イ．討論　ウ．確認　エ．結論　オ．計画
　　カ．質疑応答　キ．関連情報　ク．方法

2 司会者の心得として，正しくないものを1つ選びなさい。

〔選択肢〕

ア．議会のタイムキーパーとして，定刻開催・定刻終了となるよう，時間の配分に考慮する。

イ．年齢，性別，身分，肩書きに関わらず，平等に発言権を与える。

ウ．参加者を把握し，場の雰囲気をつかみ，討議をコントロールするなどし，自らも発言にリーダーシップを発揮する。

エ．会議の必要性，目的，進め方を参加者に説明し，確認しておく。

オ．審議するテーマを事前に調べ，最適な結論を導き出す役割がある。

3 司会者の議事の進め方として，正しいものの組み合わせを選択肢から1つ選びなさい。

① 1人の発言時間が長くなったときは，タイミングを見て声をかける。

② 発言が出ないときは，それまで発言をしない人を順番に指名する。

③ 結論はもちろん，反対意見，少数意見，保留事項も全員に確認する。

④ 参加者の様子を観察し，気軽に発言できるような雰囲気をつくる。

〔選択肢〕

ア	①	②	④
イ	②	③	④
ウ	①	③	④

4 会議の種類について，正しいものの組み合わせを選択肢から1つ選びなさい。

① 情報伝達会議は，情報の伝達やその確認をめざすものである。「トップからの本年度の方針」といった会議である。

② 意見調整会議は，部門ごとの行動や利害を調整するためのものである。関連部門間で「連絡会議」などとして行われる。

③ 意思決定会議は，企業行動を決定するためのものである。「企画会議」「クレーム委員会」などがある。

④ 創造会議には，情報交換・アイディアの収集・能力開発などの目的があるため，自由な雰囲気で進めることが必要である。

1−1
(3)会議のクライマックスに入る前の段階で，出された意見を整理して，取捨選択，または統廃合する。

2
司会者は調整役に徹する。自分から意見をリードしたり，自分の意見を強く主張することは慎む。

3
司会者の役割は，発言しない人に発言できる状態をつくることである。

〔選択肢〕

ア	①	②	④
イ	②	③	④
ウ	①	③	④

5 次の設問に答えなさい。

　桐山儀十郎商店では，創立100周年を機に，社名の変更を計画している。社内でもいろいろと議論が分かれているところである。

　2月20日（金）の1時から2時まで，第3会議室で第1回の検討会が開かれた。発言内容を右欄（アドバイス欄）のチェック項目に照らして，問題のある発言者と項目を，下欄に記号で記入しなさい。

出演者　A：持田社長　　　B：相川専務　　　C：柏木常務
　　　　D：緑川総務部長　E：皆川営業部長　F：関企画部長

　各人の発言は，次のとおりである。

A：当社「桐山儀十郎商店」は明治期に創立された伝統ある会社である。しかし，最近は資料にも示すとおり，業績も横ばい状態である。伝統ある社名ではあるが，時代ばなれがしているので，来年の創立100周年を機に社名変更を考えている。

B：社名を変更すると知名度が下がるのではないか。

C：社名変更にともなうリスクが大きい。新しい名前を知ってもらうのに5年はかかる。

D：認知されているものをなぜこわす必要があるか。この社名は創業者の名前であり，由緒あるものだ。

E：いや，ネーミングは時代を先取りすべきだ。時代に合わない名前は変更したほうがよい。

C：時代に合わないというが，古くて結構ではないか。いま風の名前もまたすぐ古くなる。むやみに新しがることはない。

E：むやみに新しがるとは何だ，古臭いのは人だけでよい。

C：古臭いのは，新しがるほうだ。

D：調査はしたのか。古臭いというイメージだけではないのか。調査をして，きちんとした数字を示すべきだ。

A：数字は資料に示してある。

D：この数字は，最近の業績だけで，社名変更に関する調査ではない。

B：業績の不振は社名だけが原因か。

C：大体，社名を変更すれば，業績が上向くという保証はあるのか。

E：変更するというだけでなく，具体的に新名称を示すべきだ。

D：まず調査だ。専門家を入れた調査チームをつくるべきだ。

F：専門家を入れたプロジェクトチームをつくるべきだ。

A：それでは，社内に社名変更のためのプロジェクトチームをつくることにする。プロジェクトチームのメンバーは，企画部を中心に専門家も入れて結成，人選は後日発表する。

C：プロジェクトチームなどは不要，経費の無駄だ。

5

会議中の態度チェック項目

①司会者の指示に従って，進行に協力しているか。

②他の人の意見をよく聴いているか。

③自分の意見をはっきり述べているか。

④発言時間の長さは適切か。

⑤対立意見に対して感情的になっていないか。

⑥自分の持っている情報を提供しているか。

⑦他の人の発言の揚げ足を取っていないか。

⑧会議の結論にいさぎよく従っているか。

6 次の各設問に答えなさい。

1. よい話し方の説明として，正しいものの組み合わせを選択肢から1つ選びなさい。

① 聴き手に届く声量で，聴き手を見てはっきりと明瞭に話す。

② 話し言葉だけでは印象が薄いので，サンプルを見せたり，資料などのツールを活用する。

③ どんな場合にも適応できるように，抽象的な表現を使う。

④ 聴き手の年齢や立場・経験などによって，相手に合った言葉を使うようにする。

〔選択肢〕

ア	①	②	④
イ	②	③	④
ウ	①	③	④

2. 注意・忠告の際の話し方で，正しいものの組み合わせを選択肢から1つ選びなさい。

① 今後このようなことがないように，きびしく叱責する。

② 注意・忠告したい点はどこなのかをはっきりとわからせる。

③ 相手の話をよく聴いて，誤解のないように話を進める。

④ 今後どうすべきか，力を貸すことを申し出る。

〔選択肢〕

ア	①	②	③
イ	②	③	④
ウ	①	③	④

3. 相談を受けたときの話し方で，正しくないものはどれか1つ選びなさい。

〔選択肢〕

ア．相手の話していることの真意をくみ取ろうとしながら聴き，話す。

イ．相手の話の内容を，ときどき口に出して確認する。

ウ．相手が話しやすいように，うなずいたり，相づちを打ったりする。

エ．自分には手に負えないような内容については，そのことをはっきり告げる。

オ．相手があまり深刻にならないように，否定的なことを口にしたら，すぐに打ち消すように話をする。

4. 人に依頼するときの話し方として，正しいものの組み合わせを選択肢から1つ選びなさい。

① 依頼内容については明確に相手に伝える

② 依頼するにあたって，社内の人間関係を考慮する。

③ 依頼はつねに目上の人に対して行う。

④ 自分の都合ばかり優先せず，相手の都合も考えながら話す。

〔選択肢〕

ア	①	③	④
イ	②	③	④
ウ	①	②	④

5. よい話し方の条件のなかに(1)具体的に話す場合と，(2)肯定的に話す場合があげられるが，次のような話し方はどのように改善したらよいか答えなさい。

6－5
〔ヒント〕
●なぜ
●どんな点が
●どうなのか

(1)　具体的に話す
　「Bタイプのほうがお得です」

----

(2)　肯定的に話す
　「これを明日までにやらなきゃ，次のステップへは進めないんだから……」

----

6. 次のような場合にどのような言葉で対応したらよいか，言葉を考えてみなさい。

　この課に2人の新入社員が配属された。Aさんは自分勝手に，自己判断で仕事をしてしまう。Bさんは1つひとつ説明しないとまったく動かない。

(1)　〈Aさんに対して〉

----

(2)　〈Bさんに対して〉

----

7. 次のような場合の話の構成を考えてみよう。
　「B社から，先日（〇月×日）に送られてきた伝票のことで，不明点があるので，問い合わせをする」
　①はじめに

----

　②内容（用件）

----

　③締めくくり

----

7 次の中村さんのケースを読んで，下記の設問に答えなさい。

〔中村さんのケース(1)〕
　中村寛子は，証券会社に就職して３年目になる。配属先は全員で20数名の小規模な支店の営業である。この春は専門学校を卒業したばかりの大井香織を迎え，後輩ができて喜んでいる。営業には，もう１人，女性の先輩小林美里がいる。彼女は入社５年目の昨年総合職となり，支店長を上回るほどの営業成績を上げている。
　ゴールデンウィーク前の４月のある日，支店長が担当しているお客さまがいらっしゃった。そのお客さまは，支店長外出中の夕刻に来店され，まもなく戻る支店長を応接室で待っていらした。初めに大井香織が日本茶を出したが，だいぶ待たせているようなので，中村寛子は，大井に別の飲み物でも出すよう促した。
　翌朝，中村寛子と小林美里は支店長に呼ばれて，会議室に入った。
支店長「昨日のお客さんをだいぶ怒らせてしまったよ」
小　林「30分もお待たせしてしまったからですか？」
支店長「いや，それもあるが，気をきかせて出してもらったコーヒーさ」
　中村と小林は顔を見合わせて，「コーヒー？」と言ったとたん思いあたることがあった。コーヒーと一緒に出すコーヒーミルクがずいぶん以前から冷蔵庫のなかにあったが，いつ頃のものか定かでなくなっていた。
中　村「ひょっとしたら，あのミルク悪くなってたんですか？」
支店長「やっぱり君たち，知っていたんだな。大井さんはまだ新人なんだから，君たちがしっかりしてくれないと困るよ」
小　林「①それにしても，大井さんもちょっと聞いてくれればいいのに」

1. 支店長から注意を受けたときの小林さんの返答①として，もっとも適切なものを１つ選びなさい。

〔選択肢〕
ア.「あのミルクはずいぶん前から冷蔵庫に入っていて，そろそろ捨てないととと思っていた矢先だったんです」
イ.「すみません。わたしが捨てておけばよかったんです。大井さんは何も知らなかったんです」
ウ.「勝手に捨てるわけにはいかないと思って，見過ごしていたんです」
エ.「中村さんと昨日そろそろこのミルク,ダメかもしれないわねえって話していたところだったんです」
オ.「大変申し訳ございませんでした。中村さんに，大井さんのことは全面的にお願いしていたものですから」

2. 会議室から出て，中村さんが大井さんに，この件について注意をした。もっとも適切なものを１つ選びなさい。

〔選択肢〕
ア.「昨日お客さんに出したミルク悪くなっていて，お客さんが怒って帰られたそうよ。気をつけてね」
イ.「大井さん困るじゃない。昨日のお客さんに悪くなっているミルクを出したでしょ。支店長に，私たちが怒られちゃった。」
ウ.「昨日,お客さんにコーヒーを出したのは大井さんよね。コーヒーにつけたミルク悪かったらしいわ。今度からはよく確かめてね」
エ.「大井さん，昨日はお客さまにコーヒーを出してもらってありがとう。実は冷蔵庫のミルクずいぶん古かったようなの。これからは，わたしも気をつけるけど，何かあったら聞いてね」
オ.「大井さん，冷蔵庫のコーヒーミルク悪くなっているから捨ててね」

〔中村さんのケース（2）〕

　5月になって，大井香織は少しやせたようで，血色のよくない顔つきで出社することが多くなった。そんなある日，退社支度をしているロッカー室で，中村は大井から相談を受けた。

大　井「わたしこの仕事に向いてないみたいなんですけど……。昨日は，小林さんに『もっとがんばらなきゃだめよ』って言われたんです。新宿支店の新人には，もうお客さんがついたそうです。わたし，まだ全然だめだし……」

中　村「②小林さんの言うことなんかいちいち気にしていたら，やってられないわ。気にすることないわよ。さあ，帰りましょう」

大　井「でも，わたし……」

中　村「わたし約束があるからお先に……。じゃあね」

　大井は中村に仕事のことで相談に乗ってもらおうと思ったが，とりあってもらえなかった。今日は暗い気持ちで1日を終えた。

　この支店では，夏期休暇を各自順番にとり，一斉休暇はない。7月に入ると，休みたい日程を支店長に打診して，支店長が全員の調整をすることになっている。7月のある朝，大井は支店長に休暇について希望を述べようとしていた。

大　井「あの，本当はいつでもよいんですけど，一応7月21日から休みたいんですけど……」

支店長「えっ，何の話？……あっ，夏期休暇の件か」

大　井「いいですか？」

支店長「その日程で，中村さんや小林さんとは重ならないのかい？」

大　井「わかりません」

支店長「まず，それをはっきりしといて。もう旅行か何か決めちゃったの？」

大　井「別に決めたわけじゃないんですけど……」

　いつもは温厚な支店長だが，大井のはっきりしない様子にいらいらし始めていた。

3. 相談を受けた中村さんの返答②として，どのような内容で話したらよいか考えて，その言葉を書きなさい。

----

4. 支店長に休暇の件で話すときの大井さんの話し方には問題があったようだ。何が一番大きな問題点であったか，次のなかから1つ選びなさい。

〔選択肢〕

ア．「あの」と上司に向かって呼びかけている。

イ．何の話をするのか，初めにはっきりさせていない。

ウ．上司に「いま話してよいか」と承諾を得ていない。

エ．「ですけど……」と語尾をあいまいにしている。

オ．5W2Hをもとに話をしていない。

5. 4での問題点を解消するには，まずどのように，上司に向かって話したらよかったのかを考え，その言葉を書きなさい。

----

7 チームワークと人のネットワーク

■ チームワークの意義と重要性を理解する。
■ チームワークを阻害する原因を除き，強化する手段を学ぶ。
■ 人のネットワークの重要性を知る。

1 チームワークの意義と重要性

▶▶ 組織での仕事の基本は，個人だけの力では上げることのできない成果を，合理的なチームの活動によって達成していくことである。

チームワークの効果		
❶協力効果	→	多様な個性と価値観が1つの目標に向かって団結する。
❷補完効果	→	お互いの足らない点を補い合って完全なものにする。
❸相乗効果	→	各人の力を合わせたもの以上のパワーを出す。
❹強大効果	→	集中して力を出すことで強大なものにする。

2 チームワーク発揮の基本条件

▶▶ チームワークを発揮するためには，これを維持するための日常の人間関係が大切である。

チームワークを発揮するための基本条件		
❶共通の目的と目標	→	何のためにやるのか，そしてこれを成し遂げることの意味は何かを，それぞれがはっきりと認識する。
❷役割分担と責任の明確化	→	自分の役割と責任を自覚すると同時に，まわりの人間の役割分担もつかんでおく。
❸活発なコミュニケーション	→	全員が情報交換や協力要請のためのコミュニケーションを心がける。
❹ルールの存在	→	全員合意の約束事，ルールが存在し，これにもとづいて役割を果たすことができる。
❺進行と成果の確認	→	仕事の進行状況がわかり，トラブルや遅れに対応できる体制をつくる。成果が出たときはともにその喜びを分かち合う。

●チームワーク発揮の具体例（S工業の製造工場の場合）

目標を大きく書いて，皆が見えるところに貼付した。また，具体的な目的や内容はコピーして全員が持ち，各チームにそれぞれ愛称をつけて仕事に親しみを持つ。

各自が仕事のポイントを書き，スタッフ全員にそれを渡し，役割を把握する。また，毎月役割を変えて仕事につき，仕事を覚え，チームの動きを知るようにした。

毎日，15分間（または10分間）のミーティングを持ち，情報交換や問題点を1人ずつ話す。問題点が大きいときは，別に時間をとって話し合い，即解決をはかる。

業務の進め方や行動のあり方を明確に決め，助け合い，ルールからはずれないようにしてやっていく。1＋1＝3にする気持ちが効率的。

ミーティングで進行状態を説明するが，アクシデントはリーダーにすぐ連絡し，難問題によっては他の者が応援する。すぐヘルプできる人間を1人つくっておいてやっている。

3 チームワークを阻害する要因

▶▶ チームワークを阻害する要因を知り，これを取り除くことが大切である。

チームワークを阻害する要因		
❶スタンドプレー	→	「自分の能力を認めてほしい」という気持ちのあまり連携プレーを忘れて1人だけ目立った行動をする。
❷無関心	→	指示された仕事だけをこつこつやり，組織としての目標や，まわりの人の動きは気にもとめない。
❸ルール違反	→	決められた報告や書類の提出をしない，マナーを守らないといった行動をとる。

●チームワーク阻害の具体例

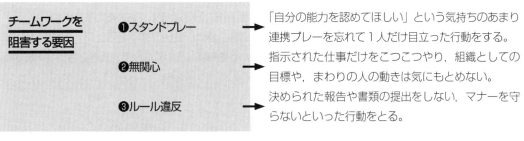

4 メンバーシップを理解し，発揮する

▶▶ チームのメンバー1人ひとりが，積極的にチームに参加し，メンバーとしての役割を十分に果たしていくことを自覚する。

メンバーシップを発揮するための心得		
❶目標を知る	→	全体の目標をつねに念頭に置き，上司が自分に期待する内容を理解する。
❷自分の役割を果たす	→	自分に与えられた役割は，最後まで責任を持って実行する。
❸他との協力を心がける	→	1つのチームとして成果を上げられるよう，積極的に協力し合う。
❹決定したことを守る	→	チームのなかでのルールは，それぞれが忠実に守る。
❺互いの弱点を補う	→	お互いの弱点を補い合って成果を上げる。

企業におけるメンバーシップ

　日本の企業は，タテ社会と言われ，上司に言われた自分の役割や下された決定については，忠実に守り実行する，人間が多い。

　つまり，自分の役割や決定した任務の遂行という能力には優れているが，その反面，全体の目標をつかむことや，自ら進んで他に協力を申し出ること，お互いの弱点を補い合っていくこと，といった能力は，十分に発揮されていないとも言える。

　これからの時代に対応する企業人としては，組織の一員としての自覚を持って，1人ひとりが個人の能力を伸ばしながら，上司のリーダーシップのもと，目標達成のための協力体制をつくっていくことも求められていると言えよう。

5　仕事に影響を及ぼす人間関係

▶▶　組織における仕事では，個性を発揮しながら，互いに相手を尊重し，理解し合う。

組織の仕事の ポイントは	❶自分の力を出しきる →	個性の違う人間がそれぞれの能力を発揮する。
	❷協調性を持つ →	個性，年代，性別の違う者同士が，1つの目的に向かって協調していくなかで，大きな目的を実現する。

6　役割関係と個人関係

▶▶　組織においては，人間関係に二面性がある。

役 割 関 係

業務遂行のための「役割」を中心としてできた人間関係。
合理的な判断で保たれる関係。業務中は役割関係に徹してチームワークをはかる。

個 人 関 係

好き嫌い，気が合う，合わないなどの「主観や個人的感情」で結びついた関係。個人の支援が仕事にプラスとなることもあるが，業務においては，個人的感情に左右されないようにする。

人間関係と生産性

　現代の企業内では，人間関係がうまくいかないために仕事が手につかない人も少なくない。なかにはストレスを感じ，仕事を進める自信をなくしている人もいる。いま，企業内で一番難しい問題は人間関係で，約70％の人が悩んでいる。

　これには3つの問題点がある。
①年代差によって，価値観やものの見方が違うので，会話がしにくい。
②情報化が進み多彩な情報が入ってくるために，ついていくことができず，上司や仲間と話がうまくかみ合わない。

③IT化が進み，パソコンなどの操作に困惑しているうちに，人と話すのが嫌いになる。
　これらの理由による。

　これらを解消し，人間関係をよくしていけば生産性の向上が期待できる。まず，情報化に対応できるように自己啓発をはかり，仕事以外にも広く関心を持ち，さまざまな価値観を受け入れられるよう心がける。IT機器に興味を持ち，新しいソフトやソリューションを活用していく柔軟性を持つことも大切である。世代間の違和感は逆にポジティブにとらえればコミュニケーションは広がる。知らないことは聞き，わからないことはお互いに助け合ってわかるようにしていく。"しあう"気持ちが，人間関係をよくするキーワードである。

7　良好な人間関係づくり

▶▶　良好な人間関係をつくることが，よりよい仕事につながっていく。

人間関係を よくする ポイントは	❶相手を尊重する	➡	組織のなかで自己中心的にならず，相手の立場や考え方を尊重し，互いに理解し合うよう努力する。
	❷仕事で信頼を得る	➡	指示された仕事は，責任を持って期限までに実行する。前向きに積極的に仕事に取り組むことで信頼を得る。

▶▶　人に好かれるポイントをおさえておこう。

人に好かれる 6つの法則	❶誠実	➡	人に対しても，仕事に対しても誠意を尽くす。
	❷笑顔	➡	つねにスマイルを忘れず，明るい表情で接する。
	❸名前を覚える	➡	社内の人，取引先の人の名前は確実に覚える。
	❹よく聴く	➡	話し合うときは聴き役にまわり，よく話を聴く。
	❺気持ちを察する	➡	人の悩みや苦しみを感じ取り，相手の立場を察する。
	❻ほめ上手になる	➡	長所を見つけ出して，素直に心を込めてほめる。

▶▶　いい人間関係をつくるためには，相手によって心得るべきことがある。

外 部（得意先など）　　**上 司**　　**他 部 門**　　**同 僚**（先輩・同期・後輩）

組織を代表して接していることを自覚し，節度ある対応をする。

仕事の指導・指示を与えてくれる上司には敬意を持って接する。

同じ組織のなかで働く者として，協力し合える関係をつくる。

先輩・後輩のけじめをつけ，同期に対しても甘えない。

8　人間関係が悪化する原因

▶▶　人間関係が悪化するには，それなりの原因がある。

人間関係を悪化 させる原因	❶自己中心的態度	➡	相手の立場を忘れて，自分中心に行動したとき。
	❷誤解や行き違い	➡	報告，連絡，相談を怠ったとき。
	❸コミュニケーション不足	➡	報告，連絡，相談を怠ったとき。
	❹職場のマナー違反	➡	陰口，金銭の貸し借りなど。

人間関係の修復方法

　こじれた人間関係を修復するには，まずお互いの欠点や誤解を認めあい，問題点を明らかにする。問題の改善策や処理については，自分から積極的に提案して実行に移す。

　感情的になっているときこそ，冷静になり，同僚や親友に状況を聞いてもらうなど，第三者に間に入ってもらい，なるべく早く手を打つことが大切である。そのうちに何とかなるだろうと，相手の出方を見るようなことは避けることだ。

9　人のネットワークの意味

▶▶ ビジネスにおいても，プライベートでも，よい人間関係を築けることは，その人の自己形成の源となり，満足感・幸福感をもたらす。人はある限られた世界のなかだけにいると思考が狭められ，ものの見方が一面的になりやすい。このような状態を抜け出す方法は，他の人から学ぶことである。

10　人脈形成の場

▶▶ 人脈形成のきっかけとなる出会いは，好奇心と積極性から生まれる。興味・関心を持った事柄や人へは積極的に働きかけてみる（メールなど）。たとえば，面白そうだと思ったセミナーに出てみる，SNSなどのインターネット上のコミュニティに参加する，個人経営のお店の常連になるなど。自分が行動しない限り，人脈は広がらない。

よい人間関係を持つことは，プライベートでもビジネスでも大切なことである。積極的に他の人と関わろう。

11　人脈づくりのコツ

▶▶ 人脈は積極的な関わりの結果広がるもの，人脈づくりそのものを目的にすると逆効果。

❶「与え」，「与えられる」相互依存	相手から情報を取ってやろうという態度は禁物。自分が情報提供できることはないか，相手の役に立つ行動が取れるかなど，お互いの信頼関係をつくることから始まる。
❷明るく積極的な人間性	見るからに元気を与えてくれるような言動，はつらつと何ごとにもプラス思考でのぞむ態度，周りにいる人たちを明るくする積極性と行動力は人をひきつける。
❸役立つ情報の収集・ストック・交換	興味・関心のあるテーマについては情報収集を怠らない。また一定のパターンから抜け出し，関心事を広げ，アンテナをはりめぐらす。そうすることによって，行動範囲も広がる。収集した情報はどんどん交換する。
●相手の信頼を得るための行動	●自分から情報を提供し，見返りを期待しない。 ●相手の言動に対して，すぐに返答する（クイックレスポンス）。 ●ちょっとしたことでも約束を守り，感謝の言葉を忘れない。 ●プライバシーや秘密事項は守る。

12　異業種交流のすすめ

▶▶ 現代はさまざまな専門分野で，研究・開発の高度化が進んでいる。と同時に，従来の業界・研究分野にとどまらない，業界・分野を越えた融合が活発化している。このような状況のなかでは，自分が身につけた知識・能力の分野のみならず，異なった分野の知識・技術にも関心を寄せ，新しい視点で考えることが必要となってくる。そのきっかけとなるのが，異業種交流である。自分の所属する組織（会社・学校など）・専門分野から離れて，異なった組織に所属する，あるいは異なった専門分野の人びとと交流するための社外ネットワークの機会である。

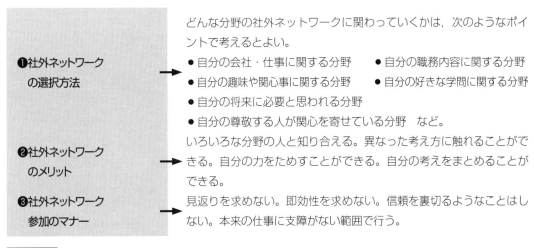

❶社外ネットワークの選択方法 → どんな分野の社外ネットワークに関わっていくかは，次のようなポイントで考えるとよい。
- 自分の会社・仕事に関する分野　● 自分の職務内容に関する分野
- 自分の趣味や関心事に関する分野　● 自分の好きな学問に関する分野
- 自分の将来に必要と思われる分野
- 自分の尊敬する人が関心を寄せている分野　など。

❷社外ネットワークのメリット → いろいろな分野の人と知り合える。異なった考え方に触れることができる。自分の力をためすことができる。自分の考えをまとめることができる。

❸社外ネットワーク参加のマナー → 見返りを求めない。即効性を求めない。信頼を裏切るようなことはしない。本来の仕事に支障がない範囲で行う。

13　人のネットワークを広げる紹介

▶▶ 紹介をする・されることで，人のネットワークは広がっていく。ただし，安易な紹介で信頼関係をこわさないように。紹介者は，紹介した双方に対して責任が生じる。

▶▶ 紹介の方法には次のような方法がある。

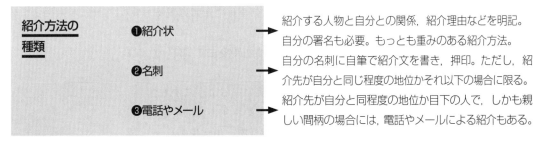

紹介方法の種類

❶紹介状 → 紹介する人物と自分との関係，紹介理由などを明記。自分の署名も必要。もっとも重みのある紹介方法。

❷名刺 → 自分の名刺に自筆で紹介文を書き，押印。ただし，紹介先が自分と同じ程度の地位かそれ以下の場合に限る。

❸電話やメール → 紹介先が自分と同程度の地位か目下の人で，しかも親しい間柄の場合には，電話やメールによる紹介もある。

14　人に紹介を依頼するときは手順を踏んで

▶▶ 紹介を依頼する場合には手順とマナーを知る。

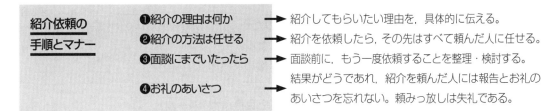

紹介依頼の手順とマナー

❶紹介の理由は何か → 紹介してもらいたい理由を，具体的に伝える。
❷紹介の方法は任せる → 紹介を依頼したら，その先はすべて頼んだ人に任せる。
❸面談にまでいたったら → 面談前に，もう一度依頼することを整理・検討する。
❹お礼のあいさつ → 結果がどうであれ，紹介を頼んだ人には報告とお礼のあいさつを忘れない。頼みっ放しは失礼である。

■ 次の（　）にあてはまる用語を，下記の語群のなかから選びなさい。

1. 職場におけるチームワークの効果

(1) 多様な個性と価値観が，1つの目標に向かって団結する（　）効果がある。

(2) 互いに足りないところをフォローし合って完全なものにするのは（　）効果である。

(3) 個人の力を単純に合わせた以上のパワーが出る（　）効果が期待できる。

(4) チームの1人ひとりが集中して力を出すことでパワーの（　）効果を得ることができる。

　　ア．強大　イ．補完　ウ．相乗　エ．協力

2. チームワークを阻害する要因

(1) 自分の能力を認めてほしいという気持ちばかりが先に立ち，まわりとの協調性を持たない（　）は慎む。

(2) 自分自身の仕事をこなすことに精一杯で，組織としての最終目標や，まわりの人間の動きに対して，まったくの（　）で仕事を進めることのないようにする。

(3) 最低のマナーや決まりを守れない（　）は慎む。

　　ア．フェアプレー　イ．スタンドプレー　ウ．無関心　エ．独力
　　オ．ルール違反　カ．基本マナー

3. メンバーシップ発揮のための心得

(1) メンバーシップとは，メンバー1人ひとりが，チームに（　）に参加し，かつ，他との協力を心がけることによって発揮されるものである。

(2) メンバーシップを果たすためには，（　）をつねに念頭に置くことが大切である。

(3) そのチームのうちで自分に与えられた仕事は，最後まで（　）を持って行う。

(4) チームのなかで決定している（　）は，忠実に守るようにする。

(5) お互いの（　）を補い合ってよりよい成果をめざすようにする。

　　ア．美点　イ．弱点　ウ．積極的　エ．消極的　オ．ルール
　　カ．責任　キ．全体の目標　ク．個別の目標

4. チームワークを発揮するための基本条件

(1) チームワークを発揮するには，共通の（　）を持ち，（　）と責任の明確化をはかることが大切である。

(2) 大勢が1つの目標に向かって業務を進めるのだから，（　）を活発にし，全員が合意できる（　）が必要になる。

(3) 最終的な成果を得るまで，トラブルなどに対応できるように，（　）管理を行っていく。

　　ア．進行　イ．健康　ウ．部屋と資金　エ．目的と目標　オ．ルール
　　カ．批判　キ．コミュニケーション　ク．管理職　ケ．役割分担

■－4
ビジネスにおけるコミュニケーションではトークコミュニケーション（話し合い），スピーチコミュニケーション（話す，説明する）が重要視されている。

2 チームワークを発揮する基本条件を説明した次の文のうち，正しくないものを１つ選びなさい。

〔選択肢〕

ア．役割分担や責任は，明確にしておく。

イ．目標をしっかり持って仕事にあたり，他人の仕事に口を出さない。

ウ．相互のコミュニケーションは，活発にはかるようにする。

エ．すべての人に共通する目的・目標があり，参加意識につなげる。

オ．仕事の進み具合や成果が，みんなにわかるようにしておく。

3 チームワークの意義について述べた次の文のうち，正しくないものを１つ選びなさい。

〔選択肢〕

ア．１人ではできないことを，何人かが組んで挑戦してみる。

イ．何人かの人間が集まって相談し合い，できることを探し出す。

ウ．それぞれの人間がリーダーの方針に従って仕事を進めていく。

エ．各自が持っている才能やパワーを出し合って目的を達成する。

オ．個性のある人たちを集めて組織をつくり，新しいことをする。

4 リーダーシップをとる部長が，メンバーシップ強化のために述べた注意事項で，正しいものの組み合わせを選択肢から１つ選びなさい。

① たいへん難しい仕事なので，全体の目標をいつも念頭においてやってほしい。また，お互いの弱点を補い合ってほしい。

② うちのチームの弱いところは，自分の役割を果たすことに一生懸命で，同僚が困っていたり苦しんでいるのに気づかないことである。お互いに話し合い，弱点に気づいたら助け合うことも心がけよう。

③ チームワークで仕事をしていくことはより重視されてきた。自分は遅れても人のために協力を惜しまないようにして，チームの活性化をはかっていきたい。

④ 私が決定をし，具体的に指示したことは，しっかり責任を持ってやってほしい。経営者もこの仕事については強い期待を持っているので，大目標を念頭にがんばってほしい。

〔選択肢〕

ア	①	③	④
イ	②	③	④
ウ	①	②	④

5 チームの一員の姿勢として，正しくないものを１つ選びなさい。

〔選択肢〕

ア．つねにチームのメンバーであることを自覚し，積極的に協力する。

イ．リーダーの言うことには従うことが基本であるが，業務の進め方に疑問のあるときは，率直に相談するようにする。

ウ．他のメンバーに対しては，思っていることをきちんと説明できる態勢を持つようにする。

エ．進行の遅れているメンバーに対して協力したときは，補佐した業務の内容を忘れずに上司にアピールしておく。

オ．仕事を進めるなかで，どうしても処理できない問題に直面したときには，いつまでも抱えこまず，自ら協力をあおぐようにする。

6 職場における人間関係について述べた次の文のうち，正しくないものを１つ選びなさい。

〔選択肢〕

ア．協調性を持って，１人ひとりが自分の力を出しきる努力をする。

イ．個人の感情を強く出していくことが，協調し合いながら仕事をしていくためには不可欠である。

ウ．職場の人間関係は，それぞれの組織における現実的な慣習や職場環境に合致させながら，よりよい関係をつくることが大切である。

エ．協調性のある職場では，日常のコミュニケーションも活発になり，仕事上の情報交換もできるようになる。

オ．職場の人間関係は役割を中心としてできた人間関係である。

7 よりよい人間関係をつくるにあたっての心がけを述べた次の文のうち，正しいものの組み合わせを選択肢から１つ選びなさい。

① 外部の人に対しては，組織の代表として接していることを自覚し，節度のある対応を心がける。

② 上司は，自分に仕事を教えてくれたり，自分の仕事に責任を持ってくれる存在であるので，敬意を持って接する。

③ 部門内の協力体制は不可欠であるが，他部門との関係はあまり深めないほうが無難である。

④ 1日の業務においてつねに密接な関係を持つ同僚に対しては，先輩，後輩のけじめをつけて接することが大切である。

〔選択肢〕

ア	①	②	③
イ	①	②	④
ウ	②	③	④

8 人から好かれるために努力したいポイントとして，正しくないものを１つ選びなさい。

〔選択肢〕

ア．人の名前はしっかり覚えるようにする。

イ．仕事の失敗などについて相談を受けたら，力になれることを探す。

ウ．つらい，きびしい話でも，相手の顔を見て熱心に聴く。

エ．短所でもかまわず，人を見たらほめるようにする。

オ．さびしいことがあっても，仕事では明るい笑顔を心がける。

9 人間関係を悪化させる原因について述べた次の文の（　）にあてはまる用語を，下記の語群のなかから選びなさい。

〔選択肢〕

(1) 相手の立場を忘れて（　）態度で行動する。

(2) 報告・連絡・相談を怠るなどのコミュニケーション不足から，（　）や行き違いが生じる。

(3) 陰口を言ったり，金銭の貸し借りにルーズだなどの（　）がある。

ア．感傷的　イ．自己中心的　ウ．誤解　エ．確信

オ．友人関係　カ．マナー違反

6
オ．同窓生であるとか，趣味が同じなどといった仕事以外の人間関係が新しいビジネスを生むきっかけとなることもある。

8
企業が求める能力
1．コミュニケーション能力
2．主体性
3．チャレンジ精神
4．協調性
5．誠実性
（日本経団連調査より）

⑩ 次の梶山君ケースを読んで，下記の設問に答えなさい。

〔梶山君のケース〕

　　梶山豊は，生命保険会社の営業部に勤めて３年目である。同じ営業３課には，同期
入社の大矢隆がおり，仕事のうえでもよいライバルである。

　　ある日，梶山が外出先から戻ると，前の席の大矢がパソコンに向かって仕事をして
いた。

梶山「ただいま」

　　……大矢は顔もあげずに仕事をしている。返事もなく，気まずい雰囲気が流れたが，
梶山も席について契約書作成にとりかかった。

　　30分ほど経つと，大矢は取引先に出かけて行った。やはり無言である。

　　気になった梶山は，１年先輩の荒井さんに，

梶山「ねえ，荒井さん，なんだか大矢君の機嫌が悪いみたいなんだけど，何か言って
　　　なかった？」

荒井「えっ，大矢さん何も言ってなかったですか。昨日お得意先の北野さんから電話
　　　が入ってたのを，梶山さんが受けてこちらから折り返し電話するお約束したのに，
　　　大矢さんが電話してこなかったって，北野さんに叱られたんですよ。梶山さん，
　　　忘れちゃったんですか？」

梶山「あっ，しまった。メモを書いたらすぐに次の電話が入って，自分の仕事に戻っ
　　　ちゃったんだ。そりゃ，悪かったなあ。伝え忘れただけなんだが……」

　　梶山は以前，大矢と昼食をとっているとき，彼が初めて契約をとらせてもらったの
が北野さんで，それ以来ずっと大切なお客さまだと嬉しそうに話していたのを思い出
し，ますます落ち込んだ。

　　……あいつ，俺がわざと伝えなかったと思っているのかなぁ……

　　梶山は心のなかでそう考え，明日，どうやって大矢に話しかけようかと悩んでしまった。

1.　梶山君と大矢君の関係が気まずくなってしまったのはなぜか。
　次の文のうち，正しいものを１つ選びなさい。

〔選択肢〕

　ア．大矢君が梶山君のパソコンを黙って使っていたから。

　イ．最近の営業成績で，梶山君が大矢君を抜いてしまったから。

　ウ．梶山君がうっかり伝え忘れてしまったミスを，大矢君が誤解した
　　　状態だったから。

　エ．梶山君が，荒井さんとばかり親しくするため。

　オ．梶山君が，大矢君の誤解を恨んだため。

2.　この２人がこじれた人間関係を修復するにはどうすべきか。次
　の文のうち，正しくないものを１つ選びなさい。

〔選択肢〕

　ア．翌日すぐに，梶山君から言い忘れたことをわびる。

　イ．大矢君が心を開いてくれるまで，じっくり待つ。

　ウ．大矢君は，梶山君に対する不満の理由をはっきりと伝える。

　エ．お互いに感情的にならず，冷静に話すようにする。

　オ．梶山君は，今後このようなミスをしないことも含めて反省の姿勢
　　　を示す。

Ⅲ 次の文は「人のネットワークの重要性が求められる理由」の説明である。正しくないものを1つ選びなさい。

〔選択肢〕

ア．ビジネスでは仕事ができれば昇進できる。

イ．1人の知識・技術には限界があるので，多くの人の力を借りる。

ウ．人脈は，個人にとって究極の支えとなる。

エ．人間性を高め，幅を広げるためには，他者から学ぶことが重要。

オ．仕事もプライベートも人との関わりによって成立する。

Ⅻ 「人脈づくり」のために，まずAさんがしたことである。適当なものを1つ選びなさい。

〔選択肢〕

ア．手当たり次第友人に電話をして，新しい友人を紹介してもらった。

イ．友達を紹介してほしいと，友人全員に電子メールを送った。

ウ．毎週，違った異業種交流会に参加した。

エ．インターネットで，あちこちの掲示板に書き込みをした。

オ．自分のいまの人脈を紙に書き出し，問題点をはっきりさせた。

ⅩⅢ 「人脈づくり」をするために，人との信頼関係を育てる行動としてふさわしくないものを1つ選びなさい。

〔選択肢〕

ア．好意の押し売りをしない。

イ．見返りをすぐ期待しない。

ウ．相手を肯定的に見る。

エ．どんなに小さな約束でも必ず守る。

オ．先に，自分のほうからは情報などを与えない。

ⅩⅣ 「紹介」の説明について，正しいものの組み合わせを選択肢から1つ選びなさい。

① 名刺や電話による紹介は，紹介先が自分と同等か，あるいは地位が下の人に限られる。

② 紹介をしてくれる人がいないときは，自己紹介をして積極的に参加する。

③ 紹介を依頼したときは，結果を必ず紹介者に報告し，謝意を述べる。

④ 紹介を依頼されたら，どんな場合も断らずどんどん紹介する。

〔選択肢〕

ア	①	②	④
イ	②	③	④
ウ	①	②	③

15 いま自分に関わりのある人びとの名前を書き出してみよう。どのような関わりか，主にどんな分野の話をすることが多いのか，整理してみよう。自分に欠けている分野は何か，これからどんな人びととネットワークを広げていきたいのか，考えてみよう。

----

16 人脈づくりをするとき，自分か他の人に提供できる情報，自信を持って話せることは何なのか。もし欠けているとしたら，どんな点を補強していったらよいのか書き出してみよう。
（アドバイス：どんな分野のことでもよいから，自信分野を持とう。たとえば，趣味のスポーツのこと，得意な料理，コレクション，車のことなど何でもよい。）

第**2**編 仕事の実践とビジネスツール

1 仕事への取り組み，仕事の進め方

▌組織の各部門の結びつきと，社会，顧客のニーズを学ぶ。
▌業務の流れにそって発生する書類の種類と特徴を学ぶ。
▌コンプライアンスの重要性と情報セキュリティの管理を学ぶ。

1 仕事の発生原点は社会と顧客のニーズから

▶▶ 会社は社会的な存在であり，社会や顧客のニーズをつかむことが，業務の大前提である。

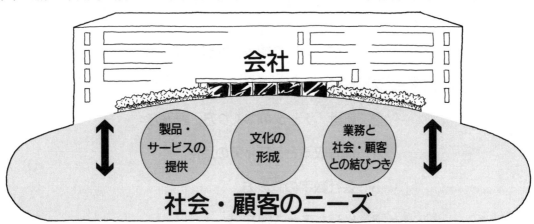

●メーカーの業務展開

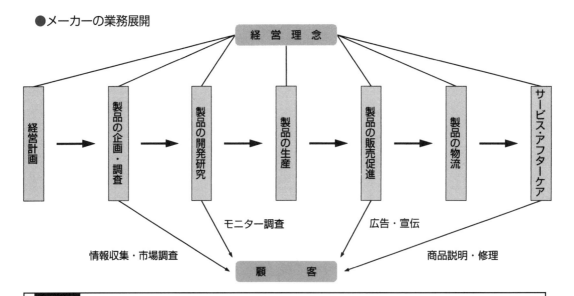

ニーズとシーズ

　顧客が必要性を感じて求めるものが，ニーズ（needs）である。これに対して，メーカー（製造側）が，新しい材料や技術を導入して，顧客に新たな商品やサービスを提供するのは，シーズ（seeds：種）という。市場を先取りして，種をまくのである。

　たとえば，電子辞書，タブレット型書籍などは，企業側が送り出したことによって，ニーズが高まったものである。

　新商品やサービスの開発には，シーズとニーズの両方が作用し合わないとヒットには結びつかない。

---

2 ニーズに応える企業組織

▶▶ 会社の業務は，各部門が一定の目的のもとに統一され，密接に結びつきながら遂行されている。

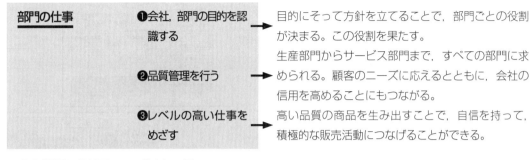

部門の仕事	❶会社，部門の目的を認識する	目的にそって方針を立てることで，部門ごとの役割が決まる。この役割を果たす。
	❷品質管理を行う	生産部門からサービス部門まで，すべての部門に求められる。顧客のニーズに応えるとともに，会社の信用を高めることにもつながる。
	❸レベルの高い仕事をめざす	高い品質の商品を生み出すことで，自信を持って，積極的な販売活動につなげることができる。

●各部門におけるニーズ対応の例

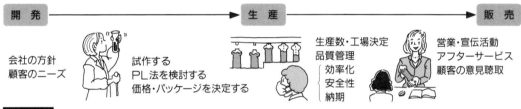

開発 → 生産 → 販売

会社の方針
顧客のニーズ
試作する
PL法を検討する
価格・パッケージを決定する

生産数・工場決定
品質管理
　効率化
　安全性
　納期

営業・宣伝活動
アフターサービス
顧客の意見聴取

3 仕事（業務）の流れ

▶▶ 会社の各部門は，有機的な関係によって運営されている。

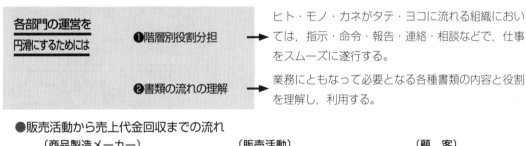

各部門の運営を 円滑にするためには	❶階層別役割分担	ヒト・モノ・カネがタテ・ヨコに流れる組織においては，指示・命令・報告・連絡・相談などで，仕事をスムーズに遂行する。
	❷書類の流れの理解	業務にともなって必要となる各種書類の内容と役割を理解し，利用する。

●販売活動から売上代金回収までの流れ

〔商品製造メーカー〕　　　〔販売活動〕　　　〔顧 客〕

◀ Web上での帳票化が進んでいる ▶

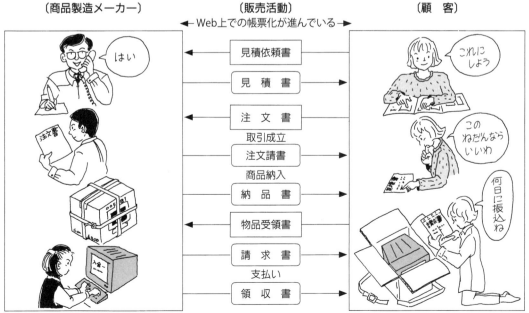

見積依頼書
見積書
注文書
取引成立
注文請書
商品納入
納品書
物品受領書
請求書
支払い
領収書

▶▶ 業務の流れに対応して発生する書類の種類と特徴を知っておこう。

① 見積書

商品説明や業務上の必要性から，顧客がその商品やサービスに興味を持ち，購入，契約をしようとした場合，どのくらいの金額になるか，その内容はどのようになっているのかを確認するために出してもらう書類。

見積りの依頼に際しては，口頭での依頼をする場合も多いが，「見積依頼書」を作成することもある。

発注者側は，この書類を検討し，注文や契約をするかどうかを決定する。

業務内容や商品によっては価格が変動することがあるので，見積書には有効期限が明記されている場合がある。

なお，発注者側は，同業メーカーなど数社に見積書を提出させ，その価格や条件を比較検討することが多い。これを「相見積り」という。

② 注文書

見積書などをもとに検討したのち，顧客が商品やサービスの購入・契約を決定すると，その明細を記入して受注者に向けて提出する書類。

これには，注文商品，数量，商品の単価と合計金額のほか，納入期日や納入場所，支払条件，発注者名（企業名と担当責任者名）などを明記する。

受注者は，注文書の内容を検討し，了解したら，発注者にその旨連絡するか，「注文請書」を送付するかする。これにより，契約（取引）が成立したことになり，受注者には，納入期日までに，注文どおりの商品を届ける義務が生じることになる。

③ 納品書

商品が届けられた段階で，顧客にその内容を確認してもらうために作成する書類。

数量，形態，機能などのチェック，ならびに受領の証拠として納品書に受領者の押印やサインをしてもらうこともある。

●見積書の例

●注文書の例

●納品書の例

④ 物品受領書

納入された商品の受領については，納品書において確認される場合と，「物品受領書」という書式で行われる場合がある。

商品の内容に関しては，納品書と同一であるので，複写方式の書式になっている。

●物品受領書の例

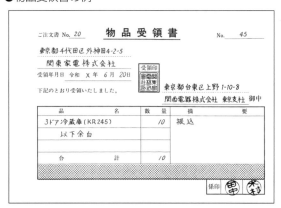

⑤ 請求書

納品書または物品受領書の確認内容にもとづいて，営業または経理の担当者が作成する，料金の支払いを請求するための書類。

具体的な請求内容や支払方法などを明記する。

書類を郵送する際には，必ず封筒に「請求書在中」と記入する。

●請求書の例

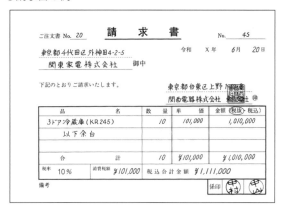

⑥ 領収証（書）

請求書に対して，現金，小切手，手形などによって支払いがあったら，領収証（書）を作成する。この場合，請求書の金額と領収証（書）の金額が一致している。領収金額によっては，収入印紙を貼る必要がある。

●領収証の例

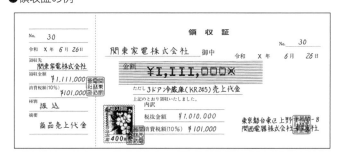

インボイス制度と電子帳簿保存法

インボイス制度とは，適格請求書（インボイス）にもとづく消費税の仕入税額控除方式で，2023年10月1日から開始された。インボイスは登録を受けた事業者のみが交付でき，登録番号や税率，消費税額等の記載が必要になる。インボイス発行事業者である売り手はインボイスを交付する義務などがあり，買い手は仕入税額控除を受けるためにインボイスを保存する必要がある。

電子帳簿保存法は，税務関係の帳簿・書類のデータ保存を可能とする法律である。2022年1月施行の改正により，電子取引でやりとりした書類（注文書・見積書・請求書・領収書など）は，データのまま保存しなければならなくなった。

4　文書管理のルール

▶▶　書類をためないことが分類整理の基本である。

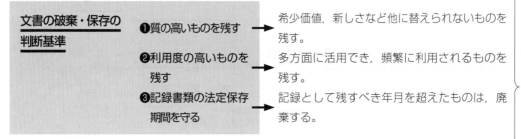

| 書類をためない 分類整理 | ❶自分自身の仕事を整理する | 何が必要な情報かをまず認識する。 |
| | ❷手元に置くものを選ぶ | 簡単に手に入るものはできるだけ手元に置かない。 |

▶▶　文書の破棄・保存の判断基準を持とう。

文書の破棄・保存の 判断基準	❶質の高いものを残す	希少価値，新しさなど他に替えられないものを残す。
	❷利用度の高いものを残す	多方面に活用でき，頻繁に利用されるものを残す。
	❸記録書類の法定保存期間を守る	記録として残すべき年月を超えたものは，廃棄する。

▶▶　ビジネス文書の整理・整頓のための原則をおさえる。

文書の整理・整頓 5原則	❶定期的な整理	退社時，月に一度，年に一度など，段階ごとの整理を心がける。
	❷公私の区別	会社のものと個人のものを混同しない。
	❸廃棄・保存の判断	不要なものは思い切って捨てる。
	❹的確な分類	種類別・目的別に分けて管理する。
	❺的確な管理	使用頻度の多いものだけを手元に置く。

（パソコン上でデータとして管理できる）

5　ファイリングの基本（プリントした文書）

▶▶　ファイリングシステムとは，必要な書類を確実に保管し，すぐ取り出せるように，利用しやすい状態に整理することである。

ファイリングの目的	❶文書の保管・保存	一定の組織的方法（期間，場所）に従って確実な形で保管する。
	❷資料の共有	誰でも利用できるようにする。
	❸時間・労力の節約	探す無駄をなくす。
	❹スペースの節約	上手に捨て，不要なものを置かないようにする。

オフィスはホントにペーパーレス？

　パソコンによる文書・資料作成，コピーによる配布・保存といった業務はかえってプリントアウトやコピーが増えてペーパーフルな状況を引き起こすこともあった。これらの文書を電子ファイルとして閲覧できるようにすれば，業務効率は改善される。同時に，パソコンやクラウドサービスにアクセスする操作や，セキュリティ対策への知識など一定レベルのITリテラシーも求められる。

6 情報の活用

▶▶ 情報は活用されてこそ意味がある。

情報の活用	❶知的生産	→	商品やサービスの創造，アイディア開発などに役立てる。（例　ヒット商品情報分析など）
	❷問題解決	→	情報をもとにして，問題点を解説する。（例　消費者からの苦情や要望など）
	❸物事の判断	→	他社情報などにより，自社製品の価格変更を検討したりする。
	❹意思決定	→	営業成績などをもとに生産台数，販売計画などを決定する。

▶▶ 日常業務や企業発展に役立てる情報にするには

| ●情報活用の具体的方法 | → | 報告書や論文はデータとして共有・管理する。口頭でのプレゼンテーションほか，ネット配信などに活用する。 |

7 情報化の進展

▶▶ 情報のやりとりにおいても多くの進展がある。積極的に活用していこう。

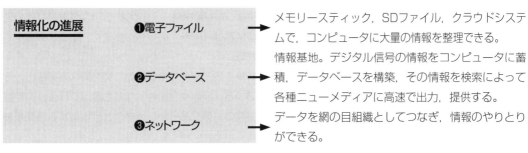

情報化の進展	❶電子ファイル	→	メモリースティック，SDファイル，クラウドシステムで，コンピュータに大量の情報を整理できる。
	❷データベース	→	情報基地。デジタル信号の情報をコンピュータに蓄積，データベースを構築，その情報を検索によって各種ニューメディアに高速で出力，提供する。
	❸ネットワーク	→	データを網の目組織としてつなぎ，情報のやりとりができる。

オフィスにおける情報化の進展

電子ファイルで
スペース軽減　　　　時間短縮　　　　情報の広がり

8 自己管理の重要性

▶▶ 自分の行動は自分で管理することが肝心である。

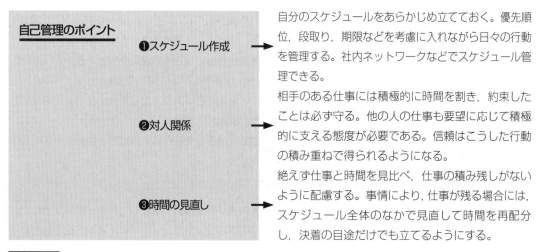

自己管理のポイント

❶スケジュール作成 ➡ 自分のスケジュールをあらかじめ立てておく。優先順位，段取り，期限などを考慮に入れながら日々の行動を管理する。社内ネットワークなどでスケジュール管理できる。

❷対人関係 ➡ 相手のある仕事には積極的に時間を割き，約束したことは必ず守る。他の人の仕事も要望に応じて積極的に支える態度が必要である。信頼はこうした行動の積み重ねで得られるようになる。

❸時間の見直し ➡ 絶えず仕事と時間を見比べ，仕事の積み残しがないように配慮する。事情により，仕事が残る場合には，スケジュール全体のなかで見直して時間を再配分し，決着の目途だけでも立てるようにする。

9 業務の種類と「判断」の大切さ

▶▶ 業務は，定型業務と非定型業務の2種類に分けられる。

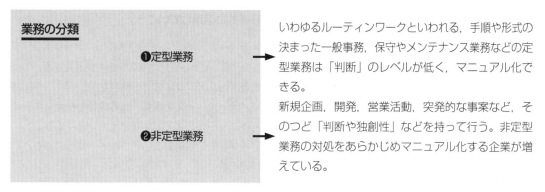

業務の分類

❶定型業務 ➡ いわゆるルーティンワークといわれる，手順や形式の決まった一般事務，保守やメンテナンス業務などの定型業務は「判断」のレベルが低く，マニュアル化できる。

❷非定型業務 ➡ 新規企画，開発，営業活動，突発的な事案など，そのつど「判断や独創性」などを持って行う。非定型業務の対処をあらかじめマニュアル化する企業が増えている。

▶▶ 実際の業務は，そのときそのときの判断の連続によって処理されていく。

的確な判断のための要件

❶正確かつ豊富な情報 ➡ 目的に応じて，広く，深く，確実で良質な多くの情報を持つことが大切で，さまざまな判断のための前提となる。

❷バランス感覚 ➡ 頭だけで考えて判断せず，広い視野を持って，バランスのとれた判断を下す。

❸他からの意見 ➡ 最終的に判断に迷うときは，経験者の意見なども取り入れる。

10　非定型業務の性質と対応

▶▶ 非定型業務の種類に応じた対応が重要である。

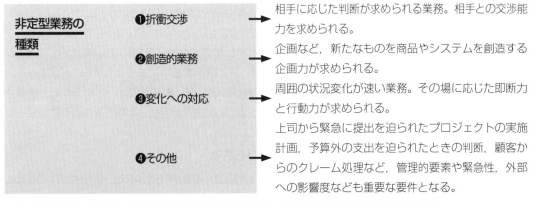

非定型業務の種類		
❶折衝交渉	→	相手に応じた判断が求められる業務。相手との交渉能力を求められる。
❷創造的業務	→	企画など，新たなものを商品やシステムを創造する企画力が求められる。
❸変化への対応	→	周囲の状況変化が速い業務。その場に応じた即断力と行動力が求められる。
❹その他	→	上司から緊急に提出を迫られたプロジェクトの実施計画，予算外の支出を迫られたときの判断，顧客からのクレーム処理など，管理的要素や緊急性，外部への影響度なども重要な要件となる。

▶▶ 自分自身の判断力が必要ではあるが，基本的な対応姿勢をおさえて判断しよう。

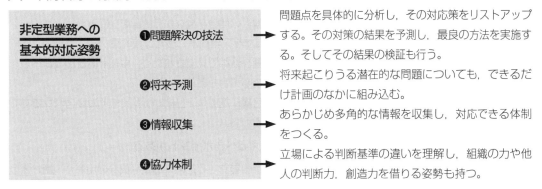

非定型業務への基本的対応姿勢		
❶問題解決の技法	→	問題点を具体的に分析し，その対応策をリストアップする。その対策の結果を予測し，最良の方法を実施する。そしてその結果の検証も行う。
❷将来予測	→	将来起こりうる潜在的な問題についても，できるだけ計画のなかに組み込む。
❸情報収集	→	あらかじめ多角的な情報を収集し，対応できる体制をつくる。
❹協力体制	→	立場による判断基準の違いを理解し，組織の力や他人の判断力，創造力を借りる姿勢も持つ。

11　判断力・創造力の重要性と仕事の効率の向上

▶▶ 仕事は「さまざまな判断」の連続である。

判断力・創造力の重要性		
❶判断力	→	前例がない，判断基準が不明確などの場合が多いので，その対応には判断力，創造力が必要である。判断の基準は経験や他の事例の学習で高まるが，全体の目的をつねに意識するようにする。
❷創意工夫	→	目的を明確化し，工夫する。非定型業務も，標準化が可能な箇所を標準化することで，定型業務に変化することもある。

▶▶ 知識集約度の高い非定型業務の効率向上にはポイントがある。

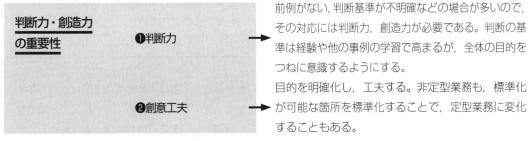

非定型業務の効率向上		
❶習熟度	→	まず業務に習熟し，プロフェッショナルになることで，仕事の密度を高める。
❷集中力	→	目的を把握し，必要な情報を収集する。だらだら考えても効率は上がらない。自分の経験は体系化し，上司や先輩の経験も聞くことが必要である。
❸効率化	→	必要でない書類はつくらないなどの事務作業の削減やパソコンの有効活用を心がける。また，業務の優先順位を徹底し，類似作業を集中的に同時並行で処理するなど，タイムマネジメントの徹底も心がける。

12 計画の意義と重要性

▶▶ 計画は，目標達成に至る最適のルートに示すもので，仕事を始める前に明確にすべきものである。

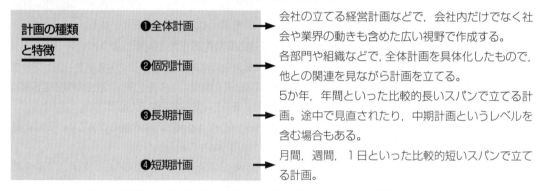

計画立案のメリット	❶仕事の進行管理ができる	➡	計画にそって，その仕事がはかどっているか，遅れ・モレはないかといった進行管理ができる。
	❷達成度，成果がわかる	➡	当初の計画どおりに仕事の成果が上がっているかを，それぞれの箇所でチェックすることができる。
	❸責任の所在が明らかになる	➡	複数の人間がその計画に関わっている場合，途中でトラブルやミスが発生した際の責任の所在が明らかになる。

▶▶ 計画は，その特徴によっていくつかの種類に分けられる。

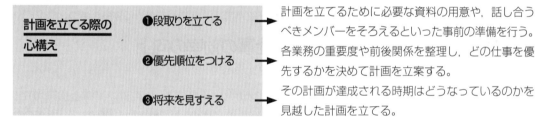

計画の種類と特徴	❶全体計画	➡	会社の立てる経営計画などで，会社内だけでなく社会や業界の動きも含めた広い視野で作成する。
	❷個別計画	➡	各部門や組織などで，全体計画を具体化したもので，他との関連を見ながら計画を立てる。
	❸長期計画	➡	5か年，年間といった比較的長いスパンで立てる計画。途中で見直されたり，中期計画というレベルを含む場合もある。
	❹短期計画	➡	月間，週間，1日といった比較的短いスパンで立てる計画。

▶▶ 実現可能で有効な計画を立てるためには，おさえるべきポイントがある。

計画を立てる際の心構え	❶段取りを立てる	➡	計画を立てるために必要な資料の用意や，話し合うべきメンバーをそろえるといった事前の準備を行う。
	❷優先順位をつける	➡	各業務の重要度や前後関係を整理し，どの仕事を優先するかを決めて計画を立案する。
	❸将来を見すえる	➡	その計画が達成される時期はどうなっているのかを見越した計画を立てる。

計画好きの計画倒れ……

　ビジネスを進めるうえで，計画を立てることが好きだという人は多い。しかし，計画は現実に実行できるものでなくてはならないし，内容も論理性がしっかりしているものでなくてはならない。机上の空論ではいけない。

　計画を立てる際は，経営者の方針に従い，多くの場合，管理職が十分に話し合い社員に周知させる。計画を実行する過程で無理があったりして実際にうまくいかないときは，見直す勇気も必要である。計画立案ばかりが先行して，実行がともなわない「計画倒れ」という言葉がある。

13 計画立案のチェックポイント

▶▶ アクシデントやミスが起こらないよう，入念なチェックのもとで計画を立てることが重要である。

計画のチェックポイント10	○	△	×
① 目的・目標，実現の可能性を検討したか。			
② 実施項目にモレはないか。			
③ 到達レベルは，はっきりしているか。			
④ 役割分担と責任者は，はっきりしているか。			
⑤ 優先順位は，はっきりしているか。			
⑥ ヒト・モノ・カネ・情報の準備は万全か。			
⑦ 時間には余裕を見込んでいるか。			
⑧ 負荷に極端な偏りはないか。			
⑨ 障害への対策は考えられているか。			
⑩ 計画全体を完全に把握しているか。			

14 効率を上げるスケジュール化の方法

▶▶ 作成した計画の効率的な遂行のために，スケジュール表による多角的チェックが有効である。

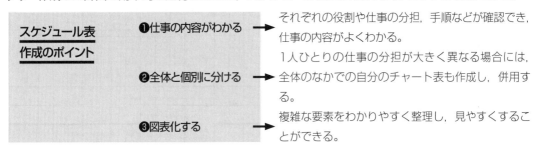

スケジュール表
作成のポイント

❶仕事の内容がわかる ➡ それぞれの役割や仕事の分担，手順などが確認でき，仕事の内容がよくわかる。

❷全体と個別に分ける ➡ 1人ひとりの仕事の分担が大きく異なる場合には，全体のなかでの自分のチャート表も作成し，併用する。

❸図表化する ➡ 複雑な要素をわかりやすく整理し，見やすくすることができる。

▶▶ 仕事を段取りのとおりに，時間にそって展開することをスケジュール化という。スケジュール表には，2種類の表がよく使われる。

ガントチャート
● 仕事量と時間を見る。
● 計画全体や個人の仕事の動きをチェックする。

ネットワーク表
● 要素を見る。
● 計画全体を網（ネットワーク）のような表にして，進行状況や仕事の関連をチェックする。

●スケジュール表（計画書）に盛り込まれる要素の具体例

計　画　書
〇〇株式会社
1．件名（商品名）
2．目的（ねらい）
3．期間（納期）
4．費用
5．人員（スタッフ）
6．場所（製造工場）
7．具体的内容
8．備考
以上

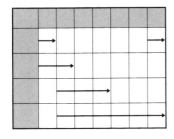

▲ガントチャート

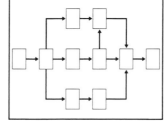

▲ネットワーク表

▶▶ 仕事の量と時間で見るのが，ガントチャートの特徴である。

●ガントチャート

項目＼日程	1月	2火	3水	4木	5金	6土	7日	8月	9火	10水	11木	12金	13土	14日	15月	16火	17水	18木	19金	20土	21日	22月	23火	24水	25木	26金	27土	28日	29月	30火	31水
スタッフの ミーティング	←|→						←|→						←|→							←|→					←→				
構成案の 作成				←|→																											
予算の 決定				←|→																											
会場の決定							←→																								
PR案の 作成と実施							←|→					→|←																			→
関係者(団体) への案内状 作成							←|→																								
販促物 (チラシ他) の作成・配布							←|→										→|←														→
出展企業・ 団体との ミーティング														←|→													←→				
演出・進行の ミーティング																											←|→				

(注) ── 予定 ── 実施

ガントチャートとは

ガントチャートとは，このチャートの考案者であるH.L.Ganttにちなんでつけられた名前である。

その特徴は，ヨコ軸に時間軸を表し，タテ軸に仕事の状況を表していることである。それぞれの時刻における仕事の配分状況，それぞれの仕事配分の時間的変化を読み取ることができる。こうしたことから，一般に，ガントチャートは，仕事の時間的配分を表したものであるといえる。

複雑な仕事が関連し合いながら，最終的に1つになり，完成する仕事の場合，それぞれの進行予定と実施がしっかり管理されないと，その後の仕事への流れがとどこおってしまう。

納期を守るためにも，1つひとつの仕事をチャートに従ってこなし，次の段階へ進めていくように，スケジュールを管理することが必要である。

▶▶ ネットワーク表では，仕事の要素を把握すると同時に，仕事の工程を全体で見ることができる。
　●ネットワーク表

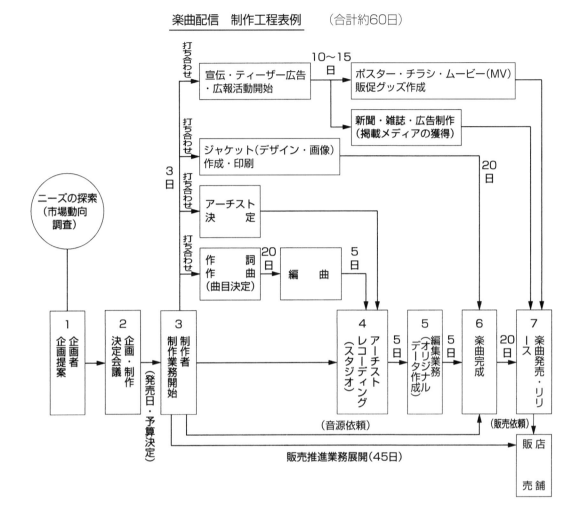

楽曲配信　制作工程表例　　（合計約60日）

15 立案した計画の実行

▶▶ 計画を実行してから完了するまでの正しい管理と報告で，その仕事の成否が決まる。

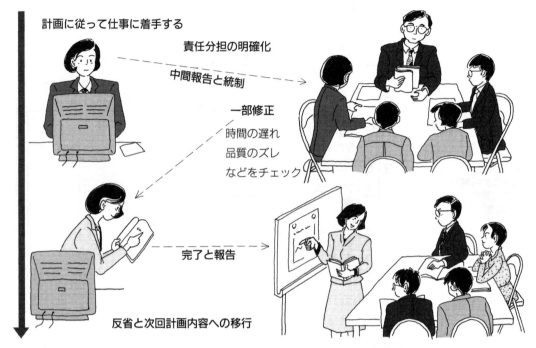

計画に従って仕事に着手する

責任分担の明確化

中間報告と統制

一部修正
時間の遅れ
品質のズレ
などをチェック

完了と報告

反省と次回計画内容への移行

▶▶ 仕事の流れはPDCAサイクル，OODAループを念頭において進める。

S＝Standard（標準）
P＝Plan（計画）
D＝Do（実行）
C＝Check（評価・検討）
A＝Action（改善）

品質改善が目的

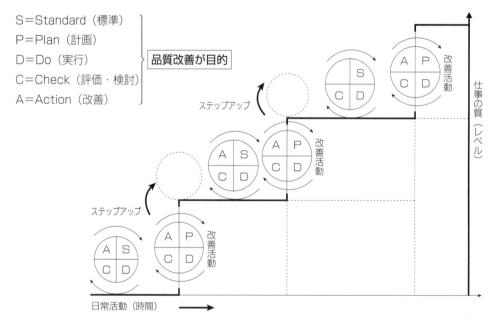

O＝Observe（観察する）
O＝Orient（方向づけする）
D＝Decide（意思決定する）
A＝Act（行動する）

意思決定が目的

16　複雑な仕事への取り組み

▶▶　複雑な仕事に取り組むときは，まず全体を把握し，個々のパターンに落としていく。

仕事の全体をつかむには

❶時間	➡ 完成するまでにどのくらいかかるか，仕事の時間配分はどうするか。
❷空間	➡ 部門ごとか，全体的な取り組みか。
❸人員	➡ 適正な人員が配置されているか。
❹金額	➡ 必要経費，予算の規模，利益予測などはOKか。
❺対処方法	➡ 構造的に把握して，組織的に処理しているか。

他部門との協力

　複雑で大規模な仕事になればなるほど，個人や少人数の部・課ではできないことが多くなる。急に無理な仕事が入ったり，アクシデントが起きたときは，他部門の応援や協力が必要である。この場合，責任者は他部門の責任者に交渉し，全社的な視野での援助をしてもらうようにする。また，応援者はスタッフの一員になり，臨時の応援という気持ちをなくして協力することが必要である。

17　問題発見と解決の方法

▶▶　業務のなかにある不都合な問題点を探る際のポイントを考えよう。

問題発見のポイント

❶問題の把握	➡ まずは問題の内容と原因を正しく把握することが重要である。望ましい解決策は，正しい問題把握があって可能となる。
❷目標の確認	➡ 目標が不明瞭な場合には，まず目標の明確化を行う。
❸現状の調査	➡ 現状の調査または観察をすることで，目標とのズレや方向の違いが確認できる。
❹制約条件の確認	➡ 問題が発生したときに，どのような制約条件があるかを確認する。

問題は定義されれば解けたも同然！

　「問題は定義されれば半ば解けたも同然だ」と言ったのはデューイである。逆に言えば，問題を的確につかむことは意外に難しいことだとも言える。「なぜ」「何のために」という「目的への問い」がカギを握る。

　経営コンサルタントであるケプナーとトリゴーは，問題とは「期待と現状の差である」とした。あるいは「基準からの逸脱」「基準からの遅れ」と言ってもよい。これによれば，まず「あるべき姿」「基準」の明確な認識と「現状の姿」「現在時におけるレベル」の正確な判断が必要になる。両者の比較・対比から，その差が問題ということになる。

▶▶ 仕事の改善につながる問題解決を，有効に進めよう。

問題解決の進め方		
	❶客観的表現 →	上司から与えられた問題，自分で発見した問題について，内容・原因・目標・現状・制約条件などをリストアップし，図示などをする。
	❷原因の具体化 →	問題（ギャップ）について，根本的な原因と表面的な原因をできるだけ具体的に明らかにする。
	❸対策の選択肢 →	原因を解消する対策としての選択肢を，数多くリストアップする。
	❹効果の予測 →	対策を施すことによる効果とマイナス面の影響を予測，評価する。
	❺対策の実施 →	評価のなかから，もっとも適切と思われる対策を選び出し，実施する
	❻結果の検証 →	対策により，実際に問題解決につながったか，結果として仕事が改善されたか，予測しなかった悪影響はないかなどを検証する。

18　仕事の改善に取り組む姿勢

▶▶ 問題のない業務はないという認識で，つねに前向きに問題解決に努めよう。

仕事の改善のための姿勢		
	❶当事者意識 →	自分の問題であるという認識を持つ。
	❷変化への柔軟さ →	変化をいとわないこと。
	❸傾聴 →	他人の意見に耳を傾けること。
	❹責任感 →	他に責任を転嫁しないこと。
	❺意欲 →	解決への執念があること。

▶▶ 仕事を改善するためには，まず問題意識を持つことから始める。

問題意識と改善		
	❶全体的視野 →	つねに全体的視野を持って，業務を見直す。
	❷業務の見直し →	現状が当たり前という考えを払拭し，業務を見直す。

▶▶ 業務の見直しには着眼点を持ち，さらに上の視点から業務や自分自身を見直そう。

業務の見直しのポイント		
	❶貢献度 →	全体としてどの程度の意味を持つ仕事か。
	❷省略化 →	やめられないか。
	❸簡易化 →	もっと簡単にできないか。
	❹応用 →	結果を他に生かせないか。
	❺追求 →	いままでにない新しい結果が求められているのではないか。

情報化による業務の変革		
	❶パソコンで代替え →	従来の仕事をパソコンですることにより，業務の進め方の変革，業務を行う人の意識変革をもたらす。
	❷情報の蓄積・共有化 →	仕事の質が高度化する。仕事と組織の見直し・再編が行われる。

19 　論理的思考法

▶▶ 問題解決には，膨大な情報の分析や評価により，企業や個人の方針を論理的に考えていく方法がある。これを，論理的思考法（ロジカルシンキング）という。

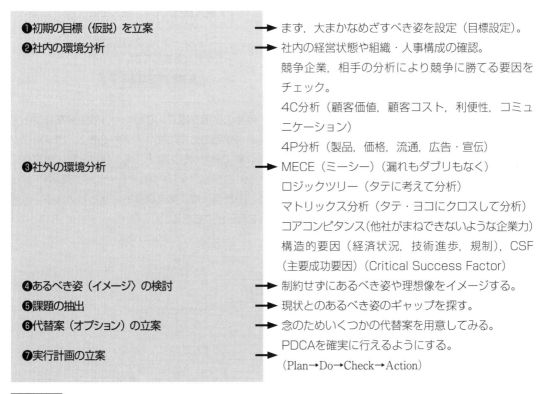

❶初期の目標（仮説）を立案	➡ まず，大まかなめざすべき姿を設定（目標設定）。
❷社内の環境分析	➡ 社内の経営状態や組織・人事構成の確認。
	競争企業，相手の分析により競争に勝てる要因をチェック。
	4C分析（顧客価値，顧客コスト，利便性，コミュニケーション）
	4P分析（製品，価格，流通，広告・宣伝）
❸社外の環境分析	➡ MECE（ミーシー）（漏れもダブリもなく）
	ロジックツリー（タテに考えて分析）
	マトリックス分析（タテ・ヨコにクロスして分析）
	コアコンピタンス（他社がまねできないような企業力）
	構造的要因（経済状況，技術進歩，規制），CSF（主要成功要因）（Critical Success Factor）
❹あるべき姿（イメージ）の検討	➡ 制約せずにあるべき姿や理想像をイメージする。
❺課題の抽出	➡ 現状とのあるべき姿のギャップを探す。
❻代替案（オプション）の立案	➡ 念のためいくつかの代替案を用意してみる。
❼実行計画の立案	➡ PDCAを確実に行えるようにする。
	（Plan→Do→Check→Action）

20 　さまざまな論理的思考（分析）の概念

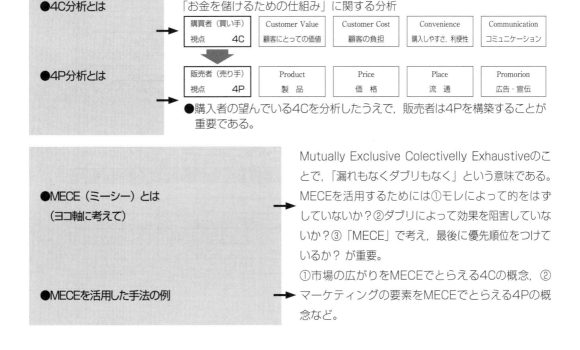

●4C分析とは	「お金を儲けるための仕組み」に関する分析

購買者（買い手）視点　4C	Customer Value 顧客にとっての価値	Customer Cost 顧客の負担	Convenience 購入しやすさ, 利便性	Communication コミュニケーション
販売者（売り手）視点　4P	Product 製品	Price 価格	Place 流通	Promorion 広告・宣伝

● 4P分析とは

●購入者の望んでいる4Cを分析したうえで，販売者は4Pを構築することが重要である。

●MECE（ミーシー）とは（ヨコ軸に考えて）

➡ Mutually Exclusive Colectivelly Exhaustiveのことで，「漏れもなくダブリもなく」という意味である。MECEを活用するためには①モレによって的をはずしていないか？②ダブリによって効果を阻害していないか？③「MECE」で考え，最後に優先順位をつけているか？ が重要。

●MECEを活用した手法の例

➡ ①市場の広がりをMECEでとらえる4Cの概念，②マーケティングの要素をMECEでとらえる4Pの概念など。

●MECE の例

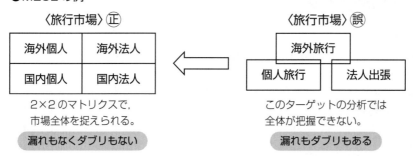

〈旅行市場〉正

海外個人	海外法人
国内個人	国内法人

2×2のマトリクスで,
市場全体を捉えられる。

漏れもなくダブリもない

〈旅行市場〉誤

海外旅行

個人旅行　　法人出張

このターゲットの分析では
全体が把握できない。

漏れもダブリもある

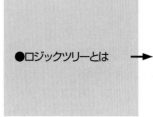

●ロジックツリーとは　→

限られた時間のなかで,問題の原因を掘り起こしたり,解決策を具体化するときに,広さや深さを追求するのに役に立つ考え方である。ロジックツリーは,主な課題の原因や解決策をMECEでとらえ,ツリー状に論理的に分析,整理する方法である。ロジックツリーのメリットは①モレやダブリを未然にチェックできる。②原因・解決策を具体的に落とし込める。③それぞれの内容の因果関係を明らかにできる。

●ロジックツリーの例

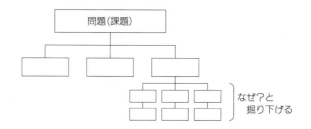

問題(課題)

}なぜ?と
掘り下げる

（別の角度からみると…）

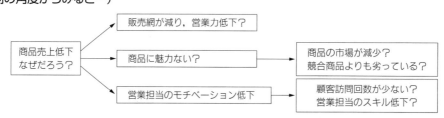

| 商品売上低下
なぜだろう？ | → | 販売網が減り,営業力低下？ |
| | → | 商品に魅力ない？ | → | 商品の市場が減少？
競合商品よりも劣っている？ |
| | → | 営業担当のモチベーション低下 | → | 顧客訪問回数が少ない？
営業担当のスキル低下？ |

●マトリックス分析（タテ・ヨコにクロスして分析）

	何が(具体的に)	どこで(場所,箇所)	いつ(どんな場合,状況)	どんな(問題,大きさ)
発生中の事実				
未発生の事実				
両者の違い				
発生事実との関係				
予想される原因				
原因の検証・状況				

1 次の各設問に答えなさい。

1. 顧客のニーズをつかむには，どのようなことを心がければよい
かについて，正しくないものを1つ選びなさい。

〔選択肢〕

ア．顧客の身になって，不便さ，不足している点などを検討し改善す
る。

イ．商品開発にかかる段階で，売れ筋商品の把握など，市場調査を行
う。

ウ．商品開発段階で，モニターによる商品への意見聴取などを行い，
開発に役立てる。

エ．とくによく売れた商品については，顧客のニーズをつかんだもの
と思われるので，そのまま売りつづけていく。

オ．販売店の担当者などを通じて，顧客の反応や商品の流れなどを知
り，必要に応じて，アフターケアを怠らない。

2. ニーズとシーズに関する説明で，正しくないものを1つ選びな
さい。

〔選択肢〕

ア．ニーズを探る際には，顧客の需要だけでなく，広く社会全体の需
要についても念頭に置く必要がある。

イ．シーズとは，企業が率先して新たなニーズを生み出すような商品
を開発していくことである。

ウ．ニーズやシーズの意識は，開発部門に求められることであり，顧
客と日常接することのない部門に求めることではない。

エ．ニーズをつかみ，シーズをつくり出す際には，社内においても，
自分の業務の評価を受ける意識を持つことが大切である。

オ．ニーズを探り，シーズをつくり出すためには，自社の業務や技術
の特徴をもよく把握しておく必要がある。

2 次の各文の（　　）にあてはまる用語を，下記の語群のなかから選
びなさい。

1. 部門の仕事

(1) 商品の（　　）にあたっては，会社の経営計画を認識し，顧客の
ニーズに応えるものとする。

(2) 商品の（　　）にあたっては，効率的に安全に行い，納期を守る
ことをつねに心がける。

(3) 商品の（　　）にあたっては，商品知識を持ち，宣伝を行う。

(4) 自社製品については，顧客の反応調査や（　　）など，販売後も
品質管理を怠らないようにする。

　　ア．販売促進　イ．企画・開発　ウ．経営方針
　　エ．購入　オ．生産　カ．アフターサービス
　　キ．契約

1－1
ウ．モニターとは，新製品
を使用して感想を報告する
人のこと。
エ．市場調査などを通じて，
顧客の声より先に，企業側
で顧客のニーズをつくり出
していくケースもある。

2. 書類の知識

(1) 顧客が，興味を持った商品やサービスの購入を検討する際，その金額などを確認するために出してもらうのは，（　　）である。

(2) 顧客が，注文を決定したことを受注者に知らせるために出す書類は，（　　）である。

(3) 受注者は，商品の発送と合わせて，（　　）を作成する。

(4) 顧客が商品を受け取ったことを確認すると，受注者は（　　）を発行する。

(5) （　　）には，その金額によって，収入印紙を貼る必要がある。

　　ア．領収証（書）　イ．提案書　ウ．注文書
　　エ．見積依頼書　オ．見積書　カ．請求書　キ．督促状
　　ク．納品書

3 次の図は，取引業務にともなう書類の流れを示したものである。①〜③にあてはまる用語を，下記の語群のなかから選びなさい。

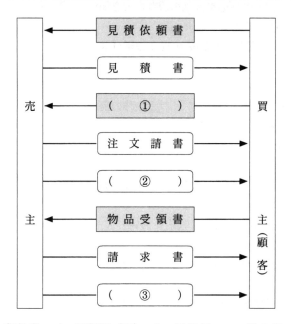

　　ア．契約書　イ．領収証（書）　ウ．委任状　エ．注文書
　　オ．証明書　カ．納品書　キ．提案書

4　次の各設問に答えなさい。

　1.　データ・情報の活用について，正しくないものを１つ選びなさい。

〔選択肢〕

　ア．コンピュータ・ネットワークの発達によって，各種の印刷情報の
　　　価値は減っている。

　イ．利用価値のある情報を得るためには，情報を一定の体系として，
　　　把握・整理し直す必要がある。

　ウ．データ・情報を体系として把握するには，目的を再確認する，情
　　　報を時間・位置などの順に並べてみる，他の情報と比較する，など
　　　の加工が必要である。

　エ．収集した情報は，自分の仕事の内容に即して分類・整理する。

　オ．いま役立たないからといって，その情報が不要とは言い切れない。

　2.　データや文書情報の管理について，正しくないものを１つ選び
　　なさい。

〔選択肢〕

　ア．膨大な情報を，場所をとらずに保存できる。

　イ．管理しやすく，検索性も高い。

　ウ．再利用・再検索が簡単にできる。

　エ．全社の情報がリアルタイムで共有できる。

　オ．電子的な情報は，すべての点において紙情報に優っている。

　3.　紙で保存される情報について，正しいものの組み合わせを選択
　　肢から１つ選びなさい。

　①　共有資料は各自で保管する。

　②　汎用性が高く，利用度の高いものを残す。

　③　一定期間使わなければ捨てる。

　④　種類別・目的別に分けて収納する。

〔選択肢〕

ア	①	②	④
イ	①	③	④
ウ	②	③	④

　4.　仕事に生かす情報収集の方法について，正しいものの組み合わ
　　せを選択肢から１つ選びなさい。

　①　新聞や雑誌の内容に関心を持ち，お客さまとのコミュニケーショ
　　　ンに生かす。

　②　各種の交流パーティーに積極的に出席し，できるだけ同じ業界の
　　　担当者と話す。

　③　セミナーや講演会に積極的に参加し，メディアから得られない情
　　　報を集める。

　④　面談先の会社の広報誌に目を通し，企業動向や技術情報を事前に
　　　集めておく。

〔選択肢〕

ア	①	②	③
イ	②	③	④
ウ	①	③	④

5 次の各設問に答えなさい。

1. 非定型業務の特徴について，正しいものの組み合わせを選択肢から1つ選びなさい。

① 定型でない業務なので，上司の指示がないうちは着手しない。

② 現状の問題点を解決する新たな提案や企画を出すためには，創造的な業務が求められる。

③ お客さまからのクレーム対応など，とくに外部との関係で緊急を要する業務は優先して行う。

④ 非定型業務も標準化できる部分を標準化することで，定型業務に変化させることができる。

〔選択肢〕

ア	①	②	④
イ	②	③	④
ウ	①	③	④

2. 非定型の業務の進め方で，正しくないものを1つ選びなさい。

〔選択肢〕

ア．さまざまなレベルでの判断を必要とするため，良質な情報を数多く集めて，客観性を持つように心がけている。

イ．経験者の意見に耳を傾け，判断に迷うときには，相談するようにしている。

ウ．そのつど判断を必要とする非定型業務は，時間をかけてじっくり進めたいので，まず朝出社したら定型業務から片づけておく。

エ．顧客に接するために市場に出たり，他社の動向をリサーチするなど，頭だけで考えずに，広い視野を持つよう努力する。

オ．非定型業務が派生したときには，その業務の重要度や影響度，緊急度などをよく考えて処理するようにする。

3. 下記は製造部門の営業会議での会話の一部である。OODAの考え方にあてはめた場合の適切な組み合わせを，選択肢から1つ選びなさい。

① 部品の調達ルートが他にあるかもしれない。開拓しよう。

② 製品Kの受注ペースが前年同月比3％上昇している。

③ Z工場から見積もりを取り，収支計算をしたうえで発注する。

④ 製品Kを組み立てる自社工場の月間製造ペースが前月比で10％落ちている。

⑤ 製品Kの部品調達が遅れており，調達ルートは2社しかない。

⑥ 自社工場でしか製造していないのはリスクがある。

⑦ 月間製造ペースを元に戻すため，OEM契約しているZ工場に製品Kを発注しよう。

⑧ このままでは需要が供給を上回り，欠品が生じるリスクがある。

〔選択肢〕

	Observe	Orient	Decide	Act
ア	①④⑥	⑦⑧	⑤②	③⑥
イ	②④⑤	①⑥⑧	⑦	③
ウ	③④⑥	①②	②⑤	⑦⑧

5-2
非定型業務を行う際には，バランス感覚が必要となる。このバランス感覚とは，結論にとびつかず，おかしいと思う気持ちを大切にする，多角的にものを見る，結果を予測しながら，じっくり考えるなどの姿勢である。

6 次の和田君のケースを読んで，下記の設問に答えなさい。

〔和田君のケース〕

　和田幸雄が，学習参考書などの発行をしている出版社の編集部に勤めて３年になる。今日は朝から，昨日までの学校訪問での意見聴取内容をまとめ，出張報告書を書いていた。そこへ１本の電話が入った。

安川「こんにちは。こちら情報センターの安川です。今日は，前回行われた全国模擬試験の掲載許諾についてのお電話です」

和田「どうも，いつもお世話になります」

安川「実は先日，許諾願の書類をいただいたのですが，昨年度版に掲載したところ以外に新たに掲載する箇所について，許諾料をいただくことになるかもしれないのです。恐れ入りますが，清水課長にお伝え願えますか？」

和田「まことに申し訳ございません。あいにく，清水はただいま打ち合わせに入っておりますので，私のほうでご要件を承りまして，清水のほうから午後改めてお電話させていただくということでよろしいでしょうか」

安川「はい，結構です」

　和田は，メモを取りながら安川の話を聞き，電話を切った。

　11時に清水課長が席に戻ったので，和田はメモを持って，電話の件を伝えに行った。

清水「国，数，理，英の４教科だね。わかった。安川さんには私から電話をするよ」

　午後，和田の担当している化学の問題集について，質問のメールがきた。大学の１次試験を１週間後に控えているので，急いで回答してほしいとの文面だった。まず，午後一番，著者にメールで連絡したあと電話で確認した。１週間以内に回答をいただく返事をもらうと，午後３時になっていた。

　再び，出張報告書の作成に戻り，終業30分前にコピーして，課長に提出することができた。課長のところへ行くと，

清水「和田君，先ほどのセンターからの件だが，あさって，部長と一緒にセンターへ説明に行くことになったので，明日のうちに資料と本を用意しておいてくれ」

和田「はい，わかりました」

　和田は，まず書庫から，今年度の問題集を運び，机に戻った。そして，スケジュール表の翌日の欄に，「センター用資料作成」と記入したところで，終業になった。

1. 和田君の１日の業務について，正しいものの組み合わせを選択肢から１つ選びなさい。

① 出張後，なるべく早く出張報告書をまとめる姿勢は大切である。

② 電話の応対として，決定権のない部分の処理が的確である。

③ 質問メールは，１週間猶予があるので，数日後に処理すればよい。

④ 本を用意するようにとの課長の指示に，すぐに対応するのはよい。

〔選択肢〕

ア	①	②	④
イ	①	②	③
ウ	②	③	④

2. 定型業務と非定型業務について，正しくないものを１つ選びなさい。

〔選択肢〕

ア．定型業務とは，手順や形式がある程度決まった一般事務のことである。

イ．非定型業務においては，その時点における判断が求められる。

ウ．非定型業務における問題点解決能力を養うことが大切である。

エ．定型業務は判断を必要としないのでミスをしない。

オ．非定型業務もある程度マニュアル化できることもある。

7 次の各文の（　）にあてはまる用語を，下記の語群のなかから選びなさい。

1. 計画立案のメリット

⑴ 計画にそって仕事を進めると，遅れやモレがないかなど（　）ができる。

⑵ 当初の計画どおりに成果が上がっているか（　）がわかる。

⑶ トラブルが発生した際，大勢の人間が関わっている業務の場合でも，計画に照らし合わせて（　）の所在が明らかになる。

ア．責任　イ．計画　ウ．達成度　エ．上昇率　オ．進行管理

カ．報告

2. 計画を立てる際の心構え

⑴ 計画作成のための資料やメンバーをそろえるなどの（　）を行う。

⑵ 仕事における重要度や前後関係など，（　）を確認しながら計画を立てる。

⑶ 計画達成時の（　）を見すえて，現在の計画を立てる。

ア．過去　イ．将来　ウ．誤り　エ．段取り　オ．優先順位

カ．根回し

7-2
⑵重要度を測るには，その業務の他に与える影響（売上げや経費，人間関係など）と，緊急度から考える必要がある。

8 次の組み合わせのうち，正しいものを選択肢から1つ選びなさい。

① 全体計画……会社の立てる経営計画など，社会や業界の動きも含めた計画。

② 長期計画……5か年，1年など，比較的長いスパンで立てる計画。

③ 中期計画……全体計画を途中で見直したり，区切ったりして立てる計画。

④ 短期計画……月間，週間，1日など，比較的短いスパンで立てる計画。

〔選択肢〕

ア	①	②	④
イ	②	③	④
ウ	①	②	③

9 効率的に仕事するためのスケジュール表について，正しいものを1つ選びなさい。

〔選択肢〕

ア．スケジュール表をつくれば仕事の効率はつねに向上する

イ．仕事の全体的な流れをつかむためのスケジュール表は，仕事に関わる各個人で作成する。

ウ．チャートをつくるときには，図表をカラーにする必要がある。

エ．業務を行う際には，つねにさまざまな観点から数種類のチャートや表をつくることが重要である。

オ．スケジュール表は，個人の仕事の管理だけでなく大勢で1つの仕事を進めていく際にも有効である。

9
ガントチャートやネットワーク表の意義は，仕事の重複化・複線化・合理化によって，さらに短縮化・効率化を目指すためのプロセスをつくり出すことである。

10 計画立案のチェックポイントについて述べた次の文の（　　）にあてはまる用語を，下記の語群のなかから選びなさい。

〔計画立案のチェックポイント〕

　計画を立てる際に，まずおさえるべきことは，その計画の（　　）・目標と，実現の可能性を検討することである。

　この3つの可能性をクリアしたら，実際に計画を立てる。

　まずこの計画を行うにあたって，実施項目に（　　）がないかをチェックする。次に，それぞれの項目における（　　）を設定する。また，大勢で1つの計画遂行にあたる場合は，（　　）と責任者を明確にすることも重要である。

　複雑に仕事がからみ合っている場合や，突発的なアクシデントが起きたりした場合に備えて，仕事の（　　）をはっきりさせておく。

　計画を実現するための，ヒト・モノ・カネと（　　）の準備は万全にし，（　　）にも余裕を持たせる。

　一度立案した計画を再度見直し，遂行にあたっての（　　）に極端な偏りがないか，（　　）への対策は考えられているかをチェックする。

　最後に，着手から完了までの（　　）を把握しておこう。

　　ア．計画全体　　イ．目的　　ウ．情報　　エ．モレ　　オ．負荷
　　カ．優先順位　　キ．役割分担　　ク．時間　　ケ．到達レベル
　　コ．障害

11 次の計画書をもとに，ガントチャートを作成しなさい。なお，横軸に日程をとり，2月14日（金）からスタートさせなさい。（土，日曜日は休みとする）

　　　　　　　　　　　　　　　　　　　　令和○年2月6日
　　　　　　　　社員教育用ビデオ制作計画書

　　1．件名　「新入社員教育ビデオ教材」（実務編）
　　　　　　　　　　　　　　　　　　　　　（25分）
　　2．目的　新入社員の実務マナーを正確に習得させる。
　　3．納期　3月28日（金）
　　4．費用　300万円
　　5．制作　㈱MMビデオ制作
　　6．進行　Aプロデューサー以下スタッフ打ち合せ：（2日）
　　　　　　　構成台本作成　　　　　　　　　　　（10日）
　　　　　　　撮　　影　（ロケ：5日，スタジオ：7日）
　　　　　　　編　　集　（5日）
　　　　　　　パッケージ　（1日）
　　　　　　　　　　　　　　　　　　　　　　以上

⓵2　次のガントチャートを見て，下記の設問に答えなさい。

日程／項目	1月	2火	3水	4木	5金	6土	7日	8月	9火	10水	11木	12金	13土	14日	15月	16火	17水	18木	19金	20土	21日	22月	23火	24水	25木
社内スタッフミーティング	社内会議室 ← →						社内 ← →					社内 ← →				社内 ← →									
当日の進行表（台本）作成			← →																						
予算の決定				← →																					
会場の決定セッティング				決定 ← →			下見 ← →															セッティング ← →			
説明会案内状作成・送信				作成 ← →			発送・送信 ← →																		
ツールおよび配布物作成									配布物作成 ← →			ツール作成 ← →													
リハーサル（操作・説明）																	商品操作 ← →		社内説明リハーサル ← →	会場リハーサル					

※説明会は26日（金）都内のAホテル宴会場

1.　次の各文の（　　）にあてはまる用語を，下記の語群のなかから選びなさい。

(1) この表は，新商品の（　　）開催のための準備についてのチャートである。

(2) この業務は，（　　）日間で進められる。

(3) この業務に関わる（　　）は，5回行われている。

(4) 会場リハーサルは，本番（　　）に行われている。

　ア．当日　イ．前日　ウ．販売会　エ．説明会　オ．25

　カ．19　キ．ツール作成　ク．スタッフミーティング

2.　このチャートを使うことのメリットについて述べた次の文のうち，正しくないものを1つ選びなさい。

〔選択肢〕

ア．この業務に関わるスタッフ全員が，仕事の内容を理解できる。

イ．土，日曜日に仕事をすることができる。

ウ．業務内容にモレがないかをチェックすることができる。

エ．業務の完了時をしっかりおさえることができる。

オ．仕事の時間的な流れをおさえることで，無駄な時間をつくらないよう，進行管理することができる。

⓵2
イベント（説明会）計画の立案

　自動車ショー，オーディオフェア，情報通信機器展その他のビッグなイベント計画は，1～2年前から計画し，実施していることが多い。企業の展示会・新商品説明会などは5～10か月前に計画立案，具体的な業務に入るのは3～6か月前からが多い。

一般的に，日本の企業における計画立案は早く，実行スケジュールは短期集中型が目立つ。

▶別冊P.9「MICE」参照

13 次のスケジュール表を見て，下記の設問に答えなさい。

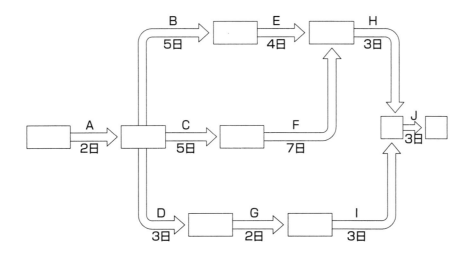

1. 次の各文の（　）にあてはまる用語を，下記の語群のなかから選びなさい。

(1) この表は（　）表である。

(2) この表から，（　）の仕事が完了していなければ，B・C・Dの仕事にはとりかかれないことがわかる。

(3) さらに，（　）の仕事を行うためには，EとFの仕事が完了していなければならない。

(4) このプロジェクトのうち，もっとも長い期間を要する経路は，（　）である。したがって，この仕事の完了までには（　）日を必要とする。

ア．ガントチャート　イ．ネットワーク　ウ．E　エ．F　オ．30
カ．A　キ．H．ク．20

2. この表を使うことのメリットについて述べた次の文のうち，正しいものの組み合わせを選択肢から1つ選びなさい。

① この表は，大規模かつ複雑なプロジェクト業務のときに利用するとよい。

② この表を個人で利用すると，生産性が上がるようになる。

③ この表により，日程管理上のポイントをつかみ，仕事の短縮化などを目指すことができる。

④ この表により，計画全体に影響を及ぼす重要な仕事などのタイミングをはかることができる。

〔選択肢〕

ア	①	②	④
イ	①	②	③
ウ	①	③	④

13-1
この手法は，PERT法（Program Evalution and Review Technique）ともいう。これにコスト管理を加えた手法はCPM（Critical Path Method）という。クリティカル・パスとは，仕事のなかでもっとも長い期間を要する経路のことで，これを短縮することで，コストを最小にする計画を見つけ出すことになる。

13-2
プロジェクトとは，各部門，各事業部が，技術的・管理的に関係した個別計画をいい，それを遂行するために一時的に組織された横断的組織がプロジェクト・チームである。

⑭ 仕事を行うにあたって，Ａ君が発言した言葉であるが，次のうち正しいものの組み合わせを選択肢から１つ選びなさい。

① 事前に計画を立てたのだから，効率的に確実に実行していく。
② 全体の責任者を決めてもらい，私の役割も明確にしてもらう。
③ 途中でアクシデントが起きたら，無理しても１人でやっていく。
④ 仕事を計画的にやるには，ムダ・ムラ・ムリの３ムを心がけたい。

〔選択肢〕

ア	①	③	④
イ	①	②	④
ウ	②	③	④

⑮ 仕事の実行にあたっての注意事項が提示されたが，次のうち正しいものを１つ選びなさい。

〔選択肢〕

ア．全体の責任者と各部門の責任者は添付のとおりであるが，各自は，自分の責任において仕事を進め，やむを得ない場合には最高責任者に直にメールを送り，直接指示を受ける。

イ．計画にもとづいて仕事を進めてほしいが，もしトラブルが起きたときは，すぐ対策を講じ，解決したら，あとで責任者に概略を報告しておく。

ウ．仕事が完了したときは，すぐに"終わった"ことを他の部門の責任者に報告する。そして，次の仕事については慎重に考え，計画を立てて全責任者に了解をとるようにしてほしい。

エ．仕事の途中で，トラブルやアクシデントがなくても，定期的に自分から中間報告や連絡をする。もし，負担が大きいときや協力がほしいときは，すぐ責任者に申し出て対応していく。

オ．１つの仕事が終わって次の仕事に移るときは，反省すべき点や改善すべき点をチェックし，できればコスト面だけは慎重に責任者と相談し，利益が少なくならないように注意する。

⑯ 次の説明は，複雑で大規模な仕事に対する取り組み方についてのものだが，正しくないものを１つ選びなさい。

〔選択肢〕

ア．長期間にわたる仕事のため，自分の責任や分担はしっかり把握して行い，他部門や全体の計画は考慮せずに努力する。

イ．計画に見合った内容や規模であるかどうかを検討する。

ウ．仕事に無理やトラブルが出たら，責任者に連絡して他部門に協力してもらうようにする。

エ．計画どおりに，全員がやっているか，組織が動いているかなど，いつも全体の進行に気配りをしてやっていく。

オ．予算，経費，利益など，経理面については十分チェックする。

⑯
長期間にわたる大規模の仕事では，平均２か月目にミスが起きたり，トラブルが発生したりすることが多いという調査結果がある。
また５か年などの長期計画を，たとえば２年ごとに実績や評価を取り込みながら２か年計画の連続のように進行させていく方法を**ローリング・バジェット**という。

2 ビジネス文書の基本

■ 文書作成の目的・手順，効果的文書作成について学ぶ。
■ 議事録・報告書・企画書の書き方を学ぶ。
■ 配慮の必要な社外文書の留意事項を学ぶ。

1 ビジネス文書作成のポイント

▶▶ ビジネス文書の基本をおさえる。

| ビジネス文書作成のポイント | ❶5W2H | → 正確な情報をモレのないように表記する。 |
| | ❷明確な結論 | → 素早く結論をとらえ，文書作成ができるように。結論は何よりも重要である。 |

▶▶ 5W2Hを含んだ文書の例

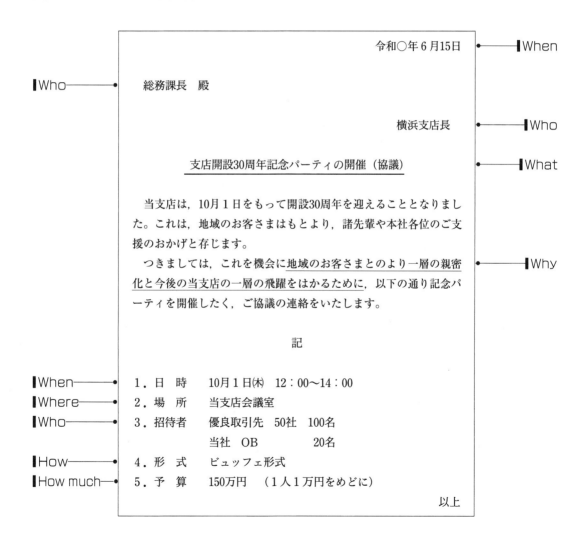

2 説得力ある文書の基本要件

▶▶ ビジネス文書の特徴を理解し，説得力のある文書を作成する。

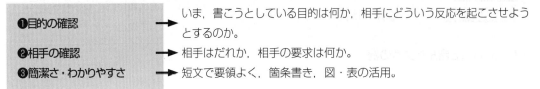

説得力のある文書の基本要件		
❶目的の確認	→	説明，通達，提案，抗議，弁明など。
❷相手の確認	→	対社内か社外か，組織か個人か，形式を重んじるか，日頃のつき合いの程度はどうかなど。
❸簡潔で誤解のない文章	→	適当な文書量，わかりやすいタイトル，しっかりした内容構成，見た目の美しさなど。

▶▶ 基本要件にそった文書の作成手順

❶目的の確認	→	いま，書こうとしている目的は何か，相手にどういう反応を起こさせようとするのか。
❷相手の確認	→	相手はだれか，相手の要求は何か。
❸簡潔さ・わかりやすさ	→	短文で要領よく，箇条書き，図・表の活用。

令和○年10月17日

総務部長　殿

総務部　保健衛生課
野口佐知子

保健室機能強化提案書　　　　　　　● 企画をひとことで表したネーミング。

1．提 案

保健室の一部を改造し，ストレスや運動不足の解消のため，ストレッチ機器を導入。同時に，週２回ほど専用のインストラクターを招き，講習を行う。　　　　● 提案を具体的に。

2．提案趣旨

昨年度より，保健室の利用は１日平均15人を超えた。利用者のほとんどが，ストレス性疾患（胃痛，腰痛，肩凝り）を訴えている。コンピュータプログラム会社という当社の性格からしても，ストレスが多く，神経性の疲労の蓄積が避けられない。これは，いわば職業病である。　　　　● 理由が明確にされている。

社内アンケートの結果は，保健室での対策を望む声が多い。社員の健康管理および業績の一層の向上をめざして，上記の提案をする。　　　● 企画採用後のメリットがアピールされている。

3．現状分析

以下，社員600人を対象にアンケートを行った結果である。

 　　　● 資料に裏づけられている。

4．費用対効果

保健室の改造とストレッチ機器の導入には1,000万円ほどの経費がかかる。インストラクターの招致費用は月あたり約30万円である。

しかし，社員への福利厚生や，業務上の時間ロスの軽減効果を考慮すると，有効であると思われる。　　　● 費用と効果の対比がある。

5．運営課題

●利用方法についての検討
●保健室のスペース不足　　　　　　　　　　　　　　　　　以上

3 文書作成の手順

▶▶ よい文書を作成するには，適切なステップを踏むことが大切である。

文書作成の手順

❶方針を決める	→ 何を主題とするか。
❷資料・材料を集める	→ 主題を説明するのに役に立つ情報を集める。
❸全体構成	→ 集めた材料で内容が決まる。集めた材料を検討し，取捨選択する。 目的に照らして，読み手の側に立って順序を考える。
❹下書き	→ 伝えたい内容のうち，「結論」「重要事項」「相手に処理してもらいたい事柄」などを文頭に持ってくる。 正確，簡潔，やさしさ，明瞭をモットーに表現してみる。 整理と肉づけ（推敲）を行う。
❺推敲	→ 構成はよいか，誤字・脱字はないか（同音異義語，数字の確認），表記の不統一はないか（同じ言葉をかなで書いたり，漢字で書いたり），わかりにくい表現はないか（あいまいな表現，2通りに解釈できる部分など），5W2Hは守られているか，重複している部分はないか（ムダな言葉）など。
❻清書	→ 書いたものは自分だけでなく，第三者にも読んでもらう。清書し，わかりにくいところは修正する。
❼最終チェック	→ 読み手から見ての"読みやすさ"を眼目に，日を改めて読み直すと欠陥に気づくことが多い。

①方針を決める。　②資料・材料を集める。　③材料を取捨選択し，構成を考える。　④紙の上に書き出す。　⑤推敲する。　⑥清書する。　⑦最終チェックをする。

● パソコンによる文書作成

　パソコンの日本語入力ソフトを使うことで「文章とは，ある程度思考がまとまったのちに，頭から順番に書き下ろしていくものである」という文章作成法が変化しつつある。

　パソコンならば簡単に順序を変えられるので，最初から順番に書こうとせず，まず思いついたこ

とをどんどんメモする。そののち，文の組み立てを考え，大胆に推敲する。

　また，パソコンに標準文例を作成しておき，それに必要事項を書き加えるだけですむようにしたやり方（帳票化・条例文システム化），いつも使われている文章をあらかじめ準備しておき，これを文書の目的に応じて組み合わせて使う方法（パラグラフ・システム）などもある。

4 パソコンは日常業務に不可欠なツール

▶▶ コンピュータ・ネットワークは仕事の環境そのもの

●日常の仕事

記録，報告書から，手紙類，企画業務まで，定型・非定型を問わず，文書作成，データの加工など，デスクワーク全般が処理できる。

社内LANにより ↓ ナレッジマネジメント (Knowledge Management)	→ 通知文，連絡文などが直接自分のパソコンに通知される。
	→ 会社や個人のスケジュールがパソコン上で管理できる。
	→ 会議室の空き状況や担当外業務の進捗状況を確認できる。
	→ 出張精算や伝票処理などの業務作業が，パソコン上でできる。
	→ 社内共有の文書や情報をパソコン上で管理できる。
	→ 個人データ（給与明細や人事考課など）がパソコン上で管理され，外部に流出しないよう，本人のみが確認できる。

インターネットにより	→ 電子メールを使って，顧客との交渉・仕事内容の確認ができる。
	→ ポータルサイトを利用して，業種・業界情報の収集ができる。

●コンピュータ化で変わる仕事状況

デスクワークの時間が大幅に圧縮できるので，仕事全体を効率化できる。

コンピュータ化されて時間が空いたときに	→ コンピュータにはできないこと（人と会うこと，考えること）に時間を使える。
	→ 顧客に合わせた適切なサービスができるよう，社内で会議や話し合いを行う時間ができる。
	→ 新しい仕事を開拓する時間ができる。

個人情報保護法

　IT社会の急速な進展にともない，インターネットの利用も増大しつづけており，逆に一方ではプライバシーの権利・利益侵害（個人情報の漏洩や不正利用など）の危険性が増大している。このような社会状況のなか，2005年4月より「個人情報保護法」が施行された。この法律を正しく理解し，取り扱っていくことが企業の重要な責務となっている。

■顧客への対応例

お客様の大切な個人情報の お取扱について

● 株式会社○○○○では，お客様からご提供頂く，お客様の氏名，年齢，住所，生年月日，電話番号，Eメールアドレス，購買履歴など，お客様個人を特定・識別し得る情報（以下「個人情報」）が，プライバシーに関わる重要な情報であることを認識し，個人情報の保護に関する法律を遵守するとともに，以下のポリシーに基き適切な取り扱いに努めることをお約束します。

● お客様の個人情報は，弊社の商品・サービスの提供に使用させて頂くとともに，弊社のグループ会社及び弊社が適切と認めた会社からのお客様に有益と思われる商品・サービスのご案内以外には利用致しません。

● お客様から弊社への個人情報の開示はお客様の任意でございますが，サービスの提供に必要な項目をお知らせいただけない場合，サービス等をご提供できない事もございます。

● ご提供頂きましたお客様の個人情報は，お客様ご本人の同意なしに第三者への貸与・譲渡を行うことはございません。但し，以下の内容にてお客様の許可なしに使用することをご理解下さい。

・ ご注文の商品をお届けするために，運送会社および受注業務受託会社等の業務委託先へのお客様名・ご住所・ご連絡先を開示する場合。
・ 法令等により開示を求められた場合，または裁判所・警察等の公的機関から照会を受けた場合。
・ お客様の動向・統計を行う際，弊社が適切と認めたマーケティング分析会社に万全なセキュリティ体制のもと分析を委託する場合。
・ お客様にて個人情報の開示に同意いただいた場合。

● お客様より利用・提供中止の請求があった場合は，ご本人である事を確認した上で，利用・提供を速やかに中止いたしますので，下記フリーダイヤルまでその旨をご連絡下さい。

フリーダイヤル **0120-000-000**

---

5 ネットワークと電子メールの活用

▶▶ ネットワーク化されたオフィスでは，電子メールが有効に活用される。

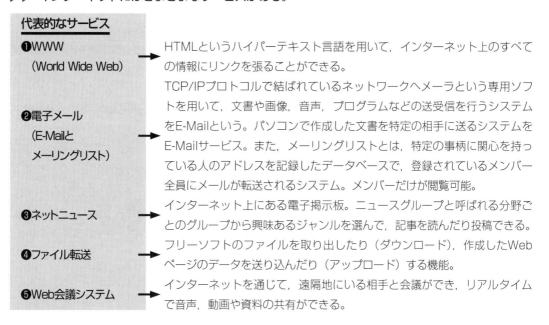

電子メール利用で

❶指示や報告の変化 → メールを利用して，業務の指示，報告，決裁等が行われている。

❷文書の変化 → 電子メールは，用件のみを簡潔，明瞭に表現することが原則。

❸情報の広がりと保存 → 相手が不在でも用件を残せる，同時に大勢に同じ情報を流せる，受け取った情報を他の人に転送できる，返信も簡単にできる，データが保存でき，電話の聞きちがいのようなトラブルを防げるなどのメリットがある。

▶▶ インターネットにはさまざまなサービスがある。

代表的なサービス

❶WWW
(World Wide Web)
→ HTMLというハイパーテキスト言語を用いて，インターネット上のすべての情報にリンクを張ることができる。

❷電子メール
(E-Mailと
メーリングリスト)
→ TCP/IPプロトコルで結ばれているネットワークへメーラという専用ソフトを用いて，文書や画像，音声，プログラムなどの送受信を行うシステムをE-Mailという。パソコンで作成した文書を特定の相手に送るシステムをE-Mailサービス。また，メーリングリストとは，特定の事柄に関心を持っている人のアドレスを記録したデータベースで，登録されているメンバー全員にメールが転送されるシステム。メンバーだけが閲覧可能。

❸ネットニュース → インターネット上にある電子掲示板。ニュースグループと呼ばれる分野ごとのグループから興味あるジャンルを選んで，記事を読んだり投稿できる。

❹ファイル転送 → フリーソフトのファイルを取り出したり（ダウンロード），作成したWebページのデータを送り込んだり（アップロード）する機能。

❺Web会議システム → インターネットを通じて，遠隔地にいる相手と会議ができ，リアルタイムで音声，動画や資料の共有ができる。

6 パソコン使用上のルール

❶公私の区別をつける

→ 私用で使ったデータはすべて，会社の記録に残っている。

→ 会社のシステム管理部門は，パソコンの使用状況をチェックできる権利がある。

→ 私的利用の状況や内容（顧客データの流出，経営データの漏洩，プライベートなメールなど）によっては，損害賠償などに発展することもある。

→ 会社全体でソフトウェアなどを統括管理している場合があるので，勝手なインストールはしない。

→ 公私混同は，仕事に対する意識が欠けているとみなされ，評価の対象になる。

❷ネチケット，著作権に配慮する

→ ハッキング行為や，スパムメール送信などの違法行為をした場合は，IPアドレスからパソコン使用者の身元が明らかにされ，罰せられる。

→ ロゴマーク，ブランド名，文書を権利者の許諾を得ずに使用すると，著作権侵害になる。

7 電子メールの書き方

●電子メールの特性を理解し，受け取る相手に配慮して書くことが肝要。

相手に配慮した
書き方を

❶内容が予測できる件名 ➡ わかりにくい件名：「先日はお世話になりました」……何のメールかわからない。

わかりやすい件名：「打ち合わせ（〇月〇日）の変更」……件名だけで内容が予想できるようにする。

❷儀礼的なあいさつは不要 ➡ 「拝啓」「敬具」などのような儀礼的あいさつは省略してかまわない。

あて名，簡単なあいさつ，自分の名前，用件の順に書く。

内容は件名の用件だけにし，複数の内容は入れない。

❸1つのメールに1つの用件 ➡ 内容も長くならないように心がけ，1～2スクロールで読み終えるよう簡潔にまとめる。

「署名」をつけるのがメールではマナー。

❹最後に署名を ➡ 送信者の氏名とメールアドレスが必要だが，ビジネスメールの場合は連絡先（アドレスや電話番号）を書くのが一般的。

●返信・引用・添付時にも留意しておきたいことがある。

❶返信について

➡ いつまでも返事が来ないと，相手は「送信できたのかどうか」「届いたのだろうか」と不安になる。

➡ 内容によって返答に時間のかかる場合は，「メールを受け取っている」ことや「返事が遅くなる」ことを，折り返し返信しておく。

➡ ダイレクトメールやスパムメールへの返信は不要。

❷引用（受信文を返送）時の注意

➡ 返信時の元のメールの全文を引用すると，だらだら長くなり，不要部分も返信することになるので避ける。

➡ 打ち合わせや，質問形式のメールの際は，送られてきた本文をそのまま下に残し，上に返事を書く方法をとる。ただし，これも複数回にわたるとメールサイズが大きくなり，読みにくくなるので注意する。

❸添付ファイルについて

➡ 大きなファイルを添付すると，ネットワーク，サーバ，相手に負担をかけ迷惑になることもあるので，圧縮などして送る方法をとる。

形式はLHA，ZIPなどがある。ファイルの解凍はアーカイブ，展開などといわれ，それぞれに解凍ツール（ダブルクリックでできるときもある）が必要。

❹親しき仲にも礼儀あり

➡ 携帯電話の普及で絵文字や顔文字が使われやすくなっているが，ビジネスのメールでは，相手に失礼になるので使用は避ける。

ビジネスメールの例 ── 工場見学のお願い

送信者：sugita@abc.co.jp   ➡ 送信者のアドレス

あて先：takahisa@xyz.co.jp   ➡ 受信者のアドレス

CC　：　 ➡ 一括送信に使う（送信先アドレスが，受信者に**表示される**）

BCC　：　 ➡ 一括送信に使う（送信先アドレスが，受信者に**表示されない**）

件　名：工場見学のお願い   ➡ 用件を端的に表現する

---

xyz　株式会社　 ➡ 宛先
高久　○○　様

株式会社ABC商会　人事部の杉田と申します。   ➡ 送信者名を名乗る
いつもお世話になっております。   ➡ 簡単なあいさつ

本日は，貴社の工場見学のお願いで   ➡ 用件を簡潔に
ご連絡いたしました。

新入社員の研修の一環として   ➡ 本文をわかりやすく
貴社の工場をぜひ見学させていただきたく
お願い申し上げます。

以下の要領で計画しております。

　1　希望日時　○年○月○日（○曜日）
　　　　　　　　○時～○時

　2　希望場所　○○工場   箇条書きなどで
わかりやすい表現で

　3　人　　数　○人

ご了承いただけるようでしたら，日程など   ➡ 返事の依頼やまとめの言葉
その他についてご指定ください。

なにとぞ，よろしくお願い申し上げます。   ➡ 締めくくりのあいさつ

....

株式会社ABC商会   ➡ 署名
人事部　杉田　あきこ
tel: ○○○－○○○
mail: sugita@abc.co.jp

8　視覚に訴えるビジュアル化の技法

▶▶　よりわかりやすく理解を促すためのビジュアル化の工夫をしよう。

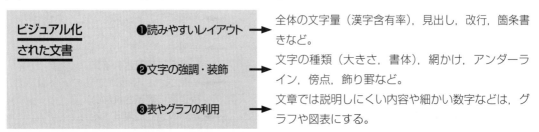

ビジュアル化された文書	❶読みやすいレイアウト	全体の文字量（漢字含有率），見出し，改行，箇条書きなど。
	❷文字の強調・装飾	文字の種類（大きさ，書体），網かけ，アンダーライン，傍点，飾り罫など。
	❸表やグラフの利用	文章では説明しにくい内容や細かい数字などは，グラフや図表にする。

▶▶　パソコンでビジュアル化された文書にはどのような工夫があるか。

〔ポイント〕
● 読む文書から見る文書へ
● 視線の流れを考慮し，読んでほしい順に

令和〇年8月31日

山水出版営業部
部長　池田和美　様

藤村書房　元町支店
山口豊基

―― 報告書 ――　　← 文字の大きさ，太さ

書籍の売上げ状況に関するお問い合わせの件，
以下のように報告いたします。

(1)　書籍A，書籍Bの売上げ状況

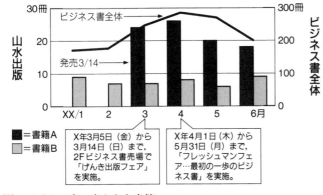

← 数字データの視覚化　図と本文は2：1　チャート・表など

(2)　ビジネス書の売上主力書籍　　← 適量の情報量
● 江藤出版「就職のすべて」　　　　佐藤富士子〇年12月発売
● ナナ書房「データ管理アプリ」　　斉藤知之　〇年11月発売
● 山海書店「企業・業界研究」　　　時田　清　〇年4月発売
● 富山出版「新入社員のために」　　斉藤友子　〇年4月発売
● 富山出版「ビジネスメールの書き方」沖　清文　〇年10月発売

(3)　所　感
● 働き方の多様化を反映してキャリア・就職関連書が売れている。
● ビジネス用パソコンのツール解説書が売れている。

以上

9　議事録の書き方

▶▶　会議の経過などを記録する議事録の記載事項の基本をおさえる。

●議事録の記載事項　➡

①会議の名称，開催主旨
②開催日時・場所
③議長または司会者名
④出席者名（委任状を含む）
　提案者名
⑤議題，討議された内容
⑥結論（採決の結果）
⑦議事録署名人の署名・捺印
⑧記録者名
⑨特記事項
⑩資料の有無

▶▶　議事録を記録する際の注意点をおさえる。

●記録する際の注意点　➡

①決定したことと決定しなかったことを分け，決定事項（結論）を明確に記録する。
②討議の過程など，行われた会議の状況がつかめるように発言者の名前を入れて書く。
③決定事項に関することは，根拠・理由も記録する。
④客観的な立場で正確に記録する。
⑤重要な部分は詳細に記録する。
⑥保留・検討中の項目も落とさない。
⑦会議で決まった出席者の行動分担を入れる。
⑧会議のなかでとくに重要と思われる発言は，結論とは別に記録にとどめるのが望ましい。
⑨議事録を読むことができるのは，会議当日に参加した人と欠席した人のみで，基本的には秘密文書なので保管・保存する。

記録の準備

　会議の議事録作成を命じられたら，全員の顔がよく見え，しかも邪魔にならない所に席を定める。メンバー全員の名を右図のようにどこにだれが座っているかをスケッチし，A・B・Cなどの符号をつけておく。発言があったら「C：一応賛成だが，○○の場合はどうするのか」などと発言の要旨をメモする。

　記録をとくに詳しく取る必要のあるときは，IC（ボイス）レコーダーを使うのがよいが，その場合も発言者が確実にわかるように，簡単なメモを取っておくとよい。

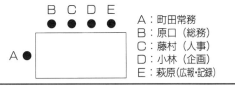

▶▶ 具体的な議事録の例をもとに，その特徴を見てみよう。

議 事 録 の 書 式 例

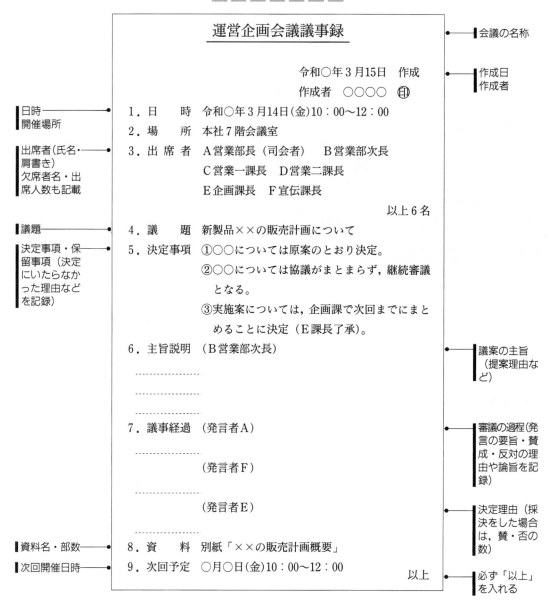

	会議の名称
運営企画会議議事録	
令和○年3月15日　作成	作成日 作成者
作成者　○○○○　㊞	
1. 日　　時　令和○年3月14日(金)10：00～12：00	日時 開催場所
2. 場　　所　本社7階会議室	
3. 出 席 者　A営業部長（司会者）　B営業部次長	出席者(氏名・肩書き) 欠席者名・出席人数も記載
C営業一課長　D営業二課長	
E企画課長　F宣伝課長	
以上6名	
4. 議　　題　新製品××の販売計画について	議題
5. 決定事項　①○○については原案のとおり決定。	決定事項・保留事項（決定にいたらなかった理由などを記録）
②○○については協議がまとまらず，継続審議	
となる。	
③実施案については，企画課で次回までにまと	
めることに決定（E課長了承）。	
6. 主旨説明　（B営業部次長）	議案の主旨（提案理由など）
7. 議事経過　（発言者A）	審議の過程(発言の要旨・賛成・反対の理由や論旨を記録)
（発言者F）	
（発言者E）	決定理由（採決をした場合は，賛・否の数）
8. 資　　料　別紙「××の販売計画概要」	資料名・部数
9. 次回予定　○月○日(金)10：00～12：00	次回開催日時
以上	必ず「以上」を入れる

議事録の役割

　人の記憶はあてにならないものである。「そんなこといつ決まったんだ？」「来月？いや再来月の間違いだろう？」というように記憶そのものが曖昧ということもよくある。

　時間をかけて議論をしても，参加メンバーによって認識の違いがあっては意味がない。

　議事録は，会議の経過等を記録し，決定事項や保留事項・継続審議事項を確認するとともに，関係者に議決事項を伝達し，徹底させる。また，後日の資料・証拠にするための文書でもある。次回の議事進行の参考にもなる。

　また議事録には，株主総会や取締会の議事録等，法律で作成が義務づけられているものもある。

10 報告書の書き方

▶▶ 報告書は，組織内の下から上へのタテのコミュニケーションを迅速・確実にするための文書で，いくつかの種類がある。

報告書の種類		
❶定期的なもの	→	日報・月報など，日常業務を報告するもの。
❷そのつど作成するもの	→	出張報告書・研修報告書など。
❸その他	→	調査報告書・事故報告書・活動報告書など。

▶▶ 報告書の基本要件をおさえよう。

報告書の要件		
❶形式	→	フォーマットがある場合はそれを活用する。
❷要素	→	5W2Hをおさえる。
❸期間	→	遅れずに提出する。時間はあまりかけない。

▶▶ 報告書の書き方のポイントをおさえる。

報告書の書き方のポイント		
❶「結・起・承」	→	まず，結論。読み手が知りたがっていることを書く。結論→客観的事実の説明→推測（～と思われる）→意見（～と思う）など，書き分ける。
❷箇条書きを多用	→	長い文章は避け，簡潔に表現する。
❸正確な表記	→	記載内容，とくに数字は正確に記録する。
❹ビジュアル化	→	標題をつける，資料をグラフ化する，アンダーラインを引く，網かけをするなど，工夫をする。
❺書式を決める	→	書きやすく，全体の分量もはかりやすい。

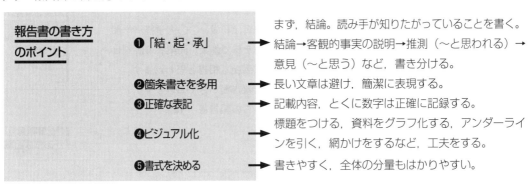

報告書作成の際に注意することは

- データを駆使し，事実に裏づけられた内容にする。その際，資料（新聞，雑誌，書籍，パンフレット）などの出所は明らかにする。
- 事実を簡潔に，素直に表現する。大げさな表現は避ける。
- どんな報告が期待されているかを考え，ピントの合ったものとする。
- 仕事の緊急度・重要度によっては，中間報告を行うことも重要である。
- 提供する情報と同種類の資料，あるいは従前の資料など，その関係を明示し，とくにその差異を明らかにする。
- 内容が秘密を要するときは，その旨を明示する。

▶▶ 具体的な報告書の例をもとに，その特徴を見てみよう。

報 告 書 の 書 式 例

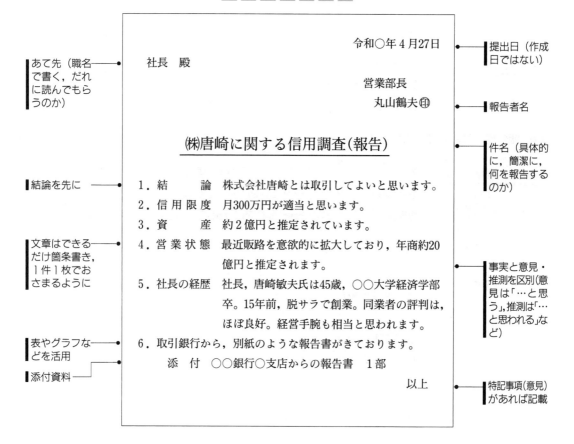

あて先（職名で書く，だれに読んでもらうのか）

令和○年4月27日 — 提出日（作成日ではない）

社長　殿

営業部長
丸山鶴夫㊞ — 報告者名

㈱唐崎に関する信用調査(報告)
件名（具体的に，簡潔に，何を報告するのか）

結論を先に
1．結　　　論　株式会社唐崎とは取引してよいと思います。
2．信 用 限 度　月300万円が適当と思います。
3．資　　　産　約2億円と推定されています。

文章はできるだけ箇条書き，1件1枚でおさまるように
4．営 業 状 態　最近販路を意欲的に拡大しており，年商約20
　　　　　　　　億円と推定されます。
5．社長の経歴　社長，唐崎敏夫氏は45歳，○○大学経済学部
　　　　　　　　卒。15年前，脱サラで創業。同業者の評判は，
　　　　　　　　ほぼ良好。経営手腕も相当と思われます。

事実と意見・推測を区別(意見は「…と思う」，推測は「…と思われる」など)

表やグラフなどを活用
添付資料
6．取引銀行から，別紙のような報告書がきております。
　　　　添 付　○○銀行○支店からの報告書　1部
　　　　　　　　　　　　　　　　　　　　　　以上

特記事項(意見)があれば記載

報告書の効果

　報告書は，仕事の結果を情報として上位にフィードバックするための文書である。組織のなかで下から上へ，いわばタテのコミュニケーションを迅速・確実にするための手段であるといえる。

　報告書の効用はそれだけではない。会社をうまく運営するための原則である，計画（Plan）→実行（Do）→検討（Check）→改善（Action）といったマネージメント・サイクルを巧みに循環させる役割の一翼を担っている。

　報告書は，仕上げた仕事が目的どおり達成できたかどうかを点検し，さらに，業務のやり方の反省をして，改善すべき点を次の業務に生かすために欠くことのできない情報なのである。

　また，報告はデータ化することで，保存することができる。必要に応じて関係者が確認でき，問題に関する共通の理解もできる。管理者は報告書によって，①新しい計画を立てたり，それを修正したりする。②指示や命令を出す。③会社の進路を修正したりすることもできる。

11 企画書の書き方

▶▶ 企画書（提出書）は，新しい仕事に関する提案や，一定規模の仕事の開始を働きかけるための段取りなどを文書にしたものである。

| 企画書の提出先 | ❶社内企画書 | → 上司や関係部署宛て | ⇒ プレゼンテーションソフト（パワーポイントなど）を活用するとより効果的である。 |
| | ❷社外企画書 | → 顧客や新規開拓先宛て | |

▶▶ 企画書の基本要件をおさえよう。

企画書の要件	❶読む対象者の分析	→ だれが読むかによって，表現や説明の仕方を変える。
	❷インパクトのあるタイトルをつける	→ 読み手の興味や関心を引きそうなタイトルをつける。 サブタイトルなどをつけて，タイトルである程度の主張することも効果的。
	❸読み手が引き込まれる論理展開を工夫	→ 企画の趣旨，背景の説明（タイミングよく出す）。 企画の目的（到達目標を書く）。 決定権者に向けて。 顧客のニーズに向けて。
	❹共感を得られるよう，個別的，具体的な表現で書く	→ 現状の把握と分析（情報やメリットをはっきり書く）。 企画の効果（費用対効果などを明記）。 課題の設定と解決策の提起（問題点の洗い出しと，解決策の道筋を書く）。
	❺引用や参照を積極的に活用する	→ 仮説の検証（客観的なデータを入れて結論を導く）（図表やグラフを活用）。 具体案を記す（スケジュール，予算，経費，設備など）。

企画書作成の際に注意すること
（例：新製品開発を目的としたマーケティング・リサーチについての企画書の場合）

1．企画の主旨・目的
   解決すべき課題に対応した主旨・目的を検討する。
   例：新製品の製品コンセプト（価格，生産量，流通計画，販促計画，広告宣伝計画など）

2．調査内容
   必要な情報を収集・分析できるような調査内容を検討する。
   例：①現状………これまでの経営，現在のトレンド，今後の予測
　　　②競合状況………競合企業の動向，競合商品の動向
　　　③流通形態………チャネル別シェア，チャネル展開の動向
　　　④主要企業の販促活動………広告宣伝，販促活動
　　　⑤商品を取り巻く社会状況………既存の商品に対する要望，既存の商品の抱える問題

3．実地要領
   調査の実地方法を具体的に検討する。

▶▶ 具体的な企画書の例をもとに，その特徴を見てみよう。

企 画 書 の 書 式 例

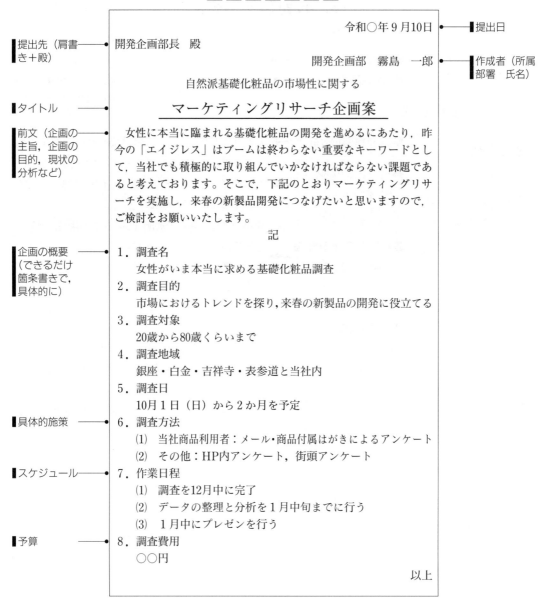

提出先（肩書き＋殿）　開発企画部長　殿

提出日　令和○年9月10日

作成者（所属部署　氏名）　開発企画部　霧島　一郎

自然派基礎化粧品の市場性に関する

タイトル　マーケティングリサーチ企画案

前文（企画の主旨，企画の目的，現状の分析など）　女性に本当に臨まれる基礎化粧品の開発を進めるにあたり，昨今の「エイジレス」はブームは終わらない重要なキーワードとして，当社でも積極的に取り組んでいかなければならない課題であると考えております。そこで，下記のとおりマーケティングリサーチを実施し，来春の新製品開発につなげたいと思いますので，ご検討をお願いいたします。

記

企画の概要（できるだけ箇条書きで，具体的に）
1．調査名
　　女性がいま本当に求める基礎化粧品調査
2．調査目的
　　市場におけるトレンドを探り，来春の新製品の開発に役立てる
3．調査対象
　　20歳から80歳くらいまで
4．調査地域
　　銀座・白金・吉祥寺・表参道と当社内
5．調査日
　　10月1日（日）から2か月を予定

具体的施策
6．調査方法
　　(1)　当社商品利用者：メール・商品付属はがきによるアンケート
　　(2)　その他：HP内アンケート，街頭アンケート

スケジュール
7．作業日程
　　(1)　調査を12月中に完了
　　(2)　データの整理と分析を1月中旬までに行う
　　(3)　1月中にプレゼンを行う

予算
8．調査費用
　　○○円

以上

受け入れられやすい企画書を書くまでのプロセス

必要な情報を収集する

前例を調べる ⇨ 現状と環境を見る ⇨ 読み手の発掘 ⇨ 企画効果を明記 ⇨ アイデアを出す ⇨ 具体的な方法を選択 ⇨ 構成に気をつける ⇨ 作成

12 配慮の必要な社外文書

▶▶ 注意すべきポイントをおさえ文書を作成しよう。

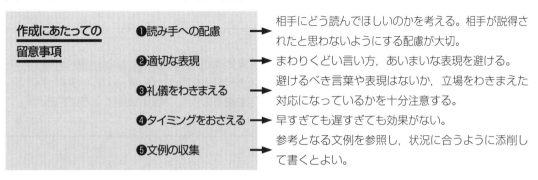

作成にあたっての 留意事項	❶読み手への配慮 →	相手にどう読んでほしいのかを考える。相手が説得されたと思わないようにする配慮が大切。
	❷適切な表現 →	まわりくどい言い方，あいまいな表現を避ける。
	❸礼儀をわきまえる →	避けるべき言葉や表現はないか，立場をわきまえた対応になっているかを十分注意する。
	❹タイミングをおさえる →	早すぎても遅すぎても効果がない。
	❺文例の収集 →	参考となる文例を参照し，状況に合うように添削して書くとよい。

配慮の必要な文書はこんなときに

● 取引上のトラブル処理

▲ 督促

▲ わび（陳謝）

● 社交・儀礼上のエチケット・マナー

▲ 見舞い（病気・ケガ，火事・地震・風水害）

▲ 謝絶（断り・拒絶）

▲ 抗議（苦情）

▲ 弔事

13　督促状

▶▶　督促状は，事実・実情を正確に書きながら，相手の感情を害さない表現に心がける。

〔文例〕　代金未納の相手への督促状

前略　取り急ぎ用件のみ申し上げます。
　10月9日付けにて○○の納入品代金○○円也の請求書を送付いたしました。しかし，本日にいたるまでご送金いただいておりません。ご多忙に取り紛れておられるものと拝察いたしております。当方といたしましては帳簿整理の都合もございますので，至急ご調査のうえ，善処いただくようにお願い申し上げます。　　　　　　　　　　　　　　　　　　　　　　　　　　　　　　　　　　　　　草々

〔作成上のポイント〕

- まず，事実を書き，事情を問い合わせる。
- いたずらに相手の感情を害さないように，注意する。やんわりと，未納になっていることを書く。
- 支払い方法，期限などをはっきりと述べ，善処を求める。
  売上げ代金の支払いが遅延した場合，2年間督促しないでいると，時効により代金取り立ての権利を失う。このような場合の督促は，内容証明郵便を利用する。

14　わび状

▶▶　手違いの原因・事情を明確に説明し，心からわびる気持ちを大切にしよう。

〔文例〕　当方の手違いに対するわび状

拝啓　仲秋の候，貴店ますますご繁栄のこととお喜び申し上げます。いつも格別のお引き立てにあずかり，まことにありがとうございます。
　さて，本日のお電話の件，まったく，当方の手違いで，まことに申し訳なく，深くおわび申し上げます。
　早速事情を調べましたところ，うかつにも他の勘定と同じ扱いをしてしまいました。ご迷惑をおかけして，まことに申し訳ございません。平にご容赦のほどお願い申し上げます。
　今後は十分な対策を講じ，このようなことが再び起こらないよう厳重に注意いたす所存でございます。
　まずは，とりあえず書中をもっておわび申し上げます。　　　　　　　　　　　　　　　　　　　敬具

〔作成上のポイント〕

- 急を要する。早く出す。遅れはそれだけ信用を失う。
- 前文を丁寧に書く。また，言葉づかいに注意する。
- 謝るべき事柄について，怠慢・過失・不注意などを認めて，心からわびる。慇懃無礼にならないように。
- 原因・事情をハッキリさせて，事実を述べる。事情説明に，相手を言い負かそうという態度は厳禁。
- 許しを乞い，誠意を持って「二度とこのような不手際のないように十分注意します」などと確約する。
- ときには，前例を越えた配慮も必要。
- 損害を賠償する場合は，その方法を明示し，相手の諾否をうかがう。

15 謝絶状

▶▶ 断り・拒絶の理由をはっきりと，しかも相手の申し出や心配りに対しては感謝の気持ちがわかるように。

〔文例〕 値引き申し込みへの断り状

> 拝復　いつも格別のお引き立てにあずかり，まことにありがとうございます。
>
> 　さて，〇月〇日付けの貴信拝受いたしました。新規取引のお申し込みをいただき，まことにありがとうございます。早速，お申し越しの条件につき検討させていただきました。しかし，せっかくでございますが，ご辞退申し上げる仕儀とあいなりました。
>
> 　と申しますのは，このところ人件費や原料の価格も高騰し，小社といたしましては，御見積りの価格がぎりぎりの線でございます。残念ながら，ご提示の価格ではお受けいたしかねるとの結論に達しました。なにとぞ上記事情をご賢察のうえ，貴意に添い得ないことをあしからずご了承くださいますようお願い申し上げます。
>
> 　まずは，失礼ながら書中をもってご通知申し上げます。　　　　　　　　　　　敬具

〔作成上のポイント〕
- 相手にも都合があるから，早く返事を出す。
- まず，受信者側の申し込みに感謝する。
- すまないという姿勢で。相手の申し込みを精一杯考慮したという誠意が，相手に伝わるようにまとめる。
- 無駄な期待をさせないように，主旨をあいまいにせず，納得してもらえる理由を明らかにする。
- 受けられる可能性があったり，できることがある場合は，それを示す。

16 抗議文

▶▶ 抗議の主旨ははっきりと，毅然とした態度で。

〔文例〕 契約不履行への抗議文

> 前略　取り急ぎ用件のみ申し上げます。〇月〇日の契約にもとづきまして，工作機械の定期点検を〇日にお願いしました。しかし，〇月〇日に貴社から，人出不足のため1週間延ばしてほしいとのお申し出がありました。契約上，点検は毎月〇日に決まっておりますが，御社の事情をくみ，1週間後の〇日に点検していただくということで了解いたしました。
>
> 　ところが，2週間たっても何の連絡もありません。このままでは契約不履行となります。万一故障などの際には，多大な影響が出ることも予想され，困惑いたしております。定期点検を速やかに履行されるようにお願いいたします。　　　　　　　　　　　　　　　　　　　　　草々

〔作成上のポイント〕
抗議する原因となった問題について，冷静に事実を確認し，時期を見計らって発信する。
作成上の留意点は以下のとおり。
- ソフトに，かつ督促よりもきっぱり，毅然と書く。
- 発信者側の正当性を示し，具体的に何をしてほしいのか，相手にわかるように書く。
- 感情はおさえて，皮肉などは書かない（1日置いてから書くとよい。ヒステリックになってはいけない）。
- 急ぎの文書なので前文を省略する場合もあるが，相手との関係によって書き方を変える。
- 日時，金額などは明確に，具体的に示す。
- 内容証明，配達証明郵便で送ることが必要な場合もある。

17 弔辞文

▶▶ 情報の確認と速やかな対応が大切。心のこもった文面でありたい。

〔文例〕 取引先への弔事文

> 　貴社社長，〇〇様には，ご療養のかいもなく，昨日ご逝去なされました由，ここに謹んで哀悼の意を
> 表するとともに，ご冥福をお祈り申し上げます。
> 　当社は，ご生前中，ことのほかご懇情を賜りましたにもかかわらず，何のお報いもできませんでした
> こと，まことに心残りでございます。
> 　ご遺族さまはもとより，社内ご一同さまのお嘆きもいかばかりかと，深くお察しいたします。
> 　まずは，取りあえず書中をもってお悔やみ申し上げます。
> 　なお，同封いたしましたもの，はなはだ軽少ではございますが，ご霊前にお供えくださいますよう，
> お願い申し上げます。

〔作成上のポイント〕
- 情報を確認したうえで，速やかに出す。
- 心を込めて，丁寧に手書きする。
- 忌み言葉は使わない。（重ね重ね，またまた，たびたび，再々，再びなど）
- 前文は書かず，すぐ主文から始める。
- 適度の長さで。
- 訃報に接したことの悲しみを述べ，遺族に対する慰めと，励ましの言葉を書く。できれば個人の遺徳
  をしのぶ言葉を添える。
- 香料（香典）などを一緒に送る場合は，そのことを書き添える。他の用件は書かない。

18 見舞い状

▶▶ 病人・被災者への心配りがポイントになる。

〔文例〕 病気の見舞い状

> 前略　昨日，貴社の〇〇氏から，ご入院のことをお聞きいたし，驚き，案じ申し上げております。
> その後のご容体はいかがでございますか。謹んでお見舞い申し上げます。
> 　奥さまはじめ皆々さまのご心痛，いかばかりかと拝察申し上げます。激務をこなしてこられた日頃の
> お疲れが出たのでは，と存じます。平素よりご丈夫でいらっしゃいますので，ご快復も早いことと存じ
> ますが，この際，十分にご療養なさいまして，１日も早く健康を快復されますようお祈り申し上げます。
> 　追って参上いたし，お見舞い申し上げるつもりでございますが，取りあえす書中をもってお見舞い申
> し上げます。　　　　　　　　　　　　　　　　　　　　　　　　　　　　　　　　　　　　　　草々

〔作成上のポイント〕
- 取り急ぎ出す文書であるので，頭語や前文は省略して，すぐに主文に入る。
- 病気を知ったいきさつを，まず書く。その際，病状を詳しく尋ねるような文面にしない。
- 静養するように求める。
- 慰め，励まし，１日も早い快復を祈る気持ちを伝える。
- 書き手にできることを，申し出る。
- 見舞品（金）を贈ったときは，そのことにも触れておく。

1　次の各文の（　　）にあてはまる用語を，下記の語群のなかから選びなさい。

1.　ビジネス文書作成のポイント

(1)　文書作成にあたっては，正確な情報を（　　）のないように表記する。

(2)　モレがないようにするには，（　　）でチェックするとよい。

(3)　ビジネス文書は「起承転結」でなく，（　　）で書くのがよい。

(4)　相手が知りたいのは，経過よりもまず（　　）である。

(5)　相手にタイミングよく届くよう，（　　）に作成する。

　　ア．5W2H　イ．原則　ウ．意見　エ．「結起承」　オ．情報
　　カ．迅速　キ．モレ　ク．結論

2.　説得力のある文書の基本要件1

(1)　文書を書く前に，その文書の（　　）を確認する。

(2)　ビジネス文書には，その目的により，①（　　）を与える説明文・通知文，②好感を与える年賀状など各種の社交文書，③行動を取らせる依頼文・抗議文などがある。

(3)　文書を読む（　　）を確認する，社外文書か社内文書か，組織か個人か，形式を重んじるか，日頃のつき合いはどうか等を考慮する。

(4)　簡潔で誤解のない文章にするためには，（　　）にして，要領よくまとめる。

(5)　ビジネス文書を書くにあたっては，（　　）を心がけるとよい。

　　ア．理由　イ．原則　ウ．短文　エ．長文　オ．情報　カ．目的
　　キ．相手　ク．1件1葉

3.　説得力のある文書の基本要件2

(1)　内容を的確に表した（　　）を工夫する。

(2)　読みやすいレイアウトを工夫し，文書の文字部分と（　　）部分を効果的に配分する。

(3)　（　　）書きを積極的に活用し，要点をつかみやすくする。

(4)　強調する点，（　　）などに，アンダーライン，かっこをつけ，矢印などをつけて目立たせる。

(5)　適切に改行し，また（　　）をつくるなど，読みやすくするための工夫をする。

　　ア．主題　イ．段落　ウ．図表　エ．あき　オ．箇条
　　カ．留意点　キ．件名（タイトル）

4.　次の文は「5W2H」の7要素の説明である。（　　）にあてはまる用語を下記の語群のなかから選びなさい。

(1)　When（いつ）…………　起案日，決裁日，（　　），営業時間など

(2)　（　　）（どこで）………　開催場所，引き渡し場所，出張場所など

(3)　Who（だれが）…………　発信者，（　　），主文で主体となる人

(4)　What（何を）……………　（　　），起案，稟議書ではその内容・趣旨・意図など，商取引では製品，特徴など

(5)　Why（　　）……………　文書発信の理由，根拠，意味

1－1
(3)一般文は起承転結。ビジネス文書は，結論を先に持ってくる「結起承」。

1－2
1件1葉とは，
①1つの文書には1件の内容を書くこと。
②1用件は1枚の用紙ですませること。

1－3
文字だけの文書よりもレイアウト・グラフや図解・装飾といった視覚化されたビジュアルな文書のニーズが高まっている。

(6) How（どのように）……　状況の説明，取引の方法・条件，会議・講習会などの（　　　）など

(7) How much（いくら）…（　　　），コスト，経費，価格，業績高などの数字（金額）

　　ア．開催時間　イ．なぜ　ウ．受信者　エ．企画　オ．予算
　　カ．Where　キ．やり方

2 次の文は基本要件にそった文書の作成手順である。（　　　）にあてはまる用語を，下記の語群のなかから選びなさい。

(1) 何を主題とするのか，（　　　）をはっきりさせ，方針を決める。

(2) （　　　）を説明するのに役立つ資料・材料を集める。

(3) 全体構成を考える。読む側に立って，（　　　）や意味のわかりやすさを考える。

(4) （　　　）をする。正確，簡潔，やさしさ，明瞭をモットーに。

(5) （　　　）を行う。書いたものを自分で読み，わかりにくいところは修正する。

(6) 清書する。相手を不快な気持ちにさせないように（　　　）に書く。

(7) 最終チェック。全体のバランスはよいか，構成・体裁に問題はないか，など。書いたものは（　　　）に見てもらう。

　　ア．下書き　イ．目的　ウ．第三者　エ．順序　オ．主題
　　カ．推敲　キ．丁寧

3 次の文は，文書を推敲するにあたってのチェックポイントである。（　　　）にあてはまる用語を，下記の語群のなかから選びなさい。

(1) （　　　）が読み手に伝わるように書けているか。

(2) 誤字・（　　　）はないか，漢字とかなの配分はよいか。

(3) あいまいな表現や2通りに（　　　）できる表現はないか。

(4) 同じ言葉がかなと漢字で書かれるなど，（　　　）の不統一はないか。

(5) （　　　）の原則は守られているか。

　　ア．5W2H　イ．脱字　ウ．表記　エ．企画　オ．目的
　　カ．解釈　キ．当て字

4 次の読みやすい文書をつくるための工夫で，正しくないものを1つ選びなさい。

〔選択肢〕

　　ア．文書のなかの漢字が占める割合を多めに調節する。

　　イ．カタカナや図表，図式を効果的に使用する。

　　ウ．内容に対して適切な見出しをつける。

　　エ．句読点その他の文書符号を巧みに活用する。

　　オ．全体のバランスを考え，見た目の美しさを大切にする。

5 次の文の構成についての工夫で，正しくないものを1つ選びなさい。

〔選択肢〕

　　ア．優先順位を決め，結論・重要事項・依頼事項を文頭に持ってくる。

　　イ．用件が一目でわかるような件名をつける。

　　ウ．理由・経過・参考事項などは，あとに添える。

　　エ．できる限り箇条書きにする。

　　オ．前例にとらわれず，オリジナルな構成・レイアウトを工夫する。

3
一般的になっていない略語，難解な英語などを使っていないか。

4
漢字含有率は35％前後がよいとされている。

5
ビジネス文書は慣例的な形式をとることも多い。慣例文や社内の前例等を参考にする。

6 次の文書は事務改善の提案書である。読んで，下記の設問に答えなさい。

令和○年○月○日

総務部長　殿

総務課
丸山　滋子

事務改善の提案書

　現行では，各課から毎週月曜日に「事務用消耗品請求書」を提出させて，払い出しを行っているが，従来の経費配分による方法を踏襲しているのは効率的でないと思われる。

　従来のように課別に経費配分し，予算統制を行っていたときとは異なり，現在，事務用消耗品に関しては，総務経費として一括処理されているので，個々に課ごとに払い出し金額を算出する必要はない。また，同じフロアにあり，それほど距離の離れていない課ごとに，消耗品を保管するのはスペースのムダでもある。

　今後，消耗品は総務課で一括管理し，必要に応じて課の庶務担当者が請求する。その際，担当者が消耗品格納庫から取り出す際に，社内データシステム内の「備品管理台帳」に入力することにする。

　そうすれば各部門の負担の軽減になり，総務課自身の事務処理方式の改善にもつながると思われる。

　　下の文書は，上の文書を書き直したものである。読んで，空欄に適当な文または言葉を入れなさい。

令和○年○月○日

総務部長　殿

総務課
丸山　滋子

　　　　　　　　　　┌─────────────┐
　　　　　　　　　　└─────────────┘

１．改善案の概要
┌──────────────────────────────┐
│(1)　　　　　　　　　　　　　　　　　　　　　　│
│(2)　　　　　　　　　　　　　　　　　　　　　　│
└──────────────────────────────┘

２．改善案の考え方
　(1)　現行では，各課から毎週月曜日に「事務用消耗品請求書」を提出させて，払い出しを行っている。
　(2)　現在，事務用消耗品に関しては，総務経費として一括処理されている。そのため，従来のように課別に経費配分し，予算統制を行っていたときとは異なり，個々の課ごとに払い出し金額を算出する必要はない。
　(3)　同じフロアにあり，それほど距離の離れていない課ごとに消耗品を管理・保管するのは，労力とスペースのムダである。

３．┌──────────┐
　　└──────────┘
　　各部門の負担の軽減になり，総務課の事務処理方式の改善にもつながると思われる。　　　　　　　　　　　　　　　以上

6
左の文書の問題点としては次のようなことが考えられる。
(1) 項目に分かれていないので読みにくい。
(2) 提言の趣旨が最後まで読まないとわからない。
(3) 件名のつけ方が具体的でない。

```
                                      令和○年 2 月28日
   ○○物産営業部　御中
                                   ××商事
                                      生田　昭二

   いつもお世話になっております。今回もまたお願いのことで恐縮です。
   さて，現在扱わせてもらっているお宅の会社の製品について，次年度
以降も継続して扱わせてほしいと思っているわけです。
   つきましては，仕切り価格，製品仕様，支払い方法，保証金，その他
の条件について，次年度以降も変更するつもりがないかどうか教えてい
ただけませんか。当方急いでおりますので，早くお願いします。
```

下の文書は，上の文書を書き直したものである。読んで，空欄に適当な文または言葉を入れなさい。

```
                                      令和○年 2 月28日
   ○○物産営業部　御中
                                   ××商事
                                      生田　昭二

             ┌─────────────────┐
             │                 │
             └─────────────────┘

   拝啓　貴社いよいよご隆昌のこととお喜び申し上げます。平素は格別
のお引き立てを賜り，まことにありがとうございます。
   さて，現在お取引願っております貴社製品につき，次年度以降も継続
して取り扱わせていただきたいと考えております。
   つきましては，┌──────────────────┐
┌──────────────────────────┘          │
│                                         敬具
└─────────────────────────┘
                    記
1．仕切り価格について
2．製品仕様について
3．┌──────────────┐
   └──────────────┘
4．┌──────────────┐
   └──────────────┘
                                         以上
```

7

次の点が問題点である。
● ビジネス文書の形式を無視している。
● 言葉づかいが乱暴である。
● 自分勝手な希望を言っている。

❽ 次の文は，展示会準備会議の内容である。八巻氏が書いた議事録は上司から，読みにくく，議事録の要件を満たしていないと指摘された。どのように，書き直したらよいか，次ページの空欄に記入しなさい。

江崎：新製品の「コンフォートスーツ」は，撥水性や伸びる生地を使い機能にこだわった。デザイン・価格は高級羊毛のものと大差がなく着心地のよさをめざした。そこで，リモート会議にも着用できるようにオンラインで展示会を開きたい。
　　　開催日，招待者などをこの会議で決定し，開催に向けての任務分担を決めたい。

豊川：ボーナス前の6月の第1金・土曜日くらいでどうですか。プラットフォームは○○会社が使いやすいようです。

谷口：日程はよいとして，○○会社は費用が高いのではないですか。

豊川：そのとおりですが，視聴環境が安定していてよいと思いますが。

江崎：では○○会社で進めましょう。招待者は，営業課の顧客リストから，スーツ着用の機会の多い人を選ぶということでよいですか。

豊川：結構です。

徳田：早速ですが，各課に準備の分担をお願いしたい。各課の役割分担案をつくりました。ご覧ください。

豊川：営業課は招待者リストの抽出ですね。わかりました。

谷口：企画課は，招待者への案内メールの送信ですね。

江崎：開発課は，主催課として，庶務，宣伝，画像の準備等を行います。

谷口：分担の詳細は，いつまでに決めたらよいでしょう。

江崎：次回に準備会を，5月10日（木）14時からここで行いますので，それまでにお願いします。

●八巻氏の議事録

　　　　　　　　　　　　　　　　　　　　　令和○年4月11日
　　　　　　　　　　展示会準備会議議事録
　　　日　時　4月10日（木）14：00〜16：00
　　　場　所　第3会議室
　　　出席者　江崎開発課長（司会），徳田開発課主任
　　　　　　　豊川営業課長，谷口企画課長，開発課八巻

　開発課長より，新製品「コンフォートスーツ」の売り上げ向上を目的とし，機能性にこだわったスーツのオンライン展示会を開催したい。日程・プラットフォーム・招待者・各課任務分担についての説明があり，協議の結果，開催日は6月の第1金・土曜日，○○会社をプラットフォームにすることに決まった。

　ついで，開発課主任により，展示会準備のための各課の役割分担案が提示された。営業課は招待者リストの抽出，企画課は，招待者への案内メールの送信，開発課は，主催課として，庶務，宣伝と画像の準備，と各課それぞれ役割を分担することに決定。

　次回の準備会議を，5月10日（木）14時から同じ場所で行う。それまでに，各課で分担する詳細を事前に課内で討議し，次回会議に持ち寄ることになった。
　　　　　　　　　　　　　　　　　　　　　　　　　　　以上
　　　　　　　　　　　　記録担当　開発課　八巻学

令和○年 4 月11日

展示会準備会議議事録

1．日　時　　　4月10日（木）14：00〜16：00
2．場　所　　　第3会議室
3．会議の目的

4．出席者　　　江崎開発課長（司会），徳田開発課主任
　　　　　　　　豊川営業課長，谷口企画課長，開発課八巻

5．

　(1)

　(2)

　(3)

　(4)

6．

　(1)

　(2)

　(3)

　(4)

7．　　　　　　　　　　　　　　　　　　　　　　以上

　　　　　　　　記録担当　開発課　八巻学

9 次の文は，第3回事務合理化委員会の討議の内容である。この内容をもとに作成された，次ページの議事録の空欄を埋めなさい。

勝浦（司会者）：事務部門合理化のためITでの文書管理システムを導入しているが，各部門で保存の仕方に統一がとれず，混乱している。

三浦：統一がとれていないと，共有文書を探すのに不便だ。

栗田：保存フォルダーのタイトルを統一したらどうか。

三浦：プリントをする際の用紙は再生紙を使うのがよいと思う。

栗田：再生紙を使うのも地球環境保全に意義のあることと思うが，能率を考えると，フォルダーのタイトルを課ごとに色を変え，書類の保存場所が一目でわかるようにするのがよいと思う。

勝浦：では，事務関係の用紙は，再生紙を使うとする。また，OA機器の前に「データ化してフォルダーに保存する」というステッカーを貼る。
　　　プリントする場合の紙質については意見が分かれているが，再生紙は耐久性が低いので，顧客に失礼ではないか。

林　：地球環境の問題からその旨断れば，失礼にはならないと思う。そもそも，データをメールに添付すればプリントする必要はない。

三浦：営業部としては，社内の事務関係の用紙に再生紙を使うのは賛成だが，顧客へ渡すプリントも再生紙にすることは，即決は難しい。

勝浦：紙質の件は懸案事項とし，各課に意見を聞いて次回に審議することにする。

令和○年○月○日

日　時　令和○年○月○日（○曜日）10：00〜12：00

場　所　第2会議室

議　題　| |

出席者　総務課長　勝浦　誠（司会）

　　　　経理課長　栗田誠一

　　　　営業課長　三浦陽子

　　　　企画課長　林　信行

　　　　総務課　　佐久間友子（記録）

〈決定事項〉

(1)
(2)

〈議事経過〉

(1)　司会者より，事務部門合理化のためITでの文書管理システムを導入しているが，各部門の保存の仕方で統一がとれず，混乱しているとの問題提起があった。

(2)　営業課長からも，共有文書を探すのに不便である，と報告があった。

(3)　経理課長から，事務費の問題だけでなく，環境問題の側面からも紙ごみを減らす必要がある。無駄なプリントアウトをやめるようOA機器の前に貼り紙をしたらどうかという提案があった。

〈懸案事項〉

以上
記録（書記）総務課
佐久間友子

❿ 次の文書は，第1回目の代金支払いの督促状である。読んで，下記の設問に答えなさい。

```
                                                    令和〇年〇月〇日
    〇〇産業営業部
      営業1課長〇〇　〇様
                                              ××商事営業部
                                                〇〇　　〇〇

                        督　促　状

    拝啓　毎々格別のお引き立てにあずかり，厚くお礼申し上げます。
      さて，〇月〇日付けでご請求いたしました，商品代金が，いまだに未
    納となっており，その間何のご連絡もいただいておりません。
      このような代金未払いに，当社は大変困惑しており，貴社の誠意を疑
    わざるを得ません。
      つきましては，来る〇月〇日までにご入金なき場合は，遺憾ながら最
    終の手段を取りますので，折り返し，何分のご回答をいただきたく存じ
    ます。
                                                          敬具
```

　　　上の文書を書き直したのが下の文である。空欄に，適当な文を入れなさい。

```
                                                    令和〇年〇月〇日
    〇〇産業営業部
      営業1課長〇〇　〇様
                                              ××商事営業部
                                                〇〇　　〇〇

                  ┌─────────────┐
                  │                 │
                  └─────────────┘

    拝啓　毎々格別のお引き立てにあずかり，厚くお礼申し上げます。
      さて，〇月〇日付けにて，お振り込みいただけるお約束になっており
    ました商品代金が，いまだにご送金いただいておりません。別紙ご請求
    書のとおり，改めてご通知申し上げます。
      ご多用のところ恐縮ですが，┌─────────────┐
                                │                 │
                                └─────────────┘
      なお，お振り込みと本状が行き違いになった場合には，あしからずご
    容赦ください。
      まず，ご照会かたがたお願いまで。                      敬具

    1．添付書類 ┌───────────┐
               │             │
               └───────────┘
                                                          以上
```

❿
督促の言葉
●〇月〇日付け（文書番号）で差し上げました手紙にまだお返事をいただけません。
●今日までお待ちしていましたが，まだ到着いたしません。
●郵便の遅配かとも存じますが〜
●まことに催促がましく存じますが〜
●ご多忙に取り紛れて〜
●ご多忙のために失念かと〜
●お約束の期日も過ぎましたが〜
●ご都合もおありかと存じますが〜
●決算上も差し支えますので〜
●帳簿整理の都合もございますので至急お取り調べのうえ，ご一報くださいますよう〜

11 次の文は，断り状である。読んで，下記の設問に答えなさい。

> 拝啓　新緑の候，貴社ますますご隆盛のこととお喜び申し上げます。
>
> 　さて，○月○日付けの貴信拝受いたしました。お申し越しの新規取引
> のお申し込みをいただきまして，まことにありがとうございました。弊
> 社におきましては，貴地区に特約店が2店ございまして，現状の販売量
> からいたしますと，これ以上の拡張はいたしかねる状況でございます。
> 重ねて当社もご多分にもれずバブル崩壊後の不況にあえぎ，資金繰りに
> ぎりぎりの努力を重ねているところでございます。
>
> 　つきましては，せっかくのご好意に背くようでございますが，上記事
> 情をご賢察のうえ貴意に添い得ないことを悪しからずご了承くさだいま
> すようお願い申し上げます。
>
> 　まずは，失礼ながら書面をもってご通知申し上げます。

(1)　上の文で，もし適切でない点があるとしたらそれはどこか，書き
なさい。

---

(2)　また，上の文を書き直したのが下の文である。空欄に，適当な文
または言葉を入れなさい。

> 　［　　　］　新緑の候，貴社ますますご隆盛のこととお喜び申し上げます。
>
> 　さて，○月○日付けの貴信拝受いたしました。新規取り引きのお申し
> 込みをいただきまして，まことにありがとうございます。
>
> 　早速検討をさせていただきましたが，[　　　　　　　　　　　　]
>
> 　実は，弊社におきましては，[　　　　　　　　　　　　　　　　]
>
>
>
> 　つきましては，せっかくのご好意に背くようでございますが，上記事
> 情をご賢察のうえ貴意に添い得ないことを悪しからずご了承くださいま
> すようお願い申し上げます。
>
> 　まずは，失礼ながら書面をもってご通知申し上げます。
>
> 　　　　　　　　　　　　　　　　　　　　　　　　　　　　　敬具

11
断るときの成句
- そのため，〜については，
  残念ながら，〜いたしか
  ねます。
- 貴意に添いかねますの
  で，ご了承のほどお願い
  いたします。
- 遺憾ながら，〜かねるし
  だいでございます。
- まことに不本意ながら，
  ご賢察のうえ，お許しく
  ださいますよう，お願い
  申し上げます。
- 〜でございますのでご容
  赦ください。
- ついては，〜とは存じま
  すが，あいにく〜のため，
  残念ながらお役に立ちそ
  うにございません。

12 次の抗議文の悪い点を指摘し，書き直しなさい。

> 前略　去る○月○日付けご発送の浄水器200個は，本日到着いたしましたので，早速解荷いたしましたところ，意外にもうち４個の包装が破損しており，品物に相当の損傷が生じており，驚き入りました。これはまったく貴社の荷造りが不完全であるためです。
>
> 破損品はお取り替え願います。至急代品をご送付ください。代品が到着するまで破損品は当社に留め置きます。
>
> なお，今回のようなことは双方にとって非常に不愉快なことですので，今後は荷造り体制を見直し，二度と破損品が出ないようにお願いいたします。　　　　　　　　　　　　　　　　　　　　　　　　　　　　　　草々

悪い点：

....

....

....

....

....

....

理由：

....

....

....

....

....

....

書き直した文

令和○年○月○日

○○産業営業部
　営業１課長○○　○様

××商事営業部
　　　○○　○○

代品発送のお願い

⓭ 次の状況をおさえて，下の見舞い状の空欄に適当な文を入れなさい。

(1) 取引先の会社の所在地で大地震があり，相当の被害が出た模様である。

(2) テレビ報道で知った。

(3) できることがあったら手伝うつもりだが，とりあえず書面でお見舞いする。

＿＿＿＿＿＿＿＿＿＿＿	，貴地方を中心に大規模な地震が

あり，相当な被害が発生したとのこと，＿＿＿＿＿＿＿＿＿＿＿

＿＿＿＿＿＿＿＿＿＿＿＿＿＿＿＿＿＿＿＿

　貴社に，被害はありませんでしたでしょうか。案じております。

　何か私どもでお役に立つことがありましたらば，なんなりとお申しつけください。社員を派遣申し上げます。

＿＿＿＿＿＿＿＿＿＿＿

草々

東都物産東京営業所

所長　山口　豊樹

⓮ 次の状況をおさえて，下のわび状の空欄に適当な文を入れなさい。

(1) ○○株式会社に○月○日付けで送った，当社商品「エリカ」に不良品が混じっていたとの手紙を受け取った。

(2) おわびをし，早速新しい商品を送る，また不良品は返送してほしい，と返事をする。

令和○年○月○日

○○株式会社

　仕入部長○○　○○様

○○株式会社

営業部長○○　○○

＿＿＿＿＿＿＿＿＿＿＿

　拝復　若葉の候，貴社ますますご清栄のこととお喜び申し上げます。平素は格別のお引き立てにあずかり，厚く御礼申し上げます。

＿＿＿＿＿＿＿＿＿＿＿

　まことに申し訳ございません。深くおわび申し上げます。

＿＿＿＿＿＿＿＿＿＿＿

　今後はこのようなことのないようにくれぐれも注意いたしますので，今後ともお引き立てのほどよろしくお願い申し上げます。

敬具

統計・データのつくり方，読み方

■ 統計・データの読み方と利用法を学ぶ。
■ データから将来を予測する際のポイントを理解する。

1 　統計・データの利用で説得力をつける

▶▶ 統計・データ解析の目的を知り，有効に利用する。

統計・データ 解析の目的	❶事実の把握	➡ 事実を正確にとらえるため。
	❷適切な判断材料	➡ 主観的な考えを排し，より客観的で適切な判断を行うため。
	❸プレゼンテーション	➡ 言葉だけでなく，データの裏づけを示すことにより，説得力をつけるため。

2 　統計・データの読み方

▶▶ 統計・データは，信頼性の高いものでなければならない。

統計・データの 信頼性は	❶新しさ	➡ データは最新のものか（調査年次，サンプルなど）。
	❷正確さ	➡ 計測は正確に行われているか（条件・方法など）。
	❸客観性	➡ サンプルは十分で，かつ的確な要素であるか。
	❹出所	➡ データの出所は確認してあるか。

▶▶ 自分はどのようなデータを導き出したいかを考え，**解析方法を選択する**。

❶平均をとってみる	➡	ならしてみるなら平均を出す。多くの場合，平均がデータの全体の様子を代表する。
❷分けてみる	➡	グルーピングはデータ簡略化の基本。基準に従い分類することで，問題の発見が容易になる。 たとえば，総売上高を商品別に分けると，好調な商品と不調な商品とを明確にとらえることができる。 分類の基準は， 年度別・取引先別・分野別・製品別・地域別・フロア別・男女別・個人別・年齢別・部門別など。
❸まとめてみる	➡	データを１つにまとめて，マクロ的に大局をつかむ。 規模で（地域・国など），総数で（総売上高，総数など），期間で（過去５年間，最近10年間など）まとめる。
❹比べてみる	➡	比べてみることで，相互の大小，バランスの有無などの問題点を浮き彫りにすることができる。 全体と個々の要素の比較のほか，目標と実績，昨年と今年，自社と他社，予算と実績，構成比など。
❺流れのなかで変化を見る	➡	データを時間や状況のなかで見ると，傾向，流れをとらえることができる。時系列的な推移を見ることで，上昇傾向にあるのか，横ばいか，下降気味なのかといった傾向がつかめる。

3 統計・データのまとめ方

▶▶ 統計・データをまとめる過程は，統計・データを読む過程の裏返しである。

統計・データをまとめる際のポイント		
❶数値を把握する	→	数値によって計量的評価を与えることがデータ作成の第一の理由である。数値を集めたり，数値化されていない生のデータもグルーピングするなどして極力数値化する。
❷目的を明確にする	→	データから何を見たいのか，どの程度わかればよいのかの基準をつくって集計の方法を決める。また明確にできない数値の扱いも考えに入れる。
❸表・グラフにする	→	数値を表やグラフにまとめることによって，新たな視点が浮かんでくる。
❹基準を統一する	→	決められた表の形式や表記の基準に従うことでデータを集積，蓄積したものとして利用することができる。
❺新たな視点を持つ	→	データを見るうえでの新たな視点，いままで作成していなかったデータの作成など。新たな視点を盛り込むときは上司や前任者の意向も確かめる。

4 データ分析と将来の予測

データから将来を予測する方法		
❶傾向を見る	→	データがどのような傾向を示しているか，過去のパターンにあてはめて推移を見る。
❷相互の関係を見る	→	1つのデータにとびつかず，多面的な視点で見る。
❸必然的な結果を予測する	→	解析結果の正しさは，取られたデータに依存する。データには，その取られた目的にかなう情報以外にもろもろの誤差が入っている。いかに誤差を切り捨て，必要とする情報を取り入れるかが問題。
❹異常値を見逃さない	→	何かの前兆となる異常値には注意するが，異常値だけにとらわれ過ぎない。

データの意味

　企業を取り巻く情勢は日々変化している。変化を読み，時にそれを先取りしなければ企業は生き延びることができない。その助けとなるのが資料・データである。データを“読む”ことで，過去に起こった事実から将来の変化を予測することができるからである。

　しかし，生のデータは，人に考える素材を与えるに過ぎず，データ自体は何も語るものではない。読む人が自分の会社や部署の置かれている立場を把握し，問題の所在を明確につかんでいてこそ生のデータからいろいろな仮説を読み取ることができる。データを利用するためには，データの持つ情報を目的に合わせて加工しなければならない。

　たとえば，勤労者の賃金の代表値を求める場合，一般的に使われる「平均値」が全体をよく代表するとは限らない。なぜならば，月収20万円程度の所得の人はかなり多いが，100万円以上の高給取りの人数は少ない。平均値を取ると，平均賃金以下の人が半数以上もいることになるからである。

　このような場合は，「中央値」と呼ばれる，全体でちょうど半分の順位にいる人の賃金を求めるほうが，全体を代表する数値，代表値としても適切である。

1 次の（　　）にあてはまる用語を，下記の語群のなかから選びなさい。

1. 統計・データ解析の目的

(1) 調査結果を数値で示し，（　　）を正確にとらえる。

(2) 主観的な考えを排し，より（　　）で，適切な判断材料となる。

(3) データによる裏づけを示すことで，他に対する説得力を増し，（　　）に効果がある。

　　ア．推理　イ．レクリエーション　ウ．客観的　エ．劇的
　　オ．プレゼンテーション　カ．事実

2. 統計・データの利用法・読み方

(1) 使用する統計・データは，新しさ，正確さ，客観性，出所などにおいて（　　）の高いものでなければならない。

(2) データから導き出したい内容によって，平均を取る，分ける，まとめる，比べる，変化を見るなど，（　　）を選択する。

(3) データを読む際には，まず（　　）を持ってみるように心がける。

(4) 将来予測のためにデータを読むときは，数値の誤差や（　　）を見逃さないことが大切であるが，それだけにとらわれてはいけない。

　　ア．公共性　イ．信頼性　ウ．解析方法　エ．形式　オ．問題意識
　　カ．先入観　キ．マーク　ク．異常値

2 次のグラフはA国とB国の産業別生産高を百分率で示したものである。グラフから読み取れるものとして，正しいものを１つ選びなさい。ただし，A，B両国の農林・水産業の生産額はほぼ同じである。

産業別生産額割合

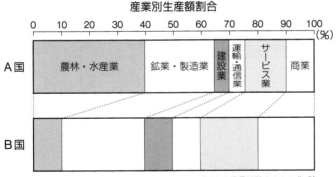

（地方公務員試験をもとに作成）

〔選択肢〕

ア．B国の建設業の生産額は，A国の鉱業・製造業の生産額とほぼ等しい。

イ．A国の商業の生産高は，B国のサービス業の生産高の約８分の１である。

ウ．A国の生産高がその割合を変えずに200％増加したとしても，A国全体の生産額よりもB国のサービス業の生産高のほうが多い。

エ．A，B両国の総生産額を合計し，産業別割合を見ると，農林・水産業の生産高は全体の20％である。

1−1
データ解析とは，データの背後にある現象を見つけるための方法である。

2
A国の農林・水産業の生産額を*x*とすると，B国の生産額は等しいのであるから，B国全体の生産額はA国の約４倍である。

3 次の資料を見て，下記の設問に答えなさい。

資料1　日本の産業別雇用者数の推移

	2012年	2013年	2014年	2015年	2016年
商　　　　業	1,141.0	1,181.0	1,163.9	1,166.7	1,185.1
不　動　産	85.0	86.3	87.2	92.4	96.3
医 療・福 祉	660.7	699.0	705.7	731.2	759.5
建　　　　設	618.0	622.4	614.7	610.4	604.7
対事業所サービス	605.7	618.4	625.5	637.2	660.0
輸 送 機 械	99.0	102.7	102.1	108.5	98.0
対個人サービス	857.4	742.9	726.3	746.9	765.3
情報通信産業	390.3	402.1	397.8	395.2	394.9
全　産　業	6,658.1	6,703.9	6,643.2	6,718.9	6,836.9

（出典：総務省『平成30年版　情報通信白書』）

資料2　職業別の需要供給人数
①需要超過の大きい職業（有効求人数－有効求職者数）

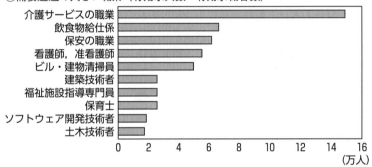

②供給超過の大きい職業（有効求人数－有効求職者数，逆目盛）

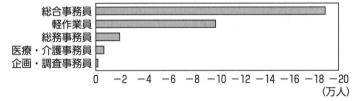

注）データは2017年1～9月の平均値。

（出典：内閣府『日本経済2017-2018』）

1. 資料1をもとに次の文の（　　）に適切な言葉や数字を書きなさい。

(1)　2015年から2016年にかけて雇用者数が増えている産業は（　　）業種ある。

(2)　2012年から2016年にかけて雇用者数が減り続けているのは（　　）業である。

(3)　全産業に占める2014年の「対個人サービス業」の割合は約（　　）％，2016年の「商業」の割合は約（　　）％である。

2. 資料2①②から読み取れることで，もっとも適切なものを選びなさい。

ア．医療・介護事務員の供給に連動して，看護師，准看護師の有効求人数も少ない。

イ．土木技術者の需要は少ないが，軽作業員として土木作業を希望する人は多い。

ウ．介護サービスの職業は有効求職者数に対して有効求人数がもっとも多く，需要超過といえる。

エ．総合事務員は有効求人数が約20万人でもっとも多く，供給超過といえる。

4 次の資料について設問に答えなさい。

図1　1世帯当たり1か月間の食料の名目金額指数の推移（二人以上の世帯）（平成元年〜30年）

図2　1世帯当たり1か月間の内食への支出の推移（二人以上の世帯）（平成元年〜30年）

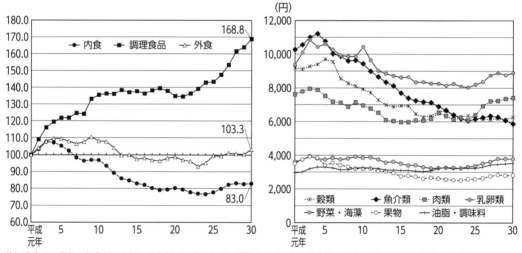

注）内食は，穀類，魚介類，肉類，乳卵類，野菜・海藻，果物および油脂・調味料の合計。図1は平成元年を100とする。

（出典：総務省統計局『家計調査』（二人以上の世帯））

1. 次の①から④の（　　）に適切な言葉や数字の組み合わせを，ア〜エの選択肢から選びなさい。

　1世帯当たりの内食への支出は，魚介類や穀類は（　①　）の動きがわかる。油脂・調味料や乳卵類はほぼ同じ（　②　）で推移。平成25年あたりから（　③　）の動きが加速化しており，（　④　）以降は調理食品が急増，平成25年以降は外食，内食がほぼ横ばいに転じている。

〔選択肢〕

	①	②	③	④
ア	微増	割合	肉類	平成27年
イ	減少	％	野菜・海藻	平成26年
ウ	減少	割合	肉類	平成25年
エ	増加	数値	食品全体	平成24年

2. 次の⑤〜⑥の（　　）にあてはまる適切な言葉や数字を，それ
ぞれの選択肢から選びなさい。

　「中食」といわれている「調理食品」への支出は，30年で（　⑤　）
に増加している。また，1世帯当たり1か月の「内食」（グラフの
注参照）への支出の内訳をみると，平成元年の10,270円から平成30
年5,870円で（　⑥　）減少した。

〔⑤の選択肢〕

　　ア．17%　　　　イ．2倍　　　　ウ．168円　　　エ．1.7倍

〔⑥の選択肢〕

　　ア．40%　　　　イ．半分　　　　ウ．42.8%　　　エ．5,870円

5 次の資料について，下記の設問に答えなさい。

資料1　情報通信機器の世帯保有率の推移

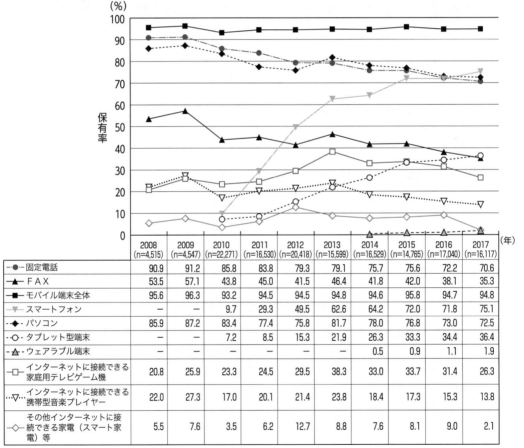

(%)

	2008 (n=4,515)	2009 (n=4,547)	2010 (n=22,271)	2011 (n=16,530)	2012 (n=20,418)	2013 (n=15,599)	2014 (n=16,529)	2015 (n=14,765)	2016 (n=17,040)	2017 (n=16,117)
--●-- 固定電話	90.9	91.2	85.8	83.8	79.3	79.1	75.7	75.6	72.2	70.6
--▲-- FAX	53.5	57.1	43.8	45.0	41.5	46.4	41.8	42.0	38.1	35.3
--■-- モバイル端末全体	95.6	96.3	93.2	94.5	94.5	94.8	94.6	95.8	94.7	94.8
--▼-- スマートフォン	－	－	9.7	29.3	49.5	62.6	64.2	72.0	71.8	75.1
--◆-- パソコン	85.9	87.2	83.4	77.4	75.8	81.7	78.0	76.8	73.0	72.5
--○-- タブレット型端末	－	－	7.2	8.5	15.3	21.9	26.3	33.3	34.4	36.4
--△-- ウェアラブル端末	－	－	－	－	－	－	0.5	0.9	1.1	1.9
--□-- インターネットに接続できる 家庭用テレビゲーム機	20.8	25.9	23.3	24.5	29.5	38.3	33.0	33.7	31.4	26.3
--▽-- インターネットに接続できる 携帯型音楽プレイヤー	22.0	27.3	17.0	20.1	21.4	23.8	18.4	17.3	15.3	13.8
--◇-- その他インターネットに接 続できる家電（スマート家 電）等	5.5	7.6	3.5	6.2	12.7	8.8	7.6	8.1	9.0	2.1

注）「モバイル端末全体」には，携帯電話・PHSと，2009年から2012年までは携帯情報端末（PDA），2010年以降はスマートフォン
　を含む。

（出典：総務省『平成30年版　情報通信白書』）

資料2　年代別インターネットの利用状況

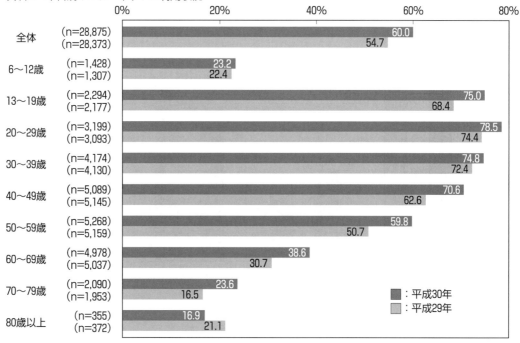

（出典：総務省「平成30年通信利用動向調査」）

1.　資料1，2の説明として，不適切なものを選択肢から選びなさい。

〔選択肢〕

ア．2017年度はモバイル端末全体の内数であるスマートフォンは，前
　　年差3.3ポイント上昇しており，パソコンの世帯保有率を上回った。

イ．インターネット利用率は，12歳以下はやや低めで，13歳以上から
　　40代まではほぼ一定率を維持し，それ以降は緩やかな下落を示す。

ウ．定年に達する60歳以降が減少していくのは，就業先がなくなるの
　　でインターネットを使う機会が減るからだとわかる。

エ．モバイル端末全体およびパソコンの世帯保有率は，それぞれ
　　94.8％，72.5％である。

資料3　モバイル端末の保有状況（個人）

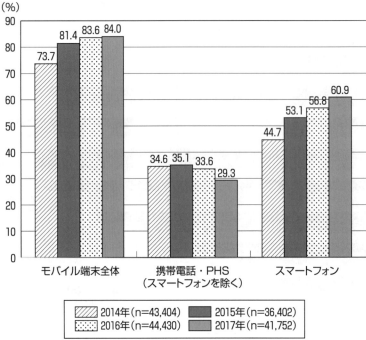

注）「モバイル端末全体」には，携帯電話・PHSと，2009年から2012年までは携帯情報端末
　　（PDA），2010年以降はスマートフォンを含む。
（出典：総務省『平成30年版　情報通信白書』）

2.　**資料3の説明として，（　　　）に当てはまる言葉や数字の組み合**
わせとして，適切なものを選択肢から選びなさい。

　　2017年における個人のモバイル端末の保有状況は，スマートフォ
ンの保有率が（　①　）（前年差（　②　）ポイント上昇）であり，
モバイル端末全体（携帯電話・PHSおよびスマートフォン）の保有
率は84.0％（同0.4ポイント上昇）と，前年と比べて（　③　）の結
果となっている。

〔選択肢〕

	①	②	③
ア	84.0%	0.4	横ばい
イ	60.9%	4.3	減少
ウ	29.3%	4.1	上昇
エ	60.9%	4.1	横ばい

4 情報収集とメディアの活用

■ 幅広く積極的に情報を収集する方法をつかむ。
■ 情報は，どのように生かしたらいいのかを考える。
■ 日本経済の基本構造と変化を学ぶ。

1 さまざまな情報源とアクセスの方法

▶▶ 情報源として，インターネット，出版物，マスコミからの情報の特性を理解し，活用しよう。

書籍・雑誌 などの出版物		
	❶継続性 →	仕事に関連した情報や興味あるテーマについて，継続的にチェックし，追究することができる。
	❷専門性 →	必要テーマの詳しい情報や知識を得られる。もくじや索引などからキーワードをキャッチできる。
	❸多様性 →	国内・国外の多種多様な出版物により，同じテーマでも，さまざまな側面からチェックできる。
	❹客観性 →	雑誌など，対抗誌も視野に入れ，矛盾する情報や続報のチェックができる。
	❺話題性 →	店頭の書物や雑誌で，流行・人気・話題などがつかめる。

テレビ・ラジオ・新聞 などのマスコミ		
	❶速報性 →	世界各国のニュースを即座に伝える。ただし，1つの題材を深く追究していない場合もある。
	❷デジタル性 →	アナログからデジタルに移行した。
	❸多重性 →	多種多様なメディア，チャンネルがある。
	❹資料性 →	録画・録音による映像・音声資料，記事として整理された文字情報などがある。

2 情報の収集・整理と判断は自分の仕事の整理から

▶▶ 情報を迅速・的確に把握・判断し，有機的に関連づけながら付加価値をつけてやりとりするのがビジネスの流れである。

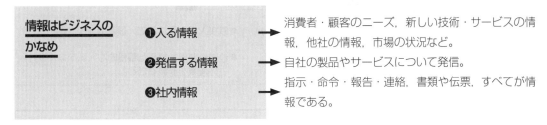

情報はビジネスの かなめ		
	❶入る情報 →	消費者・顧客のニーズ，新しい技術・サービスの情報，他社の情報，市場の状況など。
	❷発信する情報 →	自社の製品やサービスについて発信。
	❸社内情報 →	指示・命令・報告・連絡，書類や伝票，すべてが情報である。

▶▶ 自分で考え，判断する習慣をつける。
- 情報は，どのように役立つかの価値判断が大切である。
- 自分自身で，価値判断の基準を持つこと。

▶▶ 情報を整理し，価値判断をするためには
- 自分の仕事の目的を，しっかりと把握すること。
- 仕事の中味を，つねに整理しておくこと。

▶▶ 出版物，マスコミのほかにも，いろいろな情報源がある。その特徴に応じて，有効に活用しよう。

●企業の広報誌・タウン誌などのミニコミ

- 特定の企業や地域に密着した情報。
- ミニコミ誌が情報源となり，地元の流行や話題が全国に広がることもある。

●図書館・資料館・官公庁など

- 情報の絶対量が多く，テーマ別に分類されている。
- 書物・雑誌のほか，CD，DVDなどの資料を借りることもできる。

●講演会・セミナーなど

- タイムリーな情報，多様な資料を入手できる。
- 名刺交換などのチャンスを生かし，人脈を広げることもできる。

●人脈などによる口コミ

- 直接人と会うことで，最新の情報を得られる。
- 地域や業種を超えた積極的な人脈をつくり，生の情報を収集できる。

人脈こそ情報収集の基本

　情報の収集にあたって基本となるのは，先輩・友人・知人といった人間関係と，そこからまた広がる人脈である。地域や業種を超えた人のネットワークは価値が高い。

　人のネットワーク（人脈）を豊富に持っている人には，各種講演会やイベントの招待，新商品の紹介などがダイレクトメール（DM）や電子メール（EM）で届くようになる。そこからまた新しい情報を得たり，交流が生まれる。日頃から人脈づくりを心がけることで，より充実した情報の収集が可能になり，仕事やキャリア形成に役立つ。

3　コンピュータ・ネットワークと情報活用による仕事の変革

▶▶ コンピュータ・ネットワークの活用で仕事のやり方が大きく変化する。

●活用の効果　→

指示・報告などが，早く・正確に行われる。
対人折衝以外の個人業務はほとんどがコンピュータで処理できる。
社内の蓄積された情報を資産として活用できる。

●社内ネットワークによる仕事
の効率化
〈ナレッジマネジメント〉
（次ページ）　→

電話・FAXによる仕事の中断が防げる。
文書の電子化＝ペーパレス化が進み，文書管理のスペース削減，回覧
などに要する時間が軽減される。
顧客管理の共有化ができ，営業活動に役立つ。
携帯端末の普及により，客先などで蓄積された情報を閲覧・提示でき，
営業活動に役立つ。

4　対話型生成AIサービスの活用

▶▶ 対話型生成AIサービスの活用により，情報の収集，文書や資料の作成，プログラミングなどの
作業が省力化できる。

対話型生成AIサービス

　対話型生成AIとは，人間と会話するように，こちらの質問や指示を理解し，適切に反応するAI（人工知能）のことである。近年，この対話型生成AIを使ったサービスが注目されている。よく知られているものとしてChatGPT（OpenAI社），BingAI（Microsoft社），Bard（Google社）などがある。このサービスの利用によるメリット，デメリットとしては，次のようなことがある。

【メリット】
・質問や指示（プロンプト）により，適切な情報を提供したり，作成したりしてくれる。
・時間の制約がない。
・作業時間が節約できるため，重要な仕事やクリエイティブな作業に専念できる。

【デメリット】
・インターネットの情報など，学習した内容から回答するため，正確性に欠ける場合がある。
・クラウドサービスの一種であるので，情報漏洩のリスクがある。

5 データ・情報の活用

▶▶ 情報は社内に蓄積された情報をはじめ，コンピュータ・ネットワーク，インターネットなど さまざまな経路から集めることができる。

- データ・情報の意味をつかむ。
- 自分に必要な情報を見きわめる。
- 情報を，いまの自分の仕事にどれだけ結びつけられるかを考える。
- すぐ役に立たないものでも，大事なものがあることを知っておく。

従業員が持つ知識やスキルに関する情報を企業内で共有し，企業活動に活用して経営効率を上げる。

‖

ナレッジマネジメント
（KM, Knowledge Management）

6 データや文書情報の管理

▶▶ データでのやりとりが多くなっているが，仕事内容や取引先により紙の情報も重要なことがある。自分の仕事に合わせて，収集・分類の基準の見直しを。

ネットモラル（net moral）

情報モラルともいう。インターネット社会で必要とされる道徳やモラルのこと。発信する情報に責任を持ち，他者の権利や尊厳を尊重する。自ら，または周囲の人の個人情報やプライバシーを勝手に公開したり，教えたりしないといった内容を持つ。

無法化とウイルスの危険

インターネット上の情報は，質が高く信頼できるものと，その逆に質や信頼性に問題があるものが混在する。規制がないので，無法化の危険も指摘されている。利用にあたっては，情報と情報源の信頼度をよく確認すべきである。また，著作権によって保護されている場合もあるので，複写や加工ができない場合もある。

また，コンピュータ・ウイルスの侵入には，最大限の注意を払う必要がある。外部からきた見知らぬファイルを安易に開かないなど，注意が必要である。

7 情報収集のさまざまなメディア

▶▶ コンピュータネットワークによる高度情報化時代

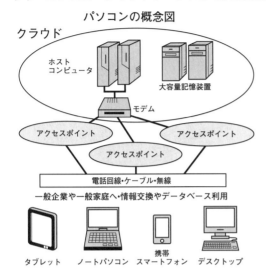

パソコンの概念図

クラウド
- ホストコンピュータ
- 大容量記憶装置
- モデム
- アクセスポイント
- アクセスポイント
- アクセスポイント

電話回線・ケーブル・無線
一般企業や一般家庭へ・情報交換やデータベース利用

タブレット　ノートパソコン　携帯スマートフォン　デスクトップ

インターネットの概念図

企業　個人　大学　商店　行政機関

インターネットは，それに参加する機関のコンピュータが世界規模でつながっている「コンピュータ・ネットワーク」。パソコン通信もコンピュータ・ネットワークのひとつ。パソコン通信は会員制であり，外部には閉ざされたネットワークなのに対し，インターネットはより広い範囲の人々を対象とし，自由に情報を交換するための「ネットワークのネットワーク」である。インターネットのW・W・W（ワールド・ワイド・ウェッブ）では，文字のみならず，画像や音声などの情報も手軽に得ることができる。

▶▶ ビッグデータの活用が企業に変革をもたらす時代

●ビッグデータ　→　一般に超大容量のデータの収集・分析処理をさす。その量は数テラバイトから数ペタバイト，数ゼタバイトにもなる。

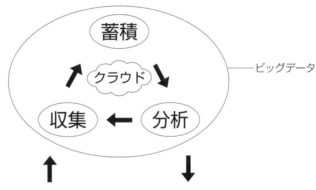

蓄積　クラウド　収集　分析　ビッグデータ

情報　現実社会　データ

・SNSのテキストデータ，画像，音声，動画，位置情報，ログ情報などWeb上のさまざまな情報。

・リアルタイムで分析されたデータを企業はマーケティング活動に活かす。
・たとえばSNS上に書き込まれたクチコミなどを分析して，新製品の開発や改善に役立てている。

8 新聞の読み方と情報収集・整理法

▶▶ マクロ情報は一般紙・経済紙，ミクロ情報は経済紙・業界紙・専門誌・地方紙で。紙面のままパソコンやスマートフォン，タブレットで読めるデジタル化された新聞もうまく活用する。

分類	具体例
一般紙	朝日新聞・毎日新聞・読売新聞・産経新聞
地方紙	東京新聞・神奈川新聞・琉球新報など
専門紙業界紙	日経流通新聞・日刊工業新聞・日経産業新聞・日刊自動車新聞など
経済紙	日本経済新聞など
スポーツ紙	サンケイスポーツなど

▶▶ 一般紙の紙面構成を知り，効率的な読み方をしよう。

朝日新聞の紙面構成例

面	20	19	18	17	16	15	14	13	12	11	10	9	8	7	6	5	4	3	2	1
分類	スポーツ	全面広告	スポーツ	スポーツ	全面広告	スポーツ	国際	国際	オピニオン	経済	全面広告	経済	全面広告	全面広告	経済	全面広告	総合	総合	総合	トップ記事
その他									社説・声										ひと	天声人語

面	40	39	38	37	36	35	34	33	32	31	30	29	28	27	26	25	24	23	22	21
分類	テレビ	社会	社会	地方	地方	文化	文化	全面広告	科学	テレビ	ラジオ・テレビ	テレビ	生活	生活	全面広告	小説	全面広告	金融情報	金融情報	全面広告
その他	番組表	4コママンガ・死亡記事				囲碁・将棋				番組表	今日の番組					連載小説			株式覧	

新聞の広告に注目しよう

新聞は，記事だけでなく，下段の書籍広告や，企業の全面広告などにも，さまざまな情報が含まれている。書籍広告からは，自分の興味ある分野の出版情報やトレンドを探り，企業広告からは，その企業の姿勢や方向性を読み取ることもできる。

9 主力産業の移り変わり

▶▶ 第二次大戦後の主力産業の変遷と産業構造の変化をつかむ。

	主力産業	社会状況	産業構造
1945	石炭・電力・肥料 繊維・食品	第二次大戦終結 農工業生産の再建 エネルギー確保 生活物資の補給	国内需要中心
1950	家電（洗濯機・冷蔵庫・テレビ＝３種の神器）		高度経済成長
1960	鉄鋼・造船・石油化学	欧米からの技術導入 大規模な設備投資 安価な労働力 安い石油価格	重厚長大産業
1970	自動車・エレクトロニクス	第一次石油ショック（1973） 省エネルギー・省力化 国際競争力強化 第二次石油ショック（1979） エレクトロニクスの普及	軽薄短小産業
1980	流通・金融・通信		経済のソフト化 サービス化
1990	情報産業・知識集約産業	コンピュータの普及 本格的情報化時代の幕開け	ネットワーク化 の進展
2008	米サブプライムローン問題から住宅バブル崩壊 リーマンショック （米国の投資銀行リーマン・ブラザーズの破綻）	世界金融市場に衝撃を与え，世界同時に深刻な不況をまねく	
2010 2011	中国，世界第２位のGDP エネルギー産業の変化が始まる	「団塊の世代」の定年と少子化で労働人口の減少が始まる。 東日本大震災後，原子力発電所に対する不安から，世界で存続の是非が問われ始めた	
2013 2015	金融 サービス（観光・宿泊業）	日銀が異次元緩和導入 ビザの発給要件の緩和 インバウンド消費額増加	2020東京五輪 に向けて観光業 対策強化
2018	AI業界（人工知能とビッグデータの活用）	すべての産業の進歩を加速させる原動力となるAIの開発競争が本格的に始まる	
2020	5G商用サービススタート	4K/8Kの高解像度の動画配信やIoTによりリアルタイム情報サービスが開始	
2021	産業用ドローンの実用化	物流への環境が整う	

● 産業溝造の変化

　第二次大戦前の農業中心の産業から，戦後は重厚長大型産業（鉄鋼，造船，重機械などの重いものが中心の産業）へ変化した。その後，重厚長大産業がよりコストの安い海外に生産の拠点を移したり，輸入に依存するようになるなど，伸び悩みを見せ始めると，ソフト化・サービス化へと変化した。鉄などの形のあるもの（ハード）に対して，形のない情報や知識，付加価値などのソフトやサービスそのものが経済の中心になった。今後は，AIとデータをどう生かすかという知識産業が中心となる。

▶▶　円相場の推移

年月	社会状況	ドル為替レート(円表示)→円高 360 320 280 240 200 160 120 80	日本経済と産業構造
1971/08	ニクソン・ショック　ドルの金兌換停止		
	(ブレトンウッズ体制の崩壊)		
71/12	スミソニアン合意(1ドル=308円に設定)		
72/03	欧州諸国の共同フロート(スネーク)発足		
73/03	変動相場制の本格的スタート		
73/10	第1次石油危機勃発		
74/10	IMF暫定委員会設置		
75/11	第1回主要先進国首脳会議(サミット)開催		
76/01	IMF暫定案合意		
78/11	カーター政権，ドル防衛策		
78/12	イラン革命　第2次石油危機勃発		
79/03	欧州通貨制度(EMS)発足		貿易黒字大国に
79/03	ソ連，アフガン侵攻		
80/12			外国為替法全面改正
1981/01	レーガン政権発足　米財政赤字拡大		為替管理原則自由化
82/08	中南米の累積債務問題表面化		日米貿易赤字(81〜)
83/11	日米円ドル委員会設置合意		
84/04	為替取引実需原則撤廃		
85/09	プラザ合意		円高進展
86/05	G7(主要7か国蔵相・中央銀行総裁会議)		前川レポート(内需拡大
	発足合意		の努力)発表
87/02	ルーブル合意		
87/10	ブラックマンデー(世界市場で株価暴落)		
88後半			外国企業への投資
89/01	ブッシュ(父)政権発足		
89/04	G7新債務戦略合意　東欧革命(秋〜冬)		生産拠点の海外移転
1990/06	日米構造協議最終報告　金融先物業務開始		多国籍化の積極的推進
90/10	東西ドイツ統合		バブル崩壊(90年代)
91/12	EC通貨統合(マーストリヒト条約)　ソ連邦解体		
92/09	欧州通貨危機(ポンド危機)		産業の空洞化
93/01	クリントン政権発足		
93/07	日米経済協議開始決定　ポンド危機再燃		不況による失業率増大
93/08	東京為替市場で1ドル=104円を記録		
94/02	米国金融引き締め開始		
94/06	米欧為替市場で1ドル=99円台を記録		
95/01	阪神・淡路大震災		
96(〜2001)			ITバブル(90年代後半)
97前半	アジア通貨危機(東南・東アジア)		金融ビッグバン
98/04			消費税率3%⇒5%へ(4)
98/08	ロシア危機		財政構造改革法成立(11)
99/01	ユーロ発足(EU加盟国中11か国)		京都議定書採択(12)
2001/01	ブッシュ(子)政権発足		新外為法施行
01/09	米国同時多発テロ事件勃発		金融再生法成立(10)
03/03	米軍イラク侵攻		食料・農業・農村基本法制定(7)
05/01			
07前半	米国サブプライムローン問題表面化		
07/09	日本郵政株式会社の認可		
08/08	原油最高価格記録(1バレル=134ドル)		山一證券倒産
08/09	リーマン・ブラザーズ倒産(リーマンショック)		
09/01	オバマ政権発足		郵政の四分割
09/06	GM連邦破産法適用申請		
09/09	民主党政権発足		
11/03	東日本大震災		ドル,ユーロ,ポンド大暴落(6)
11/07	超円高1ドル=70円台を記録		長期債務残高(実績)590.9兆円
11/09	ギリシア危機で1ユーロ=106円を記録		完全失業率5.2%,有効求人倍率0.45
2018	米中貿易摩擦		日本の基礎産業に影響
2020	新型コロナウイルスのパンデミック		インバウンド減少・国内消費抑制
2022	24年ぶりの円安		日米金利差,ウ・ロ戦争

11 バブル経済の崩壊と産業構造の変化

▶▶ 1990年以降の日本経済の大きな特徴は何か。

特徴

❶金融不安・雇用不安 ➡ 大手企業の整理・倒産による中小企業の連鎖倒産，金融機関の貸し渋りによる市場の金融不安，輸入促進や生産工場の海外移転といった円高対策の結果生じた産業の空洞化とバブル崩壊で，失業率が急上昇した。

❷規制緩和・貿易自由化の進展と企業体制の再構築・再編成 ➡ グローバル化に向かって進んだ規制緩和や自由化の進展とバブル崩壊による土地価格の下落によって，多くの外資系企業が進出。情報技術（IT）や外資系金融によるリテイル（小口金融）などに見られる新種商品やサービスは，あらゆる分野・業界での生き残りをかけた企業体制の再構築・再編成を進めるきっかけとなっている。

❸少子高齢化 ➡ 団塊の世代（1947～49年生まれ）の定年や退職が増え，社会保障費の負担のための増税や子育て世代への補助のため，国は財政全体の見直しをせまられている。

❹エネルギー産業の変化 ➡ 東日本大震災により，原子力発電以外のエネルギーに目を向ける政策が進められ始めた。

❺AI(人口知能)研究の深化 ➡ インターネットやスマートフォン，人型ロボットなどにAIを搭載したものが増えた。車や住宅設備にも活用され，実用化が進んでいる。

❻5G時代へ ➡ 通信速度が速くなるだけでなく，あらゆる情報をリアルタイムで受け取ることができる。さまざまなモノが通信ネットワークにつながる（IoT）。
▶別冊P.1「IoT」参照

❼新型コロナウイルスの影響 ➡ コロナ禍の経験から，ニューノーマルな生活へ移行。仕事や生活はオンライン化，リモート化が進み，通販，輸送，宅配，IT・AI，ロボットなどの先端技術，通信事業，ゲーム，動画配信などの業界が成長していく。
▶別冊P.7「ニューノーマル」参照

❽Web3.0（ウェブスリー）の世界へ ➡ ブロックチェーン技術を使用する分散型インターネットの世界。サーバーを介するWeb2.0から，ユーザー同士が情報を分散管理できるようになり，情報漏洩がなく，取引手数料も不要になる世界。
▶別冊P.8「ブロックチェーン」参照

12 日本経済の構造転換

▶▶ 現在進んでいる日本経済の構造転換の4つの大きな流れとは何か。

日本経済の構造転換

❶グローバル化への対応 ➡ 世界貿易機関（WTO）に加盟し，GDP世界第3位（1位米国，2位中国，4位ドイツ）の地位と膨大な貿易黒字を蓄積した日本は，企業経営のディスクロージャー（透明化）が不可避となる。

❷情報化と企業組織の変革 ➡ 今後の企業経営は，構築した情報システムの適否によって業績が左右されるといえる。情報テクノロジーを基盤とした企業組織の革新が求められている。

❸AI活用の拡大 ➡ バブル崩壊と高コスト・低収益構造の経営合理化に苦しむ企業の活性化，労働力の減少には，AIの活用が不可欠になった。

❹再生可能エネルギーへの対応 ➡ エネルギー資源に乏しい日本が，太陽光や風力，地熱バイオマスなど再生可能エネルギーによる発電を進めている。

産業界に関する用語

【企業・構造】

●リエンジニアリング

　事業の再構築。事業構造の基本的組み換えによる経営革新の方式。不採算部門からの撤退，事業所の統合・閉鎖，本社・事業部門の分離，分社化などの手段がとられ，M&A（企業の合併・買収）もその1つ。

●システムインテグレーション

　企業の経営戦略立案の段階から，参画し，情報システムの企画，設計，開発，保守まで一括して請け負うサービス。コンピュータメーカーのほか，システム開発やコンサルティング会社も参入。

●コミュニティビジネス

　福祉，教育，文化，環境保護などの社会需要を満たすサービス分野で手掛ける地域密着型事業のこと。大量に退職する団塊世代の受け皿にも。

【情報】

●イントラネット

　インターネット技術を，企業などで用いるLAN内で利用する方法。基本的には組織内だけで利用し，ブラウザを統一的，グループウェア的に利用し，組織内での情報共有ができる。

●サプライチェーンマネジメント（SCM）

　ネットワークの進展とオープン化によって，販売店における受発注とメーカーの生産部門とが直結した，オープン・デマンド（注文に応じて製造）型の効率的かつ機動的な製販一体化システム。

【経済・金融】

●BRICS，VISTA，PIIGS

　それぞれ，類似の経済状況の国家群を示す英語の頭文字による名称。BRICSはブラジル，ロシア，インド，中国，VISTAはベトナム，インドネシア，南アフリカ，トルコ，アルゼンチンで，リーマンショック前まで高成長した国。PIIGSはポルトガル，アイルランド，イタリア，ギリシャ，スペインの欧州の債務超過を抱えた国のこと。

●世界経済の注目点

　2018年から激しさを増した米中貿易摩擦は，関税合戦がエスカレート。EUでは英国のEU離脱（Brexit）問題からEU全加盟国との軋轢（あつれき）が生じた（ギリシアの財政危機が発端。財政力のある国とない国の格差問題が原因の1つといわれている）。また，ロシア・ウクライナ戦争により，エネルギーや原材料価格が高騰。世界的に物価高となり，生活へ影響。

◼ 次の各文の（　　）にあてはまる用語を，下記の語群のなかから選びなさい。

1. 情報収集のポイント

(1) 情報収集にあたっては，つねに自分の仕事との関連を意識し，（　　）を明確にしなければならない。

(2) 情報はどのように役立つか（　　）が大切である。

(3) ビジネスの流れは，情報を的確に把握し，有機的に関連づけながら（　　）をつけてやりとりすることである。

(4) 指示・命令・（　　）・連絡，書類や伝票も情報である。

(5) 情報を整理し，価値判断をするためには，仕事の中味がつねに（　　）されていることが前提である。

　ア．整理　イ．付加価値　ウ．担当　エ．目的　オ．活用度
　カ．報告　キ．価値判断　ク．作業

2. 情報活用による仕事の変革

(1) コンピュータ・ネットワークを使うと，（　　）が減り，仕事全体もスピードアップする。

(2) 企画・検討・計数処理など，（　　）以外の作業はコンピュータを使って効率的に処理できる。

(3) 蓄積された情報を活用できるので，仕事の（　　）がはかれる。

(4) ネットワークとデータベースの活用で，（　　）な情報が得られるため，的確な判断で素早い行動がとれる。

(5) コンピュータ・ネットワークの発達で，情報に関しては，国内外を問わず，（　　）がゼロに近くなった。

　ア．効率化　イ．物理的距離　ウ．社外交渉　エ．対人折衝
　オ．即時的　カ．総合的　キ．伝達ミス

3. インターネットの利用

(1) 世界中のコンピュータ網，ネットワークをつなぎ合わせた「（　　）のネットワーク」ともいうべきものがインターネットである。

(2) インターネットを利用した新たな企業内情報システム，（　　）の導入をはかる企業も増えている。

(3) インターネットでは，目的を絞って必要な情報を大量に（　　）得ることができる。

(4) インターネットで得た情報を検討・（　　）することで，新たな仕事の可能性を広げることもできる。

(5) インターネットにも（　　）が適用される。

　ア．素早く　イ．イントラネット　ウ．著作権　エ．加工
　オ．ネットワーク　カ．肖像権　キ．連続的

2 次の（　　）にあてはまる用語を，下記の語群のなかから1つ選びなさい。

1. さまざまな情報源とその特徴

(1) 書物や雑誌などの出版物による情報収集は，その専門性や多様性，客観性のほか，流行などをつかむための（　　），興味ある事柄について（　　）して研究できるなどの特徴がある。

(2) テレビやラジオ，新聞といったマスコミの情報は，（　　）がもっとも大きな特徴である。

(3) 特定の企業や地域に密着した企業の広報誌やタウン誌などのことを（　　）という。

(4) 図書館・資料館・官公庁などの資料は，情報の（　　）が多く，テーマ別に調べやすいことが特徴である。

(5) 講演会やセミナーへの積極的な参加は，（　　）な情報を得られるだけでなく，人脈を広げることにもつながる。

ア．タイミング　イ．タイムリー　ウ．流行　エ．話題性
オ．マスコミ　カ．ミニコミ　キ．流出　ク．分量　ケ．公共性
コ．速報性　サ．継続

2. 新聞の効率的な読み方

(1) 新聞には，一般紙，経済紙のほか，地方紙やスポーツ紙，専門紙・（　　）と，数種ある。内容に応じて読み分けることも大切である。

(2) 効率的に新聞を読むためには，まず（　　）を把握する。

(3) 自分の仕事に関連のある記事か，興味・関心の持てる記事かなどは，（　　）を見て選び出す。

(4) 新聞の（　　）は，その日の最重要ニュースなので，要旨だけでもおさえておくようにする。

(5) 連載の特集は，テーマ別（　　）などにすると，役に立つ。

ア．大衆紙　イ．業界紙　ウ．情勢　エ．紙面構成　オ．リード文
カ．見出し　キ．1面　ク．3面　ケ．スクラップ　コ．特集

3 情報の取捨選択に関する記述で，もっとも適切なものを1つ選びなさい。

〔選択肢〕

ア．インターネットで入手した情報は，いつでもすぐに活用できるようプリントアウトして手元に保存する。

イ．信頼できる情報の入手には高い費用がかかるので，入手した場合はすべて積極的に仕事に活用する。

ウ．問題が発生したときは経緯や内容について詳細な情報を集め，順調なときは要点の確認を主眼とする。

エ．日々発生する数多くの情報から，最新の情報だけを選んで利用すると判断の誤りが防げる。

オ．新聞やテレビの報道は内容が限定されているものが多いので，仕事上の参考にはならないことを知っておくとよい。

2－1
出版物の新刊点数
2021年は，年間で69,052点だった。ジャンル別では「社会科学」や「文学」「芸術・生活」関係の書籍が多く出版された。
（総務省統計局「日本の統計2023」）

2－2
新聞を読む時間
2022年は，全年代で平日1日平均6.0分だった。10代は0.9分，20代は0.4分，30代は1.2分と，若年層の新聞からの情報収集時間が低いことがわかる。
（総務省「令和5年版　情報通信白書」）

3
インターネットの利用時間
2022年は，全年代で平日1日平均175.2分だった。10代は195.0分，20代は264.8分，30代は202.9分と，若年層のインターネットからの情報収集時間が高いことがわかる。
（総務省「令和5年版　情報通信白書」）

4 次の新聞記事を読んで，下記の設問に答えなさい。

コンビニ宅配倍増（　）店

セブン3倍 育児世帯・高齢者に対応

店頭の商品を消費者の自宅や職場に宅配するコンビニエンスストアの数が前年比2倍超の約4200店に増えたことが、日本経済新聞社が実施した2021年度のコンビニ調査でわかった。セブン-イレブン・ジャパンは同約3倍の約1200店に達した。外出が難しい高齢者といった買い物難民や子育て世帯のニーズに対応するほか、宅配で商圏を広げて売り上げ増につなげる。

セブン-イレブンは東京と北海道、広島の都市部で商品宅配の対応店舗を約3倍の約1200店

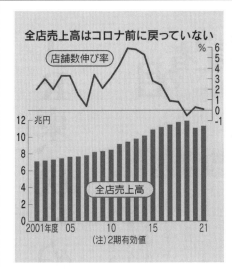

全店売上高はコロナ前に戻っていない

（店舗数伸び率）

（全店売上高）

2001年度　05　　10　　15　　21
（注）2期有効値

に増やした。24年度中にほぼ全店規模となる約2万店に広げる。ローソンも全国の都市部や住宅地を中心に約2900店に増やした。2023年には約4000店に拡大する方針だ。

ミニストップとポプラは21年度から商品宅配をそれぞれ始めた。約50店で展開しているファミリーマートは、導入効果を見極めて対象店舗の拡大を検討する。

商品宅配の対応店は総店舗数の1割弱で、将来的にはコンビニの半数近くが対応する見通し。

21年度の全店舗売上高は20年度比約2％増えたが、新型コロナウイルス感染拡大前の19年度比では3・9％減にとどまる。

一般的にコンビニの商圏は徒歩5分程度の半径約350メートルとされる。ローソンは商品宅配を活用すると約5キロメートルに商圏を広げられるとしている。同社の1店舗当たりの売上高（平均日販）が約50万円のところ、商品宅配で1日10万円以上稼ぐ店もあるという。

コンビニ各社が商品宅配に力を入れる背景には、市場全体の伸びが鈍化していることがある。コンビニ調査によると、コンビニ各社が商品宅配の重要性が増している。22年度に取り組む内容を複数回答で聞いたところ、7社中4社が「電子商取引（EC）の拡大」と回答した。平均日販を増やすためにも、商品宅配の重要性が増している。

（日本経済新聞　2022年8月17日）

1. 記事の見出しの（　　　　）にあてはまる数字を答えなさい。

コンビニ宅配倍増（　　　　　　）店

2. 次の①～⑥の（　　　）に言葉や数字をあてはめて，記事をまとめなさい。

店頭の商品を消費者の自宅や職場に宅配するコンビニエンスストアの数が前年比（　①　）に増えたことがわかった。外出が難しい（　②　）や子育て世帯のニーズに対応するなどで，（　③　）では1200店に達した。2024年度中には都市部だけでなく，全店規模となる約2万店に広げる。ローソンは全国の都市部や（　④　）を中心に約2900店に増やしたが，2023年には約（　⑤　）に拡大する。ミニストップとポプラは2021年度に宅配を始め，ファミリーマートは現在展開している（　⑥　）の導入効果を見極めてから，対象店舗の拡大を検討する。

3. グラフと記事から，適切なものを選択肢から選びなさい。

〔選択肢〕

ア．コンビニ各社が商品宅配に力を入れるのは，コロナウイルス感染拡大前の店舗数に戻したいからだ。

イ．ローソンでは商品宅配により徒歩圏外にも商圏を広げられるとし，商品宅配で1日10万円以上稼ぐ店もあるという。

ウ．コンビニの多くは2022年度に取り組む内容に「電子商取引（EC）の拡大」と回答し，商品宅配にアプリを使っての支払いを進める。

JR東、戻らぬ通勤定期

記者の目

（①　　　）費が大半、削れぬコスト

JR東日本が重いコストに苦しんでいる。2024年3月期の運輸事業の営業利益予想は940億円と新型コロナウイルス禍前の19年3月期の3割弱にとどまる。コストの大半が固定費で、減収がそのまま減益につながる構造が響く。通勤定期の収入も以前の水準に戻らないなか、どう成長軌道を描き直すか。

同社は固定費がコストの9割程度とされ、「運輸収入の増減が損益に大きく直結する」（JPモルガン証券の姫野良太氏）。コロナ禍が直撃した21年3月期の鉄道中心の単体営業収益は1兆1841億円と19年3月期比で4割超減ったが、営業費は1兆6626億円と3%減にとどまった。

連結営業損益は5203億円の赤字だった。24年3月期も単体営業収益1兆9690億円に対し、営業費は1兆7920億円。連結営業利益は前期の2倍近い2700億円に回復するが、運輸の利益は19年3月期の27%にすぎない。

背景にはまずコストが削りにくいことがある。

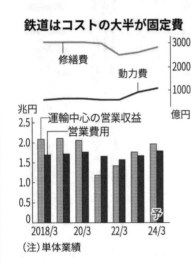

鉄道はコストの大半が固定費

修繕費
動力費
運輸中心の営業収益
営業費用

兆円　2.5　2.0　1.5　1.0　0.5　0
億円　3000　2000　1000

2018/3　20/3　22/3　24/3（予）
（注）単体業績

固定費は車両の修繕費など不可欠なものが多い。さらに今期は原燃料高で動力費が19年3月期比65%増え、先送りしていた修繕費もかさむ。

収入面では通勤定期の回復が鈍い。5月はコロナ5類移行でも18年5月の82%にとどまり、在来線や新幹線を含めた定期外（90%）を下回る。テレワークが定着したためで、今後も続くという。

会社は昨年、民営化後で最大の減便を実施。「みどりの窓口」の配置見直しやワンマン運転区間の拡大なども進め、28年3月期の鉄道の営業費を20年3月期比1000億円減らす。運輸の営業利益は1780億円を目指すが、19年3月期（3419億円）の水準に戻すには「さらに1400億円ほどの費用圧縮が必要」

ローカル線の（②　　　）急務

（姫野氏）。

課題は地方の赤字路線のテコ入れだ。20年3月期に地方35路線で693億円の赤字だった。連結営業損益への影響度は18％で、JR西日本（14％）やJR九州（11％）よりも高い。

運賃改定も焦点だ。仮にJR東がすでに値上げした東急並みに値上げすれば最大1200億〜1400億円程度の増収効果があるが、自社の判断だけでは進められず、国から認可を受けなくてはならない。JR東の深沢祐二社長は国に対し「インフレ局面や季節（の繁閑）に応じて価格差をつけられるようにするなど、柔軟な運賃体系の導入を求めたい」と話す。

利益成長を目指すにはより大胆な改革が求められそうだ。

（石崎開）

（日本経済新聞　2023年6月10日）

1. 記事の見出しの（　　　）にあてはまる言葉を答えなさい。

（　①　）費が大半，削れぬコスト　　ローカル線の（　②　）急務

2. JR東日本が置かれている状況について，適切なものを選択肢から選びなさい。

〔選択肢〕

ア．新型コロナウイルスの影響により，2024年３月期の運輸事業の営業利益は940億円で，コロナ禍前の３割となった。

イ．通勤定期の収入が減ったので，車両の修繕費などのコストを削るしかなくなった。

ウ．原燃料高で動力費が19年３月期から65％増えるが，在来線や新幹線の収入でなんとかやりくりしている。

エ．テレワークが定着したため，23年５月の通勤定期の収入はコロナ５類移行でも18年５月の約８割にとどまる。

3. JR東日本のテコ入れについて，適切なものを選択肢から選びなさい。

〔選択肢〕

ア．民営化後で最大の減便をするという発表をした。

イ．「みどりの窓口」を廃止した。

ウ．ワンマン運転区間の拡大を進めた。

エ．地方の赤字路線を廃止することを決めた。

4. 運賃改定について，JR東日本の社長が国に対し求めることは何か，書き出しなさい。

（　　　　　　　　　　　　　　　　　　　　　　　　　　　　　）

6　次の各設問に答えなさい。

1. 日本の産業界の動向について，正しいものの組み合わせを選択肢から１つ選びなさい。

① 国内での売上げに伸び悩むコンビニ大手は，日本型のコンビニ出店をアフリカで成功させた。

② 自動車業界では，ハイブリッドカーや電気自動車，新機能を搭載した車の開発が進んでいる。

③ 飲料業界は，容器リサイクルや植物由来のボトルなど環境対応を進めている。

④ 医薬品業界では，免疫細胞を利用するがん療法と新薬開発事業が進んでいる。

〔選択肢〕

ア	①	②	③
イ	②	③	④
ウ	①	③	④

2. 「情報化による企業の変革」について述べた次の文のうち，正しいものの組み合わせを選択肢から１つ選びなさい。

① 企業は，DX化が進めば手作業で行っていた業務が自動化されるなど，日常業務が効率的に進められるだろうと期待している。

② 複数の企業や個人が通信情報網上の仮想空間などで，企業体のご

とく機能させるものを，ネットバンキングという。

③　AIやIoT，ビッグデータなど，先端IT技術の利活用に向け，情報処理業への需要は増大していく。

④　社内のDX化展開のため，社員がどのようなスキルを保有しているか，どのようにスキルを育成していくかを明確にしていく必要がある。

〔選択肢〕

ア	①	②	④
イ	②	③	④
ウ	①	③	④

7 産業と経済の移り変わりについて述べた次の会話のうち，正しいものの組み合わせを選択肢から1つ選びなさい。

①　「高度情報化社会になった現代では，情報・通信の業界は活気をもって日本経済を支えているね」

　　「しかし，日本はハードは強いがソフトが弱いから，ソフト面での強化をはからないと海外での競争に負けてしまうと思うよ」

②　「変わらず第3次産業への就業者が集中しているのは，価値観や嗜好の多様化で，情報通信産業などが増えているからだよね」

　　「でも，農林漁業者が採取した生産物を自ら加工して販売まで手がける第6次産業も増えているらしいよ」

③　「貿易黒字が問題になると日本はたたかれるけど，アメリカやヨーロッパも日本に対しての規制はしているんだろ？」

　　「そうだよ。自分の国が有利に貿易したいのはどこも同じだよ。でも，日本はTTP参加で輸入は自由化し，関税に関してはなくなったのに世界中からたたかれるのはおかしいと思うけれど……」

④　「コロナ禍によって，実店舗がほとんどの小売業者にとっては販売形態の変更が目立ちました」

　　「そうですね。逆にデジタルネイティブのブランドにとっては，店舗が新たな成長チャンネルになりそうですね」

〔選択肢〕

ア	①	③	④
イ	②	③	④
ウ	①	②	④

8 近年の日本の産業界の変化として，正しくないものを1つ選びなさい。

〔選択肢〕

ア．金融業界では，ファイナンス（金融）とテクノロジー（技術）を組み合わせたフィンテックというITを活用した取り組みが進められている。

イ．旅行観光業界では，燃油サーチャージの高騰で海外旅行が減り，国内旅行が増えたため，観光庁は海外旅行支援金を増やす計画だ。

ウ．鉄鋼業界では，「防災・減災，国土強靭化のための5ヵ年加速化対策」に伴う土木部門での鉄鋼需要が期待される。

エ．食品業界では，動物性原料を使わず植物原料でつくったプラントベースフードによって，SDGsに貢献する活動が活発化している。

5 会社数字の読み方

▌会社数字の基本を理解し，あわせて予算管理の重要性を
学ぶ。

1 財務関係

▶▶ 会社の経営状態を表す代表的なものには，次のようなものがある。
上場している企業は，ホームページやアニュアルレポートなどで公開している。

会社の経営状態を表す代表的なもの		
❶損益計算書 （プロフィット&ロス・P/L）	→	「ある一定期間の経営成績」を表し，その期間の収益，費用，利益などを計算したもの。
❷貸借対照表 （バランスシート・B/S）	→	「ある時点での会社の財政状態」を表し，資産，負債，資本の残高を示している。
❸キャッシュフロー計算書	→	「現金および現金同等物の動き」を示している。

2 損益計算書

● 〔損益計算書の様式〕

「報告式 損益計算書」（例）	（単位：千万円）
売 上 高	100,000
売 上 原 価	60,000
売上総利益	40,000
販売費及び一般管理費	5,000
営 業 利 益	35,000
営業外収益	5,000
営業外費用	10,000
経 常 利 益	30,000
特 別 利 益	2,000
特 別 損 失	3,000
税引前当期純利益	29,000
法人税・住民税及び事業税額	12,000
当期純利益	17,000

「報告式 損益計算書のイメージ図」

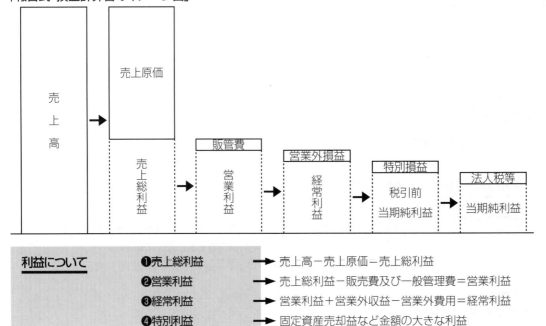

利益について

❶売上総利益　　➡　売上高－売上原価－売上総利益

❷営業利益　　　➡　売上総利益－販売費及び一般管理費＝営業利益

❸経常利益　　　➡　営業利益＋営業外収益－営業外費用＝経常利益

❹特別利益　　　➡　固定資産売却益など金額の大きな利益

❺税引前当期純利益　➡　経常利益＋特別利益－特別損失＝税引前当期純利益

❻当期純利益　　➡　税引前当期純利益－法人税・住民税＝当期純利益

▶▶　損益分岐点について理解する。

●損益分岐点とは　➡

損益計算書の内容がわかると，損益分岐点の分析が可能になる。

損益分岐点とは，ある売上高によって，事業にかかる費用が回収され，それ以上に売上が増えると利益ができるという分岐点をいう。

▼損益分岐点のカーブの図

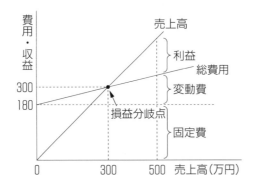

●損益分岐点を求める
　ための計算式　➡

年間費用が固定費180万円と変動費200万円で，これに対する売上高が500万円であった場合，損益分岐点となる売上高は下記のようになる。

$$損益分岐点＝固定費÷\left(1－\frac{変動費}{売上高}\right)$$

$$\frac{180}{\left(1-\frac{200}{500}\right)}=300（万円）$$

3　貸借対照表

● 〔貸借対照表の様式〕

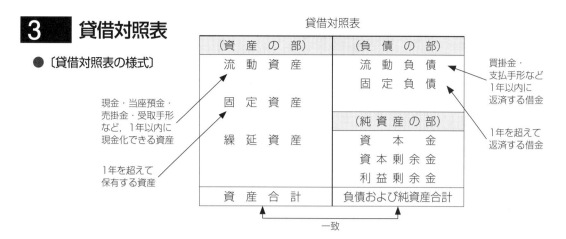

貸借対照表

（資　産　の　部）	（負　債　の　部）
流　動　資　産	流　動　負　債
	固　定　負　債
固　定　資　産	（純　資　産　の　部）
繰　延　資　産	資　本　金
	資　本　剰　余　金
	利　益　剰　余　金
資　産　合　計	負債および純資産合計

現金・当座預金・売掛金・受取手形など，1年以内に現金化できる資産

1年を超えて保有する資産

買掛金・支払手形など1年以内に返済する借金

1年を超えて返済する借金

一致

●資本の運用形態である資産（借方）

資産は流動性の高い（現金化しやすい）順に記入され，固定性の高い（換金しにくい）ものは下のほうに記入される。現金化しやすい資産の大きいほうが，企業の返済能力に問題はないといえる。

❷資本の調達源泉である負債，資本（貸方）

負債は支払われなければならない順に記入され，下部には，資本と利益が記入される。換金しにくい負債の大きいほど，安心して返済できる余裕ある経営状態であることがわかる。

4　キャッシュフロー計算書

〔キャッシュフロー計算書（直接法）の例〕

```
Ⅰ．営業活動によるキャッシュ・フロー
    営業収入
    商品の仕入支出
    人件費支出
    その他の営業支出
        小　計
    配当金の受取額
    法人税等の支払額
    営業活動によるキャッシュ・フロー
Ⅱ．投資活動によるキャッシュ・フロー
    有形固定資産の取得による支出
    投資活動によるキャッシュ・フロー
Ⅲ．財務活動によるキャッシュ・フロー
    借入による収入
    配当金の支払額
    財務活動によるキャッシュ・フロー
Ⅳ．現金および現金同等物の増加額
Ⅴ．現金および現金同等物の期首残高
Ⅵ．現金および現金同等物の期末残高
```

〔キャッシュフロー計算書（間接法）の例〕

```
Ⅰ．営業活動によるキャッシュ・フロー
    税引前当期純利益
    減価償却費
    貸倒引当金の増加額
    受取配当金
    売掛金の減少額
    たな卸資産の増加額
    買掛金の増加額
    役員賞与の支払額
        小　計
    配当金の受取額
    法人税等の支払額
    営業活動によるキャッシュ・フロー
Ⅱ．投資活動によるキャッシュ・フロー
    建物の取得による支出
    投資活動によるキャッシュ・フロー
Ⅲ．財務活動によるキャッシュ・フロー
    借入による収入
    配当金の支払額
    財務活動によるキャッシュ・フロー
Ⅳ．現金および現金同等物の増加額
Ⅴ．現金および現金同等物の期首残高
Ⅵ．現金および現金同等物の期末残高
```

| ●キャッシュフロー計算書とは | → | 手形や借入など現金でなく先送りされて，帳簿上にのらない数字をなくすよう経営実態をキャッシュ（現金や預金）中心の観点から見るために作成する書類である。 |

| ●キャッシュフロー計算書の見方 | → | ①損益計算書で利益が計上されても，利益の額に相当する資金があるということではない。
②貸借対照表は損益計算後の期末時点の資産，負債，資本の残高を示しており，会計期間の資産や負債の増減を示していない。
③損益計算書と貸借対照表から，資金の収入，支出の状況がわからないためキャッシュフロー計算書が必要となる。 |

5 予算を管理する

▶▶ 事業の大きな成長が困難な場合，収入管理よりも利益管理が重視される。

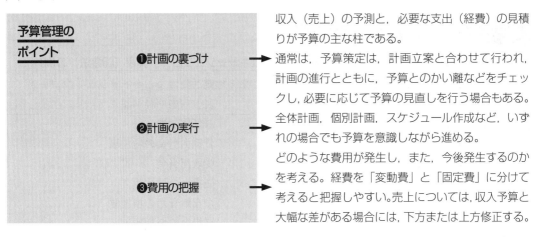

予算管理のポイント		収入（売上）の予測と，必要な支出（経費）の見積りが予算の主な柱である。
	❶計画の裏づけ →	通常は，予算策定は，計画立案と合わせて行われ，計画の進行とともに，予算とのかい離などをチェックし，必要に応じて予算の見直しを行う場合もある。
	❷計画の実行 →	全体計画，個別計画，スケジュール作成など，いずれの場合でも予算を意識しながら進める。
	❸費用の把握 →	どのような費用が発生し，また，今後発生するのかを考える。経費を「変動費」と「固定費」に分けて考えると把握しやすい。売上については，収入予算と大幅な差がある場合には，下方または上方修正する。

6 ROE（株主資本利益率）

▶▶ 企業の経営能力を測る指標

　企業の収益性を測る指標にROE（株主資本利益率）がある。株主資本（株主による資金＝自己資本）が，企業の利益（収益）にどれだけつながったのかを示すものである。

●計算式

> ・ROE（株主資本利益率）＝1株あたりの利益（EPS）÷1株あたりの株主資本（BPS）
> ・1株あたりの利益（EPS）＝当期純利益÷発行済み株式数
> ・1株あたりの株主資本（BPS）＝株主資本÷発行済み株式数

　この計算式により，ROEが高いほど株主資本を効率よく使って利益を上げている高い経営能力がある企業といえる。逆にROEが低い企業は，資本をうまく使えておらず，経営がうまくいっていないことがわかる。

1 次の各設問に答えなさい。

1.　予算管理についての説明で，正しくないものを１つ選びなさい。

〔選択肢〕

ア．事業の大幅な成長が困難な環境では，収入管理よりも利益管理が
　有効である。

イ．費用は，売上高に関係しない固定費と売上高に比例する変動費に
　分けて考える。

ウ．日々の経費を把握することで，会計期間内に生じる見込利益を明
　確にできる。

エ．利益目標を達成するには，収益と費用をどうコントロールするか
　が重要である。

オ．予算と実績が計画と大きく異なってきたときは，中途でも計画の
　修正を行う。

2.　財務諸表の活用に関して，正しくないものを１つ選びなさい。

〔選択肢〕

ア．経営者が自社の現状を確認して，経営課題の把握や方針立案の基
　礎資料とする。

イ．投資家が将来性を予想して，投資先として適しているか否かの検
　討材料とする。

ウ．取引先が経営内容を把握して，相手として信頼してもよいかどう
　かを判断する。

エ．販売担当者が売上高の増加をはかるため，購買者の傾向や商品の
　流行を把握する。

オ．金融機関が貸付の可否を決定する際，信用状況や返済能力の有無
　を確認する。

3. 損益計算書の内容に関する説明で，正しくないものを1つ選びなさい。

〔選択肢〕

ア．売上原価は，販売した商品の仕入価格または製造にかかる費用のことである。

イ．売上総利益は，受取利息など本来の営業活動以外の収益を表すものである。

ウ．営業利益は，売上高から売上原価と販売費，一般管理費を引いたものである。

エ．経常利益は，営業利益に営業外収益を加え，営業外費用を引いたものである

オ．当期純利益は，法人税等の税金を支払ったあとに残る会社の最終的な利益である。

4. 次の損益計算書の①～④の　　　　　にあてはまる言葉の組み合わせで，正しいものを1つ選びなさい。

（単位：億円）

①	100
売上原価	60
売上総利益	40
販売費及び一般管理費	5
②	35
営業外収益	5
営業外費用	10
③	30
特別利益	2
特別損失	3
税引前当期純利益	29
法人税・住民税及び事業税額	12
④	17

〔選択肢〕

	①	②	③	④
ア	売上高	営業利益	経常損益	当期純利益
イ	総売上高	営業利益	営業損益	経常利益
ウ	売上高	営業利益	経常利益	当期純利益

6 ビジネスと法律知識

■ 会社運営上の法律の必要性について学ぶ。
■ 取引における契約・債権回収の流れについて学ぶ。

1 就業規則は職場の基本的なルール

▶▶ 会社の従業員は，就業規則を守ることを通じて，会社の規律に従う義務がある。

| 就 業 規 則 | ➡ | 経営者（使用者）が，従業員（労働者）の労働条件や，服務規律を定めるもの。 |

▶▶ 使用者（常時10人以上の労働者を使用）は，就業規則を作成し，所轄の労働基準監督署に届け出なければならない（労働基準法第89条）。

① 始業・終業の時刻，休憩時間，休日，休暇ならびに労働者を交替に就業させる場合の就業時転換に関する事項。

② 賃金（臨時の賃金等を除く）の決定，計算・支払いの方法，賃金の締切り，支払いの時期ならびに昇給に関する事項。

③ 退職に関する事項。退職手当の定めをする場合は，適用労働者の範囲，退職手当の決定，計算・支払いの方法ならびに退職手当の支払いの時期に関する事項。

④ 臨時の賃金等（退職手当を除く），最低賃金額の定めに関する事項。

⑤ 労働者に食費，作業用品その他の負担をさせる定めに関する事項。

⑥ 安全・衛生に関する定めに関する事項。

⑦ 職業訓練に関する定めに関する事項。

⑧ 災害補償，業務外の傷病扶助に関する定めに関する事項。

⑨ 表彰，制裁，その種類・程度に関する事項。

⑩ その他，当該事業場の労働者のすべてに適用する定めに関する事項。

▶▶ 労働契約（雇用契約）は，労働者と使用者の合意によって結ばれる。

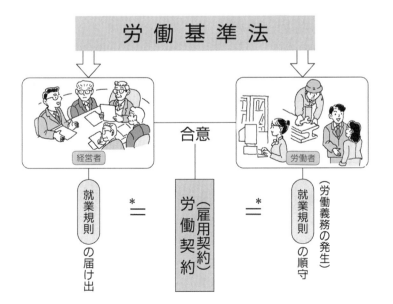

＊労働契約の内容は，就業規則の内容にほかならない。

2 勤務条件と労働法との関わり

▶▶ 労働基準法で定められる勤務条件

●労働日数・労働時間

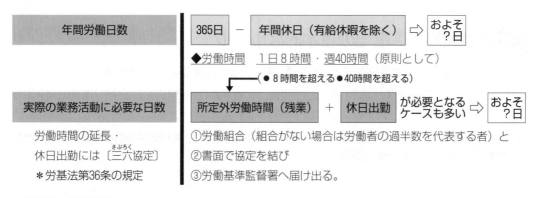

年間労働日数	365日 － 年間休日（有給休暇を除く） ⇨ およそ？日

◆労働時間　1日8時間・週40時間（原則として）

（●8時間を超える ●40時間を超える）

実際の業務活動に必要な日数	所定外労働時間（残業） ＋ 休日出勤 が必要となるケースも多い ⇨ およそ？日

労働時間の延長・
休日出勤には〔三六協定（さぶろく）〕
＊労基法第36条の規定

①労働組合（組合がない場合は労働者の過半数を代表する者）と
②書面で協定を結び
③労働基準監督署へ届け出る。

●休日・有給休暇

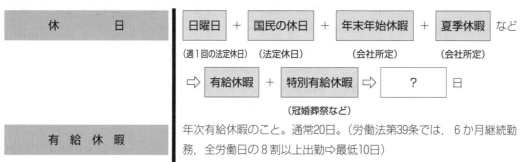

休　日	日曜日 ＋ 国民の休日 ＋ 年末年始休暇 ＋ 夏季休暇 など

（週1回の法定休日）（法定休日）　　（会社所定）　　（会社所定）

⇨ 有給休暇 ＋ 特別有給休暇 ⇨ 〔 ？ 〕日

（冠婚葬祭など）

有　給　休　暇	年次有給休暇のこと。通常20日。（労働法第39条では，6か月継続勤務，全労働日の8割以上出勤⇨最低10日）

●異動・退職・解雇

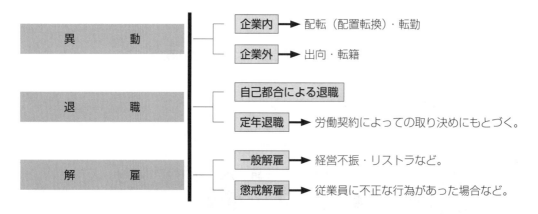

異　動	企業内 → 配転（配置転換）・転勤
	企業外 → 出向・転籍

退　職	自己都合による退職
	定年退職 → 労働契約によっての取り決めにもとづく。

解　雇	一般解雇 → 経営不振・リストラなど。
	懲戒解雇 → 従業員に不正な行為があった場合など。

さまざまな働き方　　▶P.10参照

●フレックスタイム制：勤務時間の自由選択制のこと。実労働時間を決め，出社・退社の時間は労働者に任せる。必ず勤務しなければならないコアタイムと，労働者に任せるフレキシブルタイムが定められている。

●裁量労働制：出社時間や勤務時間を社員の自主性に任せて，仕事の成果で評価される。この制度では，残業という考え自体がない。

▶▶ 労働組合法は，労働者が団結して会社と団体交渉を行い，地位の向上を助成する法律である。

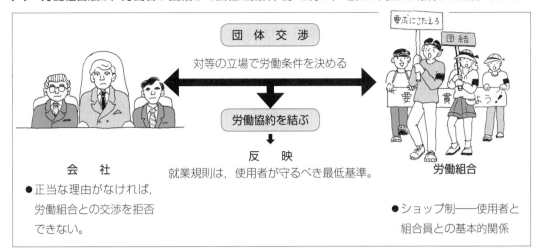

▶▶ 労働者の権利を守るための3つの基本の法律を労働三法という。

労働三法 ┬ 労 働 基 準 法 ── 労働条件の最低基準

├ 労 働 組 合 法 ── 組合の組織化と団体交渉の権利

└ 労働関係調整法 ── 労働関係の調整と労働争議の予防と解決

▶▶ 男女雇用機会均等法は，雇用・労働条件に関して男女の平等な扱いを定めた法律である。

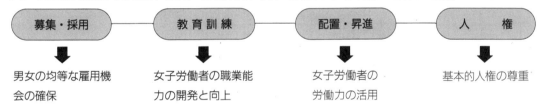

募集・採用	教育訓練	配置・昇進	人　権
男女の均等な雇用機会の確保	女子労働者の職業能力の開発と向上	女子労働者の労働力の活用	基本的人権の尊重

3 給与の支払い形態と差引支給額

▶▶ 給与には固定給と能率給があり，定額制の月給制が一般的である。

現金給与総額（支給総額）　➡　基本給＋諸手当（住宅手当・家族手当など）＋賞与（ボーナス）

差引支給額（手取り額）　➡　現金給与総額－控除額（社会保険料・税金など）

▶▶ 毎月の給与は，銀行振込によって支払われることが多い。

給 与 明 細 書 例

○年　　出欠勤			給与の内訳				社会保険料控除額	所得税・住民税控除額		差引支給額
氏　　　名			基本給	時間外手当	住宅手当	通勤手当	健　康保　険　料	所　得　税	住　民　税	
○月分　出 25 欠 0			200,000	20,000	2,000	1,500	6,800	20,000	5,000	165,400
山　田　花　子　殿										

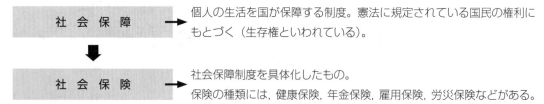

4　社会保険は社会保障制度の根幹

▶▶ 社会保障と社会保険の意義を，よく理解しなければならない。

| 社 会 保 障 | → | 個人の生活を国が保障する制度。憲法に規定されている国民の権利にもとづく（生存権といわれている）。 |

↓

| 社 会 保 険 | → | 社会保障制度を具体化したもの。
保険の種類には，健康保険，年金保険，雇用保険，労災保険などがある。 |

5　健康保険・雇用保険・労災保険に加入

▶▶ 社会保険の仕組みをよく理解しなければならない。

| 健康保険とは
（医療保険） | → | 病気になったり，けがをしたとき，診療費用を保険で補う制度。
20歳以上のすべての国民が加入する国民皆保険制度である。 |

| 公的介護保険 | → | 40歳以上の国民が加入する。要介護認定によって介護サービスを受ける。 |

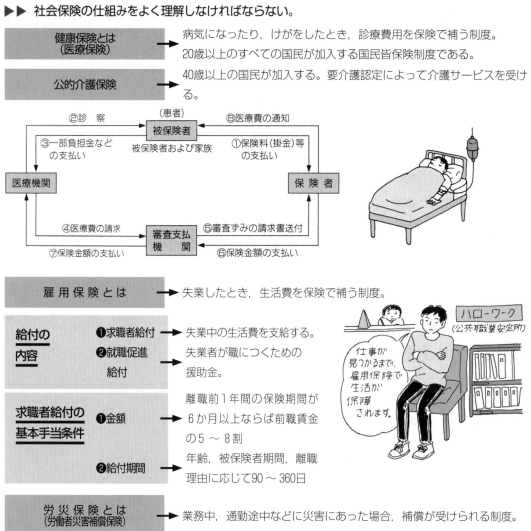

| 雇 用 保 険 と は | → | 失業したとき，生活費を保険で補う制度。 |

| 給付の
内容 | ❶求職者給付 | → 失業中の生活費を支給する。 |
| | ❷就職促進
給付 | 失業者が職につくための援助金。 |

| 求職者給付の
基本手当条件 | ❶金額 | → 離職前1年間の保険期間が6か月以上ならば前職賃金の5〜8割 |
| | ❷給付期間 | → 年齢，被保険者期間，離職理由に応じて90〜360日 |

| 労 災 保 険 と は
（労働者災害補償保険） | → | 業務中，通勤途中などに災害にあった場合，補償が受けられる制度。 |

┌─●ハローワークとは ─────────────────────────────
│ 公共職業安定所の愛称。職業紹介，指導，失業給付などをすべて無料で手掛ける国の行政機関。
└──────────────────────────────────────

6 被用者は国民年金と厚生年金に二重加入する

▶▶ 国民年金の意義について，理解しなければならない。

| 国民年金とは | ➡ | 国民が老齢になったり，けがをしたりして働けなくなったとき，国が年金を支給して生活を助ける制度。基礎年金といわれる。 |

▶▶ 20歳を過ぎたら，国民年金に強制加入することになる。（日本国籍は必要とされていない）

国民年金
の加入者
- 第1号被保険者………自営業・学生など。
  （厚生年金や共済年金に加入していない）
- 第2号被保険者………民間企業の会社員・公務員など。
  （上記の年金と国民年金に同時に加入する）
- 第3号被保険者………専業主婦・主夫など。
  （ただし，満20歳以上60歳未満の人に限られる）

▲第1号被保険者

▲第2号被保険者

▲第3号被保険者

▶▶ 厚生年金の意義について，理解しなければならない。

| 厚生年金とは | ➡ | 民間企業で働く人の老後の生活を保障する制度。強制加入。 |

▶▶ 「年金の仕組み」のまとめ

●公的年金は，現役で働く世代が高齢者などを支え，社会全体で安心を提供すること。20歳以上のすべての人が加入する国民年金と，会社員や公務員が加入する厚生年金の2階建てになっている。

（個人や企業で，上乗せの「私的年金」に加入している場合は「3階建て」になる。）

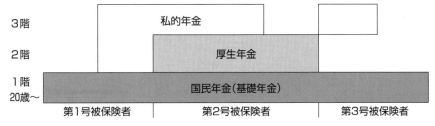

●年金支給の条件

10年以上の保険料の納付があれば（免除や猶予の手続きをしている場合）	老齢年金	（65歳から。60歳から繰り上げ受給も可能だが，額は減る。）
	障害年金	（60歳未満でも，けがなどで重い障害を負った場合に受け取れる。）
	遺族年金	（一家の大黒柱が，小さな子どもや配偶者を残して亡くなった場合に受け取れる。受け取れる対象者は制限がある。）

7 税金には国税と地方税がある

▶▶ 税金は，国民にとって，この社会を維持するための必要経費である。

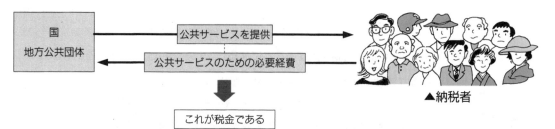

▶▶ 国税と地方税

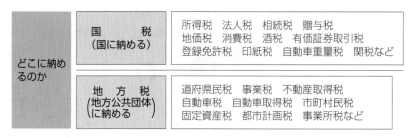

どこに納めるのか	国　　税 (国に納める)	所得税　法人税　相続税　贈与税 地価税　消費税　酒税　有価証券取引税 登録免許税　印紙税　自動車重量税　関税など
	地　方　税 (地方公共団体) (に納める)	道府県民税　事業税　不動産取得税 自動車税　自動車取得税　市町村民税 固定資産税　都市計画税　事業所税など

8 サラリーマンに関係の深い所得税・住民税

▶▶ サラリーマンは，給与から源泉徴収の形で所得税と住民税を納める。

○年　　　　出欠勤	給与の内訳				社会保険料 控　除　額	所得税・住民税 控　　除　　額		差　引 支給額
氏　　　　名	基本給	時間外 手　当	住宅 手当	通勤 手当	健　　康 保　険　料	所　得　税	住　民　税	
○月分　出 25　欠 0	200,000	20,000	2,000	1,500	6,800	20,000	5,000	165,400
山　田　花　子　殿								

所得税 ——
サラリーマンの場合，給与所得から各種の所得控除額を差し引いた残りの額に対してかかる税金。

住民税 ——
道府県民税＋市町村民税＝住民税。

源泉徴収と申告納税

　納税は自分で申告する方法が基本ではあるが，労働者が個々に税金を納めるのは事務も繁雑になるため，給料から税金分を差し引き，事業主がまとめて納税する方法がとられる。これが源泉徴収である。法人，個人事業主，複雑な所得源のある者，高額所得者は，自分で所得額を申告して納税する。これを申告納税という。

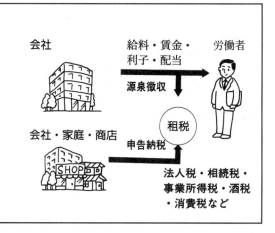

▶▶ 給与所得から差し引くことができるおもな所得控除には，次のようなものがある。

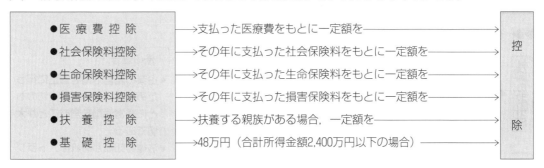

- ●医 療 費 控 除 →支払った医療費をもとに一定額を
- ●社会保険料控除 →その年に支払った社会保険料をもとに一定額を
- ●生命保険料控除 →その年に支払った生命保険料をもとに一定額を
- ●損害保険料控除 →その年に支払った損害保険料をもとに一定額を
- ●扶 養 控 除 →扶養する親族がある場合，一定額を
- ●基 礎 控 除 →48万円（合計所得金額2,400万円以下の場合）

控除

▶▶ 年末調整とは，年末に行われるサラリーマンに対する「源泉徴収の精算手続き」のことである。

- ●毎月の源泉徴収＝今年1年間の予想所得税の月割分 ─┐
- ●実際の所得に対する税額 ─┘ ──不一致額を年末に精算

▶▶ 所得税は，所得金額が大きいほど税率が高くなる超過累進税率が適用される。

所 得 税 の 税 額 表 (令和5年4月1日現在法令等)

課税所得金額		税率	控除額
195万円以下		5%	0円
195万円超	330万円以下	10	97,500円
330万円超	695万円以下	20	427,500円
695万円超	900万円以下	23	636,000円
900万円超	1,800万円以下	33	1,536,000円
1,800万円超	4,000万円以下	40	2,796,000円
4,000万円超		45	4,796,000円

9 将来の生活設計を考えて保険を選ぶ

▶▶ 人の生命に関して──生命保険

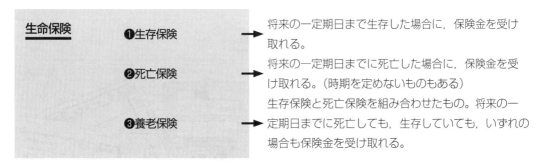

生命保険

- ❶生存保険 → 将来の一定期日まで生存した場合に，保険金を受け取れる。
- ❷死亡保険 → 将来の一定期日までに死亡した場合に，保険金を受け取れる。（時期を定めないものもある）
- ❸養老保険 → 生存保険と死亡保険を組み合わせたもの。将来の一定期日までに死亡しても，生存していても，いずれの場合も保険金を受け取れる。

▶▶ 財産上の損害に関して──損害保険

損害保険

- ❶火災保険 → 火災に備えての保険。
- ❷地震保険 → 地震に備えての保険。
- ❸自動車損害賠償責任保険 → 自動車損害賠償責任保険は強制加入で，自動車保険は任意加入。ともに自動車事故に備えての保険。
  自動車保険
- ❹傷害保険 → 身体の傷害に備えての保険。
- ❺自転車保険 → 自転車事故で，相手にケガをさせたとき，自己がケガをしたとき，自転車の故障などが生じたときの保険。

10　企業運営上の法律の必要性

▶▶　権利能力を有する者に自然人と法人がある。

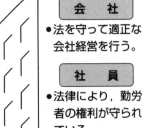

外国の取引先
- アンフェアな取引は,信用を失墜し,国際問題に発展する。

取引先
- 法律に違反しない公平な取引が求められる。
- 不公平な営業方法によって損害をこうむった者は,損害賠償を請求することができる。

会 社
- 法を守って適正な会社経営を行う。

社 員
- 法律により,勤労者の権利が守られている。
- 不正を行えば,刑事事件や民事事件となり,責任を問われる。

法の遵守
- 企業の経営活動を適正に行うためには,法に従い,法のもとに経営活動を営むことが大切である。
- 法律の知識があれば,トラブルを未然に防ぐことができる。

書面をとりかわしておけば,トラブルの予防に役立つ。

- トラブルが発生したときは,法にもとづいて解決をはかる。

▶▶　法律の知識がなければ大きな損失をこうむる。

● 「権利能力」とは　　　　　　➡　権利・義務の主体となることのできる資格のことをいう。

権利能力を有する者

個人・個人

法律上は〈自然人〉という。

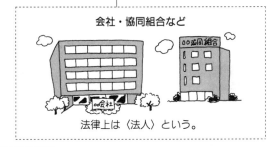

会社・協同組合など

法律上は〈法人〉という。

身元の確認は

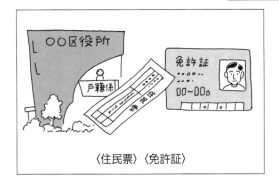

〈住民票〉〈免許証〉

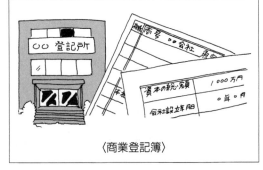

〈商業登記簿〉

11　成立した契約は法律によって保護される

▶▶　契約の内容は，自由に取り決めることができる。（18歳以上）

<table>
<tr><td rowspan="4">契約自由の原則</td><td rowspan="4">契約の当事者</td></tr>
</table>

契約自由の原則	契約の当事者	● 契約するかどうか ──→ それは自由である ● 契約内容は ──→ それは自由である ● 契約の相手はだれか ──→ それは自由である ● 契約は文書でか口頭でか ──→ それは自由である	契約の当事者

> 契約が自由であれば，自由競争を通じて合理的な取引が可能になる。

▶▶　成立した契約は，法律によって保護される。

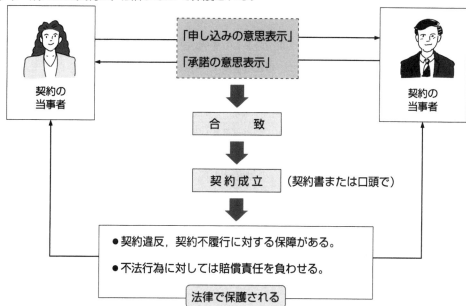

契約の当事者

「申し込みの意思表示」
「承諾の意思表示」

契約の当事者

合　致

契約成立　（契約書または口頭で）

● 契約違反，契約不履行に対する保障がある。
● 不法行為に対しては賠償責任を負わせる。

法律で保護される

▶▶　契約には，その内容によっていろいろな種類がある。

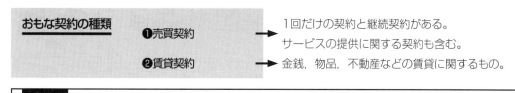

おもな契約の種類	
❶売買契約	→ 1回だけの契約と継続契約がある。 　サービスの提供に関する契約も含む。
❷賃貸契約	→ 金銭，物品，不動産などの賃貸に関するもの。

契約の法的有効性

契約の効力発生時期……原則と例外

● 原則：意思表示が相手に到達したときに，契約の効力が発生する（到達主義）。

契約の当事者├────────┤契約の当事者

到達	効力発生

● 例外：意思表示を発信（郵送など）したときに，契約の効力が発生する（発信主義）。

契約の当事者├────────┤契約の当事者

発信	効力発生

12 契約書の意義と役割

▶▶ 契約の成立を証明するのが契約書である。契約書は一定の形式を持っている。

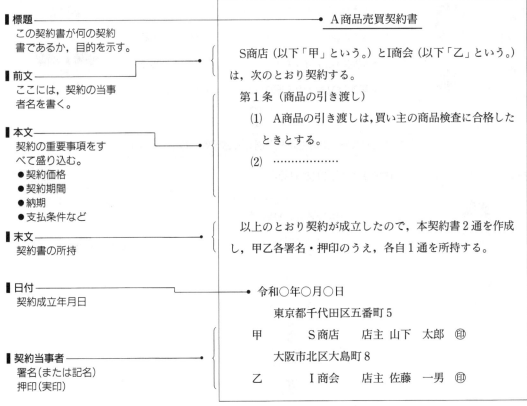

標題
この契約書が何の契約書であるか，目的を示す。

前文
ここには，契約の当事者名を書く。

本文
契約の重要事項をすべて盛り込む。
- ●契約価格
- ●契約期間
- ●納期
- ●支払条件など

末文
契約書の所持

日付
契約成立年月日

契約当事者
署名(または記名)
押印(実印)

個人の場合：市区町村役所に届けている印鑑
法人の場合：法務局に届けている代表印

A商品売買契約書

S商店（以下「甲」という。）とI商会（以下「乙」という。）は，次のとおり契約する。

第1条（商品の引き渡し）

(1) A商品の引き渡しは，買い主の商品検査に合格したときとする。

(2) ⋯⋯⋯⋯⋯⋯

以上のとおり契約が成立したので，本契約書2通を作成し，甲乙各署名・押印のうえ，各自1通を所持する。

令和○年○月○日
　　東京都千代田区五番町5
甲　　　　S商店　　店主 山下　太郎　㊞
　　大阪市北区大島町8
乙　　　　I商会　　店主 佐藤　一男　㊞

▶▶ 契約書は同文のものを2通作成し，双方が署名・押印して有効となる。

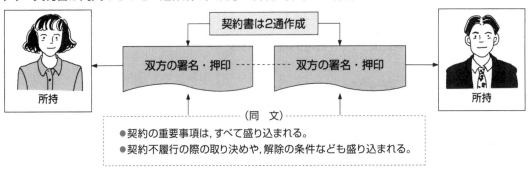

契約書は2通作成
双方の署名・押印 ┈┈┈┈ 双方の署名・押印
所持　　　　　　　　　　　　　　　　　　所持
（同　文）
- ●契約の重要事項は，すべて盛り込まれる。
- ●契約不履行の際の取り決めや，解除の条件なども盛り込まれる。

電子契約書

　電子契約の場合，契約書はデータ化されているので押印することは物理的に不可能なので，印鑑のかわりに電子署名をする必要がある。電子署名は暗号化されていて，契約日時や契約者の情報が組み込まれているので，改ざんされたとしても情報が検知できる。

　電子署名があれば，本人が契約に合意し契約は成立したことになる（電子署名法）。印鑑と電子署名は同等の効力があるということになる。

13 企業で使用する印鑑の取り扱い

▶▶ 企業で使用する印鑑には，さまざまな種類とそれに応じた役割がある。

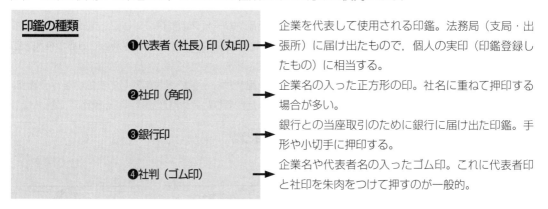

印鑑の種類

❶代表者（社長）印（丸印）→ 企業を代表して使用される印鑑。法務局（支局・出張所）に届け出たもので，個人の実印（印鑑登録したもの）に相当する。

❷社印（角印）→ 企業名の入った正方形の印。社名に重ねて押印する場合が多い。

❸銀行印 → 銀行との当座取引のために銀行に届け出た印鑑。手形や小切手に押印する。

❹社判（ゴム印）→ 企業名や代表者名の入ったゴム印。これに代表者印と社印を朱肉をつけて押すのが一般的。

●会社の印（公印）の押し方例

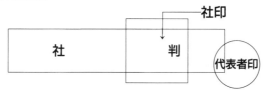

▶▶ 会社における印鑑の管理，保管は非常に重視されている。

●印鑑の管理・保管の注意事項
→ ①印鑑の押印者を定める。
→ ②重要な印鑑については印鑑簿に目的と使用日を記載する。
→ ③印鑑の保管場所，管理責任者を定める。

押印の意味とルール

●押印の目的と呼称

割り印：契約書などの正本・副本といった2枚の文書の双方へかけて押す印。割り判，契印などともいう。割り印は，2枚の文書が同一のものであることを証明する目的で押す。

訂正印：文書に記載した文字や数字を訂正したとき，訂正した本人または責任者が押す印。訂正印は，訂正した責任の所在を明らかにする目的で押す。

捨て印：文書の余白とか欄外にあらかじめ押印しておく。これは，文書作成後，字句の訂正が必要になったときの訂正用として押しておく。

消　印：文書などに貼った収入印紙にかけて押印する。これは，収入印紙をはがして不正に使用するのを防ぐ目的で押す。

止め印：文書に余白が生じた場合，「以下余白」の意味で最後の文字の末尾に押す。これは，ここから以後は空白であること，不正な記入を防ぐ目的で押す。

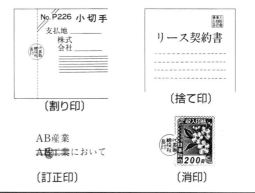

（割り印）

AB産業
AB工業において

（訂正印）

（捨て印）

（消印）

14 債権と債務

▶▶ 債権と債務は，取引における権利と義務の関係である。

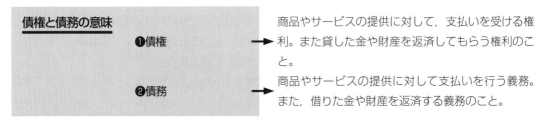

債権と債務の意味		
	❶債権 →	商品やサービスの提供に対して，支払いを受ける権利。また貸した金や財産を返済してもらう権利のこと。
	❷債務 →	商品やサービスの提供に対して支払いを行う義務。また，借りた金や財産を返済する義務のこと。

▶▶ 信用取引における債権回収までの流れを理解しよう。

現 金 取 引

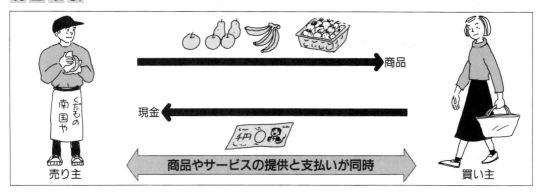

商品

現金

商品やサービスの提供と支払いが同時

売り主　　　　　　　　　　　　　　　　　　　買い主

信 用 取 引

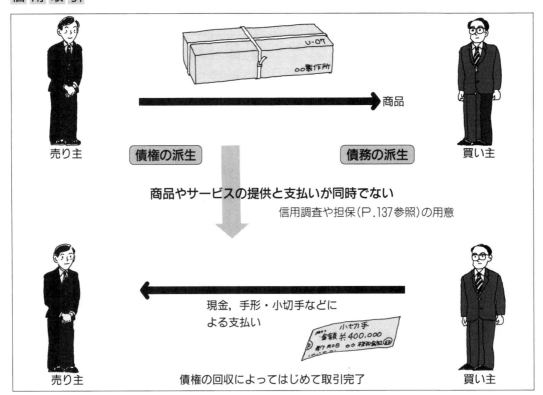

商品

売り主　　債権の派生　　　　　　　債務の派生　　買い主

商品やサービスの提供と支払いが同時でない
信用調査や担保（P.137参照）の用意

現金，手形・小切手などに
よる支払い

売り主　　　債権の回収によってはじめて取引完了　　買い主

15 手形・小切手の経済的機能と法律関係

▶▶ 手形や小切手は，現金に代えて金銭をやりとりするための手段である。

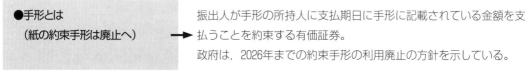

●手形とは （紙の約束手形は廃止へ）	振出人が手形の所持人に支払期日に手形に記載されている金額を支払うことを約束する有価証券。 政府は，2026年までの約束手形の利用廃止の方針を示している。

手形の経済的 機能・効果	❶機能	①支払決済，信用を利用しての手形貸付や手形割引による資金調達。 ②送金・取り立て
	❷効果	①現金払いよりも安全である。 ②代金支払いを満期（支払期日）まで伸ばせる。 ③手形の譲渡（裏書きによる）と現金化が可能。

約束手形の具体例

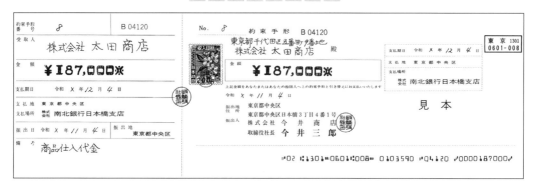

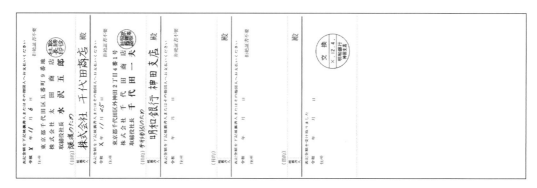

▶▶ 約束手形を振り出して支払いにあてるしくみを理解しよう。

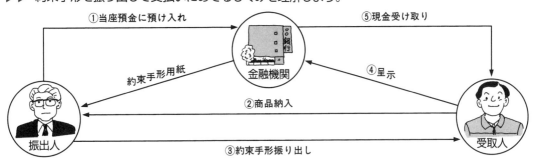

●小切手とは
（紙の小切手から電子的決済サービスへ）

→ 銀行を支払い人として，記載されている金額を受取人や持参人に支払うことを銀行に委託する有価証券。金融界は，2026年度末までに紙の小切手から電子的決済サービスへの移行を推進している。

小切手の経済的機能・効果

❶機能 → 現金に代わる支払い手段となる。

❷効果 → ①盗難の心配がいらないなど安全である。
②支払いの処理は銀行がやってくれる。

小切手の具体例

▶▶ 小切手を振り出して支払いにあてるしくみを理解しよう。

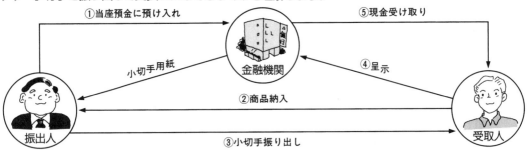

▶▶ 小切手には，いろいろな種類がある。

小切手の種類

❶持参人支払い小切手 → 小切手を持参した者に，引き換えに現金が支払われる。

❷線引小切手 → 線引小切手については，金融機関は取引先にしか支払いを行わない。

❸先日付小切手 → 「記載された振出日以後に呈示してください」という約束で振り出すもの。

❹送金小切手 → 送金手段として，銀行が振り出す小切手をいう。

不渡りとは何か

手形や小切手の振出人が，支払い日に支払いをできなくなることを言う。不渡りを出すと，振出人は取引先などに対して信用を失う。また6か月に2回不渡りを出すと2年間銀行取引停止になり，事業の継続は困難になる。

演習 6

1 次の各文の（　　）にあてはまる用語を，下記の語群のなかから選びなさい。

1. 就業規則

(1) 会社には，日々の仕事を成り立たせるための労働者の職場の（　　）が必要である。これが就業規則である。

(2) 就業規則は，（　　）に準じた機能を持っている。

(3) 労働者と（　　）の間で，労働契約（細目は就業規則などで定められる）を結ぶ。

　ア．法律　イ．使用者　ウ．労働省　エ．ルール

　オ．確保　カ．民法

2. 労働基準法

(1) 労働基準法は，労働者が人間らしい生活を送るための最低の（　　）を定めている。

(2) 憲法では，健康で文化的な最低生活を営む権利が規定されているが，それを可能にするための法律として（　　）がある。

(3) 労働基準法に違反すれば，（　　）が適用される。

　ア．損害賠償　イ．罰則　ウ．労働条件　エ．労働基準法

　オ．給与　カ．民事法

3. 労働組合法

(1) 労働組合法は，労働者が団結して会社と（　　）を行い，地位の向上を助成する法律である。

(2) 労働者が，使用者との交渉において，（　　）の立場に立つことを促進することを目的としている。

(3) 会社は，正当な理由がなければ（　　）との交渉を拒否できない。

　ア．労働組合　イ．団体交渉　ウ．個人交渉　エ．対等　オ．雇用者

4. 労働関係調整法

(1) 労働関係調整法は，（　　）を予防することを目的としている。

(2) 労働関係調整法は，労働争議の（　　）を目的としている。

(3) 労働関係調整法は，（　　）の公正な調整をはかることを目的としている。

　ア．労働争議　イ．予防　ウ．労働関係　エ．解決

　オ．失業　カ．解雇

2 次の説明文にあてはまる用語を答えなさい。

(1) 従業員の就業条件等について，使用者と労働者個人個人との間でかわされる取り決め。

(2) 従業員の就業条件等について，使用者と労働組合の間でかわされる取り決め。

(3) 常時10人以上の労働者を使用する使用者が，就業に関する規則を作成し，行政官庁に届け出るもの。

1－2
労働基準法の規定

1. 労働条件は，労働者が人たるに値する生活を営むための必要を充たすべきものでなければならない。

2. 労働条件は，労働者と使用者が，対等の立場において決定すべきものである。労働者及び使用者は，労働協約，就業規則及び労働契約を遵守し，誠実に各々その義務を履行しなければならない。（以下略）

1－3
労働組合法の規定

1. この法律は，労働者が使用者との交渉において，対等の立場に立つことを促進することにより，労働者の地位を向上させること，労働者がその労働条件について交渉するために，自ら代表者を選出すること，その他の団体行動を行うために自主的に労働組合を組織し，団結することを擁護すること，並びに使用者と労働者との関係を規制する労働協約を締結するための団体交渉をすること，及びその手続きを助成することを目的とする。（以下略）

1－4
労働関係調整法の規定

この法律は，労働組合法と相まって，労働関係の公正な調整をはかり，労働争議を予防し，または解決して，産業の平和を維持し，もって経済の興隆に寄与することを目的とする。

3 労働基準法に関する説明文について，（　　）にあてはまる用語または数字を，下記の語群のなかから選びなさい。

1. 労働時間

(1) 使用者は，労働者に，休憩時間を除き1週間について（　　）時間を超えて，労働させてはならない。

(2) 労働者に，休憩時間を除き1日について（　　）時間を超えて，労働させてはならない。

　　ア．8　イ．48　ウ．40　エ．6

2. 時間外および休日の労働

(1) 使用者と労働組合等との間で書面による協定を取りかわし，これを行政官庁に届け出た場合は，その協定で定めるところによって，労働時間を（　　）することができる。

(2) 上記の場合，（　　）に労働させることもできる。

(3) ただし，健康上とくに有害な業務の労働時間の延長は，1日について（　　）時間を超えてはならない。

　　ア．2　イ．深夜　ウ．3　エ．延長　オ．休日　カ．短縮

3. 年次有給休暇

(1) 使用者は，6か月継続勤務し，全労働日の8割以上出勤した労働者に対して，（　　）労働日の有給休暇を与えなければならない。

(2) 1年6か月以上継続勤務した労働者に対しては，6か月を超える継続勤務年数1年ごとに，上記(1)の日数に，（　　）労働日を加算した有給休暇を与えなければならない。

(3) ただし，総日数が（　　）日を超える場合においては，その超える日数については有給休暇を与える必要がない。

　　ア．20　イ．15　ウ．10　エ．5　オ．2　カ．1

4 男女雇用機会均等法に関する説明文について，（　　）にあてはまる用語を，下記の語群のなかから選びなさい。

(1) 労働者の（　　）や採用について，男女に均等な機会を与える。

(2) 労働者の（　　）にあたって，男女を差別しない。

(3) 昇進について，男女を（　　）しない。

　　ア．差別　イ．食事　ウ．配置　エ．休憩　オ．休暇　カ．募集

5 次の各設問に答えなさい。

1. ユニオンショップ制について，正しいものを1つ選びなさい。

ア．採用時は労働組合の組合員でなくても，採用後一定期間内に組合への加入が強制される。ただし，組合から脱退しても解雇されない。

イ．採用時は労働組合の組合員でなければならない。そして，採用後に組合から脱退したり，除名されれば解雇される。

ウ．採用時は労働組合の組合員でなくてもよいが，採用後一定期間内に組合への加入が強制され，組合から脱退したり，除名されたりした場合は解雇される。

エ．採用時は労働組合の組合員でなくてもよいが，採用後一定期間内に組合への加入が強制される。しかし，採用後に組合から脱退したり，除名されても解雇されない。

3－1
労働者が一定の定められた時間のなかで，労働の始まりと終わりの時間を自由に決定できる労働時間制のことを**フレックスタイム制**という。一定時間を核時間（コア・タイム）として全員を拘束したうえで出退勤を自由とするのがもっとも一般的である。

3－2
労働基準法（第36条）には**時間外・休日の労働について**の規定がある。
「使用者は，当該事業場に労働者の過半数で組織する労働組合がある場合においてはその労働組合，労働者の過半数で組織する労働組合がない場合においては，労働者の過半数を代表する者との書面による協定をし，これを行政官庁に届け出た場合においては，労働基準法の労働時間や休日に関する各規定にかかわらず，その協定の定めるところによって，労働時間を延長し，または休日に労働させることができる」
この規定は，第36条に設けられているところから，一般に**三六協定**といわれている。

5－1
ユニオンショップ制
採用されるときは組合員でなくてもよいが，採用後一定期間内に強制的に労働組合に加入しなければならない。
組合から脱退・除名されると解雇となる。

2. オープンショップ制について，正しいものを１つ選びなさい。

ア．労働組合への加入あるいは脱退は，従業員の自由意思に任されている。加入・脱退と雇用は結びつけない。

イ．採用される従業員は，全員採用と同時に組合員でなければならないが，一定期間経過後の脱退は従業員の自由意思に任されている。

ウ．労働組合への加入は従業員の自由意思だが，脱退はできない。

エ．採用される従業員は，組合加入を強制されない。しかし，入社後，昇給・昇格の際に不利な扱いを受けることがある。

3. 労働三法とは何か，正しいものを１つ選びなさい。

ア．労働基準法，最低賃金法，労働安全衛生法

イ．労働基準法，労働組合法，労働関係調整法

ウ．労働基準法，職業安定法，雇用保険法

エ．労働基準法，労働組合法，労働者災害補償保険法

6 次の各設問に答えなさい。

1. 就業規則に記載されるもので，正しくないものを１つ選びなさい。

ア．賃金の決定，計算および支払いの方法などに関する事項

イ．退職金に関する事項

ウ．採用試験に関する事項

エ．職業訓練に関する定めをする場合の事項

2. 男女雇用機会均等法の内容について，正しくないものを１つ選びなさい。

ア．女子の採用人数を限定しない。

イ．女子の面接の際，通勤時間１時間以内という限定をする。

ウ．職場のセクハラ防止を企業に努力義務として明文化した。

エ．女性の職場での教育訓練を行う。

7 次の説明文にあてはまる用語を，下記の語群のなかから選びなさい。

(1) 採用後，３か月程度，新入社員の能力などをチェックする。

(2) 懲戒処分の１つで，本人の意思にかかわらず免職処分する。

(3) 自分の都合，または定年により会社を辞めること。

(4) 職務や職種を変えて，後継者の育成，従業員の能力開発，勤労意欲の向上をはかる。

ア．退職　イ．転職　ウ．人事異動　エ．年功序列　オ．懲戒解雇
カ．試用期間

8 次の各文の（　）にあてはまる用語を，下記の語群のなかから選びなさい。

(1) 給与の支払形態には，固定給（　）と能率給（出来高払い制）とがある。

(2) 給与支給総額から（　）を差し引いたものが実際支給額（　）である。

(3) 控除額の内訳は，（　）と税金，その他(組合費，貸付金返済額など)である。

ア．月給　イ．基本給　ウ．控除額　エ．時間外手当
オ．手取り額　カ．社会保険料　キ．定額制

5−2
オープンショップ制
労働組合への加入・脱退については，従業員の自由意思に任されており，強制されることはない。採用や解雇とは結びつけない制度である。

わが国では，ユニオンショップ制やオープンショップ制を採用しているところが多い。

なお，欧米で一般的なクローズドショップ制は，使用者が組合に組織された労働者のなかから従業員を雇用するという協約である。企業別組合を基本とする日本には，クローズドショップ制はない。

6−2
男女雇用機会均等法の改正
1985年に制定された男女雇用機会均等法が1997年に改正された。従来は単なる「努力義務」とされていた募集・採用・配置・昇進などの差別を「禁止規定」とし，より実効力を持たせた。また，セクシャルハラスメントの防止義務，母性健康管理の努力義務などが盛り込まれた。

7
(4)**人事異動**は，社員を適材適所に配置するため，後継者を育成するため，能力開発と昇格のため，勤労意欲の向上のためなどの目的で，定期的に行われる。

8
(1)日本では，定額制の月給制が多いが，タクシー乗務員のように，定額制に出来高払い制を加味している場合もある。

9 次の各文の（　　）にあてはまる用語を，下記の語群のなかから選びなさい。

1. 社会保障

(1) 社会保障の基本となる精神は，（　　）第25条の条文である。

(2) 社会保障制度の中心となる役割を果たしているのが（　　）である。

(3) 社会保障の分野には，社会保険のほか，公的扶助，（　　），公衆衛生などが含まれる。

(4) 社会保障は（　　）の形をとるものと，サービスで充足するものがある。

　　ア．労働基準法　イ．憲法　ウ．社会福祉　エ．生存権
　　オ．社会保険　カ．健康保険　キ．現金給付　ク．人材派遣

2. 社会保険

(1) 病気になったり，けがをした場合の社会保険は，（　　）である。

(2) 老後の生活を保障する社会保険は，（　　）である。

(3) 失業の際に適用される社会保険は，（　　）である。

(4) 労働の際の災害や事故に対する社会保険は，（　　）である。

　　ア．雇用保険　イ．簡易保険　ウ．健康保険　エ．年金保険
　　オ．生命保険　カ．養老保険　キ．損害保険　ク．労災保険

3. 健康保険

(1) すべての国民が，いずれかの健康保険に加入している制度のことを，（　　）という。

(2) 健康保険加入者が，病気になったり，事故にあったりした場合，保険証を提示して自己負担分を支払えば，だれでも（　　）を受けることができる。

(3) 医療機関は，患者の自己負担分以外の診療報酬を，（　　）や国から支払ってもらう仕組みになっている。

(4) 健康保険には，医療費補助のほか，所定の書式での申請を行えば，（　　），分娩費なども給付される。

　　ア．国民総保険　イ．保険医療　ウ．国民皆保険　エ．費用
　　オ．健康保険組合　カ．労働組合　キ．出産手当金　ク．年金

4. 雇用保険・労災保険

(1) 雇用保険は，被保険者であった期間が6か月以上である労働者が失業したとき，（　　）を保険で補う制度である。

(2) 労災保険は，業務上の災害にあったとき，（　　）が受けられる制度である。

(3) 雇用保険の給付額は，離職前の標準報酬日額の（　　）割を基準に，一定期間支払われる。

(4) 労災保険の保険料は，（　　）が負担する。

　　ア．生活費　イ．医療費　ウ．会社　エ．従業員　オ．保険
　　カ．5～8　キ．3～5

9−1
「すべての国民は，健康で文化的な最低限度の生活を営む権利を有する」というのが**憲法第25条**である。生存権といわれるこの権利の実現のために，「国は，すべての生活部面について，社会福祉，社会保障及び公衆衛生の向上及び増進に努めなければならない」と規定している。
(4)**現金給付**には，社会保険のように，自らも支払いを通してその権利を得るものと，税金によるものがある。

9−3
(4)申請によって，一定の金額が支給されるものには，このほか，傷病手当金，育児手当金，埋葬費などがある。

9−4
(1)**雇用保険**の給付には，公共職業安定所に求職申し込みをして，失業の認定を受けなければならない。
(2)**労災保険**は，業務に起因する病気・けが・傷害・死亡について，保険金が給付される。
けがや病気が治るまで治療を受けることができるが，労災病院か労災指定病院に限られる。
労災保険には，会社への往復通勤の途中で起きた事故についても，保険金が給付される。これを通勤災害というが，認定されるかどうか，会社の人事または労働基準監督署に相談するとよい。

10 次の各設問に答えなさい。

1. サラリーマンの納税について，正しくないものを1つ選びなさい。

〔選択肢〕

ア．サラリーマンの所得税と住民税は，支給される給与からあらかじめ徴収されている。これを源泉徴収という。

イ．所得税は，給与所得から各種の所得控除額を差し引いた残りの額に対してかかる。

ウ．所得税には，所得金額が小さいほど税率が高くなる超累進税率が適用されている。

エ．年末調整とは，12月に行われる源泉徴収の精算手続きである。

2. 所得控除について，正しくないものを1つ選びなさい。

〔選択肢〕

ア．支払った医療費をもとに一定額を控除するのは，医療費控除である。

イ．その年に支払った保険料の控除は，社会保険と生命保険には適用されるが，損害保険料は控除の対象にならない。

ウ．合計所得金額が2,400万円以下の基礎控除額は，48万円である。

エ．社会保険とは，年金など社会保険料を支払ったとき，一定額を控除するものである。

3. 各種保険について，正しくないものを1つ選びなさい。

〔選択肢〕

ア．生存保険とは，保険料を支払い，その満期のときまで被保険者が生存していることを条件として保険金が支払われる契約内容のものである。

イ．死亡保険とは，保険料を支払い，その被保険者の死亡を条件に保険金が支払われる契約内容のものである。

ウ．養老保険は，65歳以上の人に支払われる保険のことである。

エ．損害保険とは，事故で財産に損害を受けた場合の負担や，賠償責任を負った場合の負担や，傷害，病気に対する負担のために，保険料を支払うものである。火災，自動車，傷害保険などがある。

11 次の組み合わせで，正しくないものを1つ選びなさい。

1. 税　金

〔選択肢〕

ア．国　税……所得税など

イ．地方税……法人税など

ウ．収得税……住民税など

エ．消費税……酒税など

2. 年　金

〔選択肢〕

ア．国民年金…20歳以上60歳未満のすべての国民が加入する基礎年金。

イ．厚生年金……民間企業で働く労働者はすべて加入する。

ウ．「2階建て」の年金……国民年金＋老齢年金。

エ．老齢年金……満65歳以上から支給。

10－1

ア．**住民税**は，前年の所得に対して課税される。課税金額を，1年を12か月に分け，それを6月から翌年5月までの給与から納付することになる。

従業員は源泉徴収によって納税するのに対し，法人・個人事業主，複雑な所得源のある者，高額所得者などは，各自が納税額を申告して納める**申告納税**である。

10－3

イ．死亡保険には，ある一定時期までの間の死亡を保険事故とする**定期保険**と，とくに時期を定めない**終身保険**がある。

また，ガンなどの告知を受けた被保険者に対しては，その生存中に保険金を支払うといった内容の保険もある。

11－1

税金には，国税と地方税という納税先による分類方法のほかに，その性格による次のような分類方法もある。

①**収得税**

収得税は，利益に応じて納める税金で，所得税・法人税・住民税・事業税などが該当する。

②**財産保有税**

財産保有税は，財産を持っているという事実にもとづいて納める税金で，相続税・贈与税・固定資産税・自動車税などが該当する。

③**消費税**

消費税は，消費したという事実にもとづいて納める税金で，酒税・特別地方消費税などが該当する。

④**流通税**

流通税は，財産や権利の移転にもとづいて納める税金で，印紙税・登録免許税・不動産取得税などが該当する。

⏃12　ビジネスと法律に関する記述で，正しくないものを１つ選びなさい。

〔選択肢〕

ア．契約は原則として口約束でも成立するが，意思を明確にするために契約書を２通作成し当事者双方が各１通を保管する。

イ．会社設立時に法務局に届け出る代表取締役の実印を代表者印といい，必要なときに印鑑証明書の発行を受けられる。

ウ．保証人は，債権者から債務の履行を求められた場合，まず本来の債務者に請求権を行使すべきことを要求する権利を持っている。

エ．抵当権は同じ不動産にいくつも設定できるので，担保として設定する場合は価格とともに設定順位にも注意する。

オ．個人でも，銀行に普通預金口座を開設しておくことで手形や小切手の振り出しと入金が自由にできる。

⏃13　「契約自由の原則」の説明で，正しくないものを１つ選びなさい。

〔選択肢〕

ア．契約の形式は，必ず文書によらなければならない。これが契約自由の原則の唯一の例外規定である。

イ．契約の相手方をだれにするかは自由である。

ウ．契約を締結するかどうかは強制されない。

エ．取引を当事者間で自由に行えれば，自由競争を通じてもっとも合理的な取引であるという考えが，契約自由の原則の背景にある。

オ．今日では，契約自由の原則は，労使関係や消費者取引などの場でいろいろな制限を受けるようになっている。

⏃14　売買契約についての説明で，正しくないものを１つ選びなさい。

〔選択肢〕

ア．売り主と買い主の間で，「売ります」「買います」という当事者同士の意思が合致すれば，法律上契約は有効に成立する。

イ．商品の売買契約は有償契約である。

ウ．売買契約を文書で結ぶ際には，契約書を一通作成する。

エ．買い主が「わたしが所有者」であることを，売り主以外の第三者に対して主張するためには，不動産の場合，登記が必要である。

オ．手付けは，契約の履行を確実にするための一種の保証金のような役割を持っている。

⏃15　契約書の作成についての説明で，正しくないものを１つ選びなさい。

〔選択肢〕

ア．売買契約書には，目的物を特定したうえで，契約価格，支払い方法，納期などの条項が欠かせない。

イ．どのような契約書にも，禁止事項やトラブルの処理方法を規定しておくべきである。

ウ．契約書の標題は，実務上むしろつけないケースが多い。

エ．契約書には契約成立年月日を記載する。

オ．契約書につける標題は，何の契約書なのかを識別するためにつけるもので，契約書の効力とは関係がない。

13
契約は，それが**強行法規**に違反するような場合，あるいは公の秩序や善良な風俗に反する場合は無効とされる。
強行法規とは，社会生活の秩序を維持するために，当事者間の意思で，それと違うことを決めることができない法規である。

14
イ．有償契約には，賃貸借も含まれる。
エ．不動産について取引する場合には，登記簿（登記所に備えつけてある）を見て，売り主に所有権があるかどうか調べる必要がある。

15
売買契約は契約書のほか「覚書」「念書」といった標題のついている文書であっても，一定の契約が成立した旨が記載されていれば，効力を発揮する。
覚書（おぼえがき）とは，備忘のために書いておく文書のことである。
念書（ねんしょ）とは，後日証拠として書いておく文書のことである。

16 「印鑑」についての説明で，正しくないものを１つ選びなさい。

〔選択肢〕

ア．会社は，その本店所在地を管轄する法務局に，代表取締役の印鑑を届け出なければならない。

イ．取引銀行には，あらかじめ使用する印鑑を届け出る必要がある。

ウ．取引銀行に届け出る印鑑と，法務局に届け出る代表取締役の印鑑は同じものでなければならない。

エ．印鑑を押印する場合，氏名の末尾に印影の一部が接するぐらいの位置に押すとよい。これにより，氏名と押印の一体感が認められる。

オ．指で押す「押印」は，捺印とは認められない。

17 次の取引に関する文で，正しくないものを１つ選びなさい。

〔選択肢〕

ア．取引には，その支払い形態によって，現金取引と信用取引がある。

イ．信用取引においては，商品販売によって生じた債権を回収することが可能な取引先であるかどうか，資産や収入についての信用調査が必要である。

ウ．信用取引においては，担保を取ることもある。

エ．信用取引では，購入可能な金額は，現金取引よりも少なくなる。

オ．信用取引においては，小切手や手形により，代金を回収し終えてはじめて，取引を終了したことになる。

18 債権・債務についての説明で，正しくないものを１つ選びなさい。

〔選択肢〕

ア．掛売りによって発生する債権を売掛金という。

イ．債権・債務は，信用取引によって派生する。

ウ．買掛金は，仕入代金を後日支払わなければならない義務のことである。

エ．掛買いによって発生する債務を借入金という。

オ．「お金を受け取ることができる権利」を債権，「お金を支払わなければならない義務」を債務という。

18

掛売りとは，商品の売買にともなう代金決裁の方法の１つであり，後払いの一種である。売掛金は，品物を売ってまだ受け取っていない代金のこと。これに対し買掛金は品物を買ってまだ支払っていない代金のこと。

19 取引先の信用についての説明で，正しくないものを１つ選びなさい。

〔選択肢〕

ア．取引において「信用」とは，人柄の誠実さのことであり，これが商売の基本となる。

イ．取引先の信用調査では，取引先の資産と売上高・利益が重要である。

ウ．信用調査する際，そこの取引銀行に問い合わせる方法もある。

エ．掛取引の相手には，念入りな信用調査を行わなければならない。

オ．取引先の商品仕入れ先を調べ，評判を聞いてみてもよい。

19

エ．掛売りした場合，相手が代金を支払ってくれなかったときは，最終的には相手方の財産を裁判所に差し押さえてもらうしか方法がない。

20 担保についての説明で，正しくないものを１つ選びなさい。

〔選択肢〕

ア．物による債権の担保を物質的担保という。

イ．人による債権の担保を人的担保という。

ウ．金銭債権について，債務不履行の場合に対する手段を担保という。

エ．債権者が複数存在する場合には，債権者は，債務者の財産に対してお互い平等の権利を有し，他の債権者に対し優先権を持たない。

オ．特定の債権については，法律の規定によって債権の確保が認められている。

21 人による債権の担保についての説明で，正しくないものを１つ選びなさい。

〔選択肢〕

ア．債務者以外の第三者が負う義務のことを，保証債務といい，保証債務を負う第三者のことを保証人という。

イ．保証人が，主たる債務者に代わって債務を履行した場合は，自分が弁済した額の返還を債務者に請求できない。

ウ．連帯保証人は，催告の抗弁権も検索の抗弁権も持たない。

エ．連帯債務者は，債権者に対してはそれぞれが債務の全額を負担する。

オ．人による債権の担保には，保証，連帯保証，連帯債務がある。

22 小切手と約束手形についての説明で，正しくないものを１つ選びなさい。

〔選択肢〕

ア．小切手も約束手形も，取引をする時点で，取引に必要なお金を銀行に預けておかなければならない。

イ．小切手も手形も，まず銀行との間に「当座勘定契約」を結んでおく必要がある。

ウ．小切手は支払証券といわれ，約束手形は信用証券といわれる。

エ．手形には割引きという制度があるが，小切手にはない。

オ．手形も小切手も，基本的な性格は共通しているため，両者を一緒にして慣習的に「手形・小切手」と呼んでいる。

23 小切手や手形の支払いについての説明で，正しくないものを１つ選びなさい。

〔選択肢〕

ア．小切手には収入印紙を貼る必要はないが，手形には金額に応じて収入印紙を貼る必要がある。

イ．小切手や手形の振出人が支払いを怠り，６か月の間に２回不渡りを出すと，銀行取引停止処分を受ける。

ウ．小切手の受取人は，現金に換えて受け取ることもできるし，自分の取引銀行に小切手を預け入れることもできる。

エ．約束手形は，裏書きすることによって，第三者に譲渡することができる。

オ．手形には，とくに支払期日は決められていない。

20
ウ．債務不履行とは，債務の返済を約束どおり実行しないことをいう。

21
ア．保証債務とは，債務者が債務を履行しない場合に，債務者以外の第三者が債権者に代わって債務を履行する義務を負うことをいう。

ウ．債権者が主たる債務者に請求しないで，保証人に請求してきた場合は，「まず主たる債務者に催告するように」請求することができる。これを**催告の抗弁権**という。

債権者が主たる債務者に催告したあとでも，保証人は，「債務者には強制執行しやすい財産がある」ことを証明して，そのことを債権者に主張することができる。これを**検索の抗弁権**という。

22
ウ．小切手の振出人は，小切手の所持人から支払いを求められたときは，いつでもそれに応じなければならない。このことから小切手は，支払証券といわれる。

約束手形の受取人は，支払期日が来れば必ず振出人が支払ってくれることを信用している。この信用がベースにないと，約束手形による取引は成り立たない。このことから，約束手形は信用証券といわれる。

24 次の約束手形についての説明で，正しくないものを1つ選びなさい。

〔選択肢〕

ア．約束手形の受取人は，この手形を持っていても，支払期日が来なければその額面金額の支払いは受けられない。

イ．手形は割り引いて，支払期日前に換金することができる。

ウ．手形は，そのまま他の取引の支払いの代金として使うことができる。

エ．支払期日に，支払人の当座預金残高が不足していても，小切手と違い，手形の場合は不渡りになることはない。

オ．いったん振り出された手形は，裏書きによって人の手から手へと次々に渡っていくことがある。

25 次の約束手形を見て，下の説明で正しくないものを1つ選びなさい。

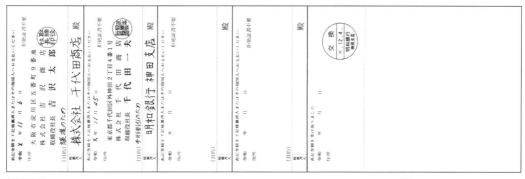

〔選択肢〕

ア．浜田商店は東西銀行との間に当座勘定契約を結んでいる。

イ．手形には為替手形もあるが，取引でよく用いられるのは約束手形である。

ウ．浜田商店は，吉沢商店に商品仕入代金を支払う目的で，この約束手形を振り出した。

エ．この約束手形の支払期日は，11月4日である。

オ．この手形は，裏書きにより，吉沢太郎から千代田一夫をへて，明和銀行で割り引かれたことがわかる。

24

イ．手形の支払期日が来る前に，その手形を銀行に買い取ってもらい，現金に換えることができる。これを手形の割引という。

ウ．手形を裏書きして他人に譲り渡す場合は，手形の裏面に必要事項を記載して，署名または記名・押印すればよい。

25

ア．小切手や手形を振り出すためには，あらかじめ取引銀行との間で当座勘定契約を結び，当座預金を預けておかなければならない。

イ．為替手形は，振出人が売掛金のある名あて人に対して，一定の金額を受取人に支払うように委託するものである。

エ．約束手形の振出日に，一定の資金がなくても，たとえば3か月後には確実にお金が入ってくるのであれば，3か月後の一定日を支払期日として約束手形を振り出し，商品の仕入れなどの取引を行うことができる。

26 小切手による支払いの便利さについての説明で，正しくないものを
1つ選びなさい。

〔選択肢〕

ア．どんなに大きな金額でも1枚の小切手があればよいので，持ち運
びに便利である。

イ．小切手用紙はコンビニエンスストアで買い求めることができるた
め，いちいち銀行へ足を運ばなくてすむ。

ウ．お金の数え間違いが防げる。

エ．銀行に支払いの記録が残るから，証拠として役に立つ。

オ．受け取った小切手で，商品を買うこともできる。

27 線引小切手の種類についての説明で，正しくないものを1つ選びな
さい。

〔選択肢〕

ア．線引小切手の場合，支払銀行は所持人から取り立てを依頼された
銀行，または支払銀行と直接取引のある人にしか，そのお金を払っ
てはいけないことになっている。

イ．線引小切手の場合，振出人の信用度が増すため，振出人は必ずし
も銀行に当座預金口座を開設する必要はない。

ウ．持参人払い小切手は，拾った人が不正に利用する恐れがあるが，
線引小切手の場合は，その心配がない。

エ．特定線引小切手の場合は，支払われる先はさらに限定される。

オ．普通の小切手を受け取った人が，それを線引小切手にすることも
できる。

27
エ．小切手の表面に引いた
2本の平行線の間に，特定
の銀行名を記入したものが
特定線引小切手である。こ
の小切手では，支払銀行が
そこに書かれた銀行にしか
お金の支払いができない。

28 次の小切手を見て，下の説明で正しくないものを1つ選びなさい。

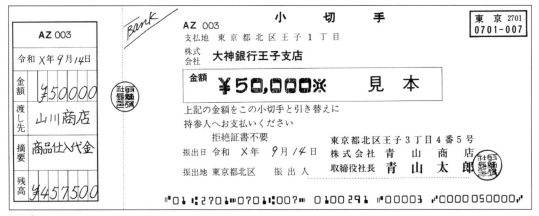

〔選択肢〕

ア．青山商店は，大神銀行との間に当座勘定契約を結んでいる。

イ．青山商店は，大神銀行の口座から代金を支払う目的で，この小切
手を振り出した。

ウ．この小切手は特定線引小切手ではない。

エ．当座預金残高が¥300,000しかない場合，この小切手は不渡りに
なる。

オ．この小切手による支払いを受けるのは，山川商店である。

28
小切手の必要的記載事項は，
①小切手という文句，②金額，
③支払委託の文句，④支払人，
⑤支払地，⑥振出日，振出地，
⑦振出人の署名である。
このうち小切手という文句
などは印刷されているため，
振出人は，金額欄，振出日
を記入し，署名すればよい。

　下の契約書を見て，1.～5.の設問に答えなさい。

|　　　　| 　　　　　　　　　　　　　　契約書 |

　賃貸人　山口　浩一　（以下甲という）と，賃借人　広瀬　幸子　（以下乙という）との間に，次のとおり　　　　　　　契約を締結する。

第1条（賃貸借建物）　甲は，その所有する次の建物を乙に賃貸し，乙はこれを賃借する。
　　　　　建物の所在地　　東京都立川市寿町○―○―○
　　　　　構　　造　　　　鉄筋コンクリート
　　　　　面　積　　　　　66.0㎡（20坪）
第2条（使用目的）　乙は本物件を乙の営業店舗および事務所としてのみ使用し，それ以外の目的に使用しないものとする。
第3条（賃貸借の期間）　賃貸借の期間は次のとおり2年間とする。
　　　　　　　　　令和○年4月2日から　　　令和△年4月1日まで
第4条（賃料）　賃料は月額35万円とする。
第5条（賃料の支払い）　乙は毎月25日までに翌月分を甲に，持参のうえ支払う。
第6条（賃料の改訂）　経済事情の変動，公租公課の増徴または近隣の建物賃料との比較などにより不相当となったとき，甲は契約期間中であっても賃料を改訂できる。
第7条（敷金）　本契約債務の履行を担保するため，乙は敷金として賃料3か月分相当額105万円也を本契約締結と同時に預託する。敷金は無利息とする。
　　　　敷金は本契約終了の場合，乙が賃借建物を完全に明け渡し，乙の甲に対するいっさいの債務に充当した後になお残額があれば，甲はこれを乙に返還するものとする。
第8条（届出義務）　乙が次の行為をするときはあらかじめ甲の承認を得ることを必要とし，その費用は乙の負担とする。
　　　①物件内の造作・模様換えなどを行うとき。
　　　②物件の外画に商号・商標その他のものを表示するとき。
第9条（禁止事項）
　　　①賃借権の譲渡および転貸をしてはならない。
　　　②物件内に住居を設けてはならない。
第10条（甲の契約解除権）　乙に次の各号の一つに該当する行為があったときは，甲は催告なしに本契約を解除することができる。
　　　①賃料の支払いを3か月分以上延滞したとき。
　　　②本契約第2条，第9条の規定に違反する行為があったとき。
　　　③著しく信用を失墜する事実があったとき。
第11条（契約の消滅）　天災地変その他不可抗力により物件の使用が不可能になった場合，本契約は当然終了するものとする。
第12条（原状回復の義務）　乙は賃借建物明け渡しのとき，これを原状に復さなければならない。
第13条（保証人）　保証人は本契約にもとづく乙の債務を乙と連帯して履行する責任を負う。
　以上契約の証として本書2通を作成し，甲，乙および乙の連帯保証人がそれぞれ記名・押印のうえ，甲乙各1通を保有する。
　　　　　　　　　　令和○年　3　月　15　日

　　　　　　　　　賃　貸　人　現住所　東京都立川市柴田町○―○―○
　　　　　　　　　　　　　　　氏　名　山口　浩一　　　　　　㊞
　　　　　　　　　賃　借　人　現住所　東京都武蔵野市吉祥寺南町○―○―○
　　　　　　　　　　　　　　　氏　名　広瀬　幸子　　　　　　㊞
　　　　　　　　　連帯保証人　現住所　山梨県甲府市下飯田○―○―○
　　　　　　　　　　　　　　　氏　名　上田　宏　　　　　　　㊞

1. この契約書は何の契約書か，正しいものを１つ選びなさい。

〔選択肢〕

ア．土地賃貸借　　イ．金銭消費貸借　　ウ．不動産売買

エ．建物賃貸借　　オ．雇用

2. 「契約書」に関する記述で，正しくないものを１つ選びなさい。

〔選択肢〕

ア．契約書は必ず２通作成し，契約を結んだ双方が所持しなければならない。

イ．契約書には，契約不履行の際の取り決めや解除の条件なども盛り込まれる。

ウ．賃貸借契約書には，印紙税法にもとづいて，収入印紙を貼付しなければならない。

エ．契約書の記載内容については，記名・押印後に，双方でよく話し合わなければならない。

オ．契約書には，契約に関する重要事項を盛り込まなければならない。

3. 「担保」に関する記述で，正しいものを１つ選びなさい。

〔選択肢〕

ア．この契約にあたっては，建物を担保としている。

イ．この契約にあたっては，物的担保として敷金が，人的担保として連帯保証人が用意されている。

ウ．担保とは，催告なしに契約を解除することである。

エ．連帯保証は単純な保証より担保としての効力が弱い。

オ．担保がない場合，この契約は法的根拠を持たない。

4. 「債務」に関する記述で，正しいものを１つ選びなさい。

〔選択肢〕

ア．この契約書において債務は甲に生じる。

イ．債務の履行については，金額だけが定められている。

ウ．債務の不履行にあたっては，保証人が訴えを起こすことができる。

エ．甲は乙に対して敷金を返却するという債務がある。

オ．債務に対する言葉は債権である。

5. 賃貸人，賃借人ともに記名・押印し，２通の契約書を作成した。２枚の契約書が偽造されないようにするためにはどうすればよいか，正しいものを１つ選びなさい。

〔選択肢〕

ア．２通をホチキスで留めておく。

イ．空欄にもう一度サインしておく。

ウ．２通をまたがるよう，互いの印を押しておく。

エ．２通をのりづけしておく。

オ．同じ人間が保管しておく。

◆知っておきたい法律の諸点

1 民法の構成

民法は，次のような構成になっている。

■第1編 総 則

初めに，基本原則について規定している。

私権について，権利の行使と義務の履行について，権利濫用の禁止など。

7章からなり，通則，人，法人，物，法律行為，期間の計算，時効について規定している。

■第2編 物 権

10章からなり，総則，占有権，所有権，地上権，永小作権，地役権，留置権，先取特権，質権，抵当権について規定している。

■第3編 債 権

5章からなり，総則，契約，事務管理，不当利得，不法行為について規定している。

■第4編 親 族

7章からなり，総則，婚姻，親子，親権，後見，保佐及び補助，扶養について規定している。

■第5編 相 続

10章からなり，総則，相続人，相続の効力，相続の承認及び放棄，財産分離，相続人の不存在，遺言，配偶者の居住の権利，遺留分，特別の寄与について規定している。

2 商法の構成

商法は，次のような構成になっている。

■第1編 総 則

7章からなり，通則，商人*，商業登記，商号，商業帳簿，商業使用人，代理商について規定している。

＊商人……「自己の名をもって商行為をすることを業とする者をいう。」

■第2編 商行為

10章からなり，総則，売買，交互計算，匿名組合，仲立営業，問屋営業*，運送取扱営業，運送営業，寄託について規定している。

＊問屋営業……「問屋とは，自己の名をもって他人のために物品の販売または買入れをすることを業とする者をいう。」

■第3編 海 商

7章からなり，船舶，船長，海上物品運送に関する特則，船舶の衝突，海難救助，共同海損，海上保険，船舶先取特権及び船舶抵当権について規定している。

3 製造物責任法（PL法）のポイント

この法律は，消費者保護の見地から，被害者を救済するために，平成6年に制定された。

製造物責任（Product Liability；PL）法のポイントは，次のとおりである。

● 被害者の保護をはかる……製造業者等の損害賠償の責任について，規定している。

● 製品の欠陥……製品の欠陥が原因で損害を与えたとき，製造業者等が責任を負う。
製品の欠陥とは，製品が通常備えている安全性を欠いている場合をさす。

● 損害の証明……損害賠償を請求するときは，製品の欠陥が原因で事故が起きたことを証明すればよく，製造業者等の過失（設計・製造などでの不注意）が原因で事故が起きたことまで証明する必要はない。

● 時　　　効……損害賠償を請求できるのは，損害を知ったときから3年間で，それを過ぎると時効によって，請求権は消滅する。

◆ビジネスの基本となる法律

1 会社組織に関する法律

民法

●財産権
　不動産物権
●親族
　婚姻の要件
　男女とも18歳

▶日常生活に関して基礎となる法律。

会社法

●株式会社の設立から消滅
　定款　作成　発起人
●商行為
　売買
　債権発生　売主　買主　債務発生

▶ビジネスに関することを規定した法律。

商業登記法

商号　これは当社の商号だ
まぎらわしい商号は使用できない
●合併の登記
ＡＢ両者が合併

▶商号の登記，会社の登記などを規定した法律

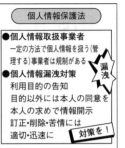

個人情報保護法

●個人情報取扱事業者
　一定の方法で個人情報を扱う（管理する）事業者は規制がある
●個人情報漏洩対策
　利用目的の告知
　目的以外には本人の同意を
　本人の求めで情報開示
　訂正・削除・苦情には
　適切・迅速に　漏洩　対策を！

▶生存する個人に関する情報を保護する法律

2 人事・労務に関する法律

労働基準法

▶雇用者が守らなくてはならない最低限の法律。
- ●労働条件の決定について
- ●男女同一賃金の原則について
- ●強制労働の禁止について
- ●労働時間，休憩，休日および年次有給休暇について　等

労働組合法

▶労働者が団結して会社と団体交渉を行い，地位の向上を助成する法律。
- ●労働組合について
- ●労働協約について
- ●労働委員会について　等

労働関係調整法

▶労働関係の公正な調整をはかり，労働争議を予防，解決して，経済の興隆に寄与することを目的とした法律。
- ●斡旋について
- ●調停について
- ●仲裁について　等

3 取引に関する法律

訪問販売法

▶取引を公正に保ち，特殊な販売形態について，消費者の利益を保護する法律。
- ●訪問販売について
- ●通信販売について
- ●連鎖販売について　等

割賦（かっぷ）販売法

▶クレジットカードやローンによる取引の公正の確保，トラブルの防止などについて定めた法律。
- ●割賦販売について
- ●購入者等が受けることのある損害の防止
- ●カード番号の安全管理　等

製造物責任法（PL法）

▶製造物の欠陥により，被害が生じた場合の製造業者の責任について定めた法律。
- ●製造物について
- ●欠陥について
- ●製造物責任について　等
（1995年7月から施行）

4 社会・経済の公正に関する法律

独占禁止法

●私的独占（下の例）の禁止
　他の会社と取引しないでください
　エックス社に材料を売らないことにします
　原料の仕入れができなくなる
　通謀
　原料の仕入先　メーカー
　X（エックス）社　ライバルのメーカー

▶過度の経済力集中の防止などを定めた法律。

景品表示法

●虚偽・誇大な表示（下記例）の禁止
　これを飲めば"10kgやせる！"
　やせ薬

▶過大な景品類の提供などを禁じ，公正な競争を確保する法律。

大規模小売店舗立地法

●出店基準
　ゴミ対策　スーパー○○店　小規模小売店
　駐車場の確保　圧迫しないでね

▶中小小売業の正常な営業を阻害しないため，消費者を保護するため等の法律。

◆ビジネスと法律あれこれ

1　契約に関する法律

契約書の電子署名とは……

電子文書（電子契約）に対して，本人だけが行うことができる電子署名が行われていれば，真正に成立したものと推定される。（電子署名法 3）

売買契約をキャンセルするときは……

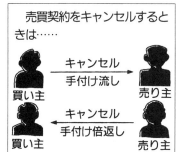

売買契約を買い主がキャンセルする場合は，渡してある手付金を放棄しなければならない。一方，売り主がキャンセルする場合は，受け取っている手付金の2倍を返さなければならない（民法557①）。

あとで調べてみたらキズ物だった……

商人同士の売買では，外観上わかるようなキズ物（瑕疵があるという）については，ただちに売り主に通知しないと，売り主の責任は追及できない。（商法526①）。

2　手形・小切手に関する法律

手形を裏書きしたときは……

手形の所持人は，満期日前に手形債権を他人に譲り渡すことができる。この場合，手形の裏面に裏書きする。これにより，手形上のいっさいの権利は，裏書人から被裏書人に移転する（手形法14①，77①）。これを裏書きの権利移転的効力という。

裏書きを受けた手形が不渡りになってしまった……

手形金額が支払期日に支払われなかった場合，これを手形の不渡りという。被裏書人は振出人から支払いまたは引受けを拒絶されると，裏書人に対して担保責任を追及することができる。これを遡求という（手形法43，77①）。

手形を盗まれた……手形をなくしてしまった……

手形を盗まれたり，なくした場合には，簡易裁判所に公示催告の申し立てをして除権判決を受ければ，手形なしで権利を行使することができる（民事訴訟法764〜785）

3　無体財産権（知的所有権）に関する法律

発明をしたときは……

新しい技術を利用した製品などを発明したときは，特許庁に登録すれば特許権が取得できる。特許を付与された発明は，通常20年間，独占的に使用することができる（特許法67・68）。

商標を使うときは……

自分の生産・販売・取扱いであることを表すために，商品につけるトレードマークを商標という。商標を特許庁に登録すれば，商標権が取得できる。商標は通常，10年間独占的に使用できる（商標法19）。

本を著したり，コンピュータのプログラムを開発したときは……

文芸・学術・美術・音楽について，自分が創作したものを独占的に使用できる権利を著作権という。著作権は，一部の例外を除いて，著作者の生存期間中および死後70年間存続する（著作権法51）。

ビジネス能力検定ジョブパス２級　模擬試験問題

ビジネス能力検定ジョブパス２級実施要項

１．**実施時間**

　　説明時間　10分

　　試験時間　90分

２．**出題形式**

　　出題は多肢選択方式

３．**合格基準**

　　100点満点のうち原則として65％以上の得点をもって合格とする。

問題1．次のビジネスおよび社会一般に関する各設問に答えなさい。

(1) 下記の図は，取引業務にともなう書類の流れを示したものである。組み合わせとして，適切なものを選択肢から選びなさい。

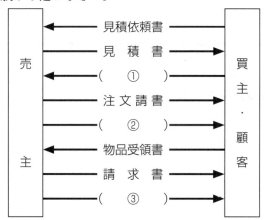

【選択肢】

	①	②	③
ア	注文書	納品書	証明書
イ	契約書	納品書	提案書
ウ	注文書	納品書	領収書

(2) 次の「エシカル消費」に関する記述で，下線部の語句のうち，適切なものを選択肢から選びなさい。

　　エシカル消費とは，「良識的に考えると，こうではないか」と多くの人が考える消費活動で，社会的な規範のようなものである。途上国の生産者と適正で公正な価格で取引することで，経済的な自立を促す「シェアリングエコノミー」や有機栽培（マクロビオティックス）など，環境や人，社会に配慮した商品やサービスを買ったり，利用したりすることをいう。

【選択肢】
ア．良識的に考えると
イ．シェアリングエコノミー
ウ．マクロビオティックス

(3) 次の用語の組み合わせで，誤った説明をしているものを，選択肢から選びなさい。

【選択肢】
ア．GDPR（General Data Protection Regulation）…EEAにおいて，個人データを基本的人権として位置付ける規制のこと。
イ．OEM（Original Equipment Manufacture）…暗号化された情報を一元管理せず，分散して保存する仮想通貨に活用されている技術のこと。
ウ．CEO（Chief Executive Officer）…会社の経営方針や事業計画など，長期的な経営事項の責任を負う役職のこと。

(4) 次の(A), (B)のビジネス用語の説明について, ①～③の組み合わせのうち適切なものを, 選択肢から選びなさい。

(A) ROE（株主資本利益率）は, 企業の （　①　） を測る指標である。
ROE＝EPS（1株あたりの利益）÷BPS（1株あたりの株主資本）
EPS＝当期純利益÷発行済み株式数
BPS＝株主資本÷発行済み株式数

(B) 上記の計算式により, ROEが （　②　） 企業は株主資本を効率よく使い利益を （　③　） ていることがわかる。

【選択肢】

	①	②	③
ア	収益性	低い	下げ
イ	資本性	高い	上げ
ウ	収益性	高い	上げ

(5) Web3.0に関する記述について, ①～④の組み合わせのうち適切なものを, 選択肢から選びなさい。

インターネットの形態は, 一方通行のコミュニケーションであるWeb1.0から, 双方向のコミュニケーションが可能なWeb2.0へと進化し, そして現在, 新しい形態としてWeb3.0が注目を集めている。

Web3.0は, データの改ざんが困難とされる （　①　） 技術を基盤として, 特定の （　②　） に依存せず, 個人間で取引などを行えるという特徴がある。

また, （　①　） 技術によりデータを （　③　） して管理することができるため, （　④　） が向上するというメリットもある。

【選択肢】

	①	②	③	④
ア	ブロックチェーン	CPU	分散	DX技術
イ	ハッキング	プラットフォーム	集中	セキュリティ
ウ	ブロックチェーン	プラットフォーム	分散	セキュリティ

問題２．次のビジネスの基本事項と実践方法に関する各設問に答えなさい。

(1) 企業におけるコンプライアンス運用について，もっとも適切なものを選択肢から選びなさい。

【選択肢】

　ア．顧客の個人情報は，外部流失防止の注意規定はあるが，取得後の利用目的の変更は企業の自由である。

　イ．所属する組織の不正や悪事を，所定の機関や部署に通報した者が保護される環境整備が進んでいる。

　ウ．重要情報の漏えい防止のため，取扱者を限定して，パスワードを随時変更するなど，従業員をいつでも監視できる法律がある。

(2) 企業は環境の変化に対応するため，組織を変えることがある。次の①〜④は環境変化に対するもので，もっとも適切なものを選択肢から選びなさい。

　① アメリカ・ヨーロッパにつづいて，アジア各地にも駐在員を置くようにした。この国際化の流れにのって，営業部を３つの部に分けて，専門化をはかることにしたため，効率化ができた。

　② コロナ禍により業績が急激に悪化したため，従業員全員に一定期間のレイオフを実施した。これは会社が生き抜くため必要な処置で，部下のモチベーションは下がっても売上げは上がる。

　③ 従業員各人用に，タブレット型のパソコンを導入した。導入にあたっては，企業独自の新システムを開発した。データ処理のスピード化がはかられた。

　④ 業績不振が長くつづいているが，利益の一部は経営の理念に沿って地域文化の向上に役立てたいと思っている。地域社会に貢献するのは企業の大きな目標の１つだが，現状はきびしい。

【選択肢】

ア	①・②・③
イ	②・③・④
ウ	①・③・④

(3) 顧客満足の向上につながるデータの収集方法について，<u>不適切なもの</u>を選択肢から選びなさい。

【選択肢】

　ア．SNSやブログの口コミから流行をとらえ，自社の商品開発の参考にする。

　イ．家計調査など政府の統計などに目を通し，顧客の生活実態に目を向ける。

　ウ．自社のPOSシステムからデータ分析して，来店見込み客のため在庫を管理する。

　エ．ビッグデータを管理する業者から情報を入手して，個人情報を販売する。

(4) 次の①〜④は，「仕事の実行にあたっての注意事項の掲示」の例である。適切なものを選択肢から選びなさい。

① 計画にもとづいて仕事を進めてほしいが，もしトラブルが起きたときは，すぐ対策を講じ，解決したら，あとで責任者に概略を報告する。

② 全体の責任者と各部門の責任者は添付のとおりであるが，各自は自分の責任において仕事を進め，やむを得ない場合は，最高責任者に直にメールを送り，直接指示を受ける。

③ 仕事の途中でトラブルやアクシデントがなくても，定期的に自ら中間報告や連絡をする。もし，負担が大きいときや協力がほしいときは，すぐに責任者に申し出る。

④ 1つのプロジェクトが終わって，次の仕事に移るとき，反省すべき点や改善すべき点をチェックし，顧客の立場に立って仕事が完成できたかとくに注意する。

【選択肢】

ア	①・③
イ	②・④
ウ	③・④

(5) 次の損益計算書の①〜④の ☐ にあてはまる言葉の組み合わせで，正しいものを1つ選びなさい。

		(単位：億円)
①	100	
売上原価	60	
売上総利益	40	
販売費及び一般管理費	5	
②	35	
営業外収益	5	
営業外費用	10	
③	30	
特別利益	2	
特別損失	3	
税引前当期純利益	29	
法人税・住民税及び事業税額	12	
④	17	

【選択肢】

	①	②	③	④
ア	売上高	営業利益	経常損益	当期純利益
イ	総売上高	営業利益	営業損益	経常利益
ウ	売上高	営業利益	経常利益	当期純利益

問題３．次のビジネス活動に関する設問に答えなさい。

(1) 次の就業規則についての記述のなかで，①～③の（　）にあてはまる言葉の組み合わせのうち，適切なものを選択肢から選びなさい。

　　就業規則とは，企業での就業・労働にあたっての基準となるルールであり，企業ごとに定められたものである。
　　労働時間，休息時間，（　①　），退職など，絶対的明示事項など，職場の規律を定めたものである。
　　常時（　②　）人以上の労働者を使用する場合，使用者は必ず作成し，（　③　）へ届け出なければならない。

【選択肢】

	①	②	③
ア	賞与	15	公共職業安定所
イ	表彰	10	厚生労働省
ウ	賃金	10	労働基準監督

(2) 「信用スコア」について，①～③にあてはまる言葉の組み合わせのうち適切なものを選択肢から選びなさい。

　　スマートフォンの料金の分割支払いを申請するときや，クレジットカードをつくるとき，私たちは，さまざまな要素から構成された「信用情報」から信用度を評価される。職業や学歴，購買履歴といった膨大なデータを（　①　）で分析し，信用度は数値化されている。スコアが一定以上だと融資の（　②　），限度額が増えたりする。勤務先や雇用形態を重視する従来型の審査では，金融サービスを受けにくかった若年層や（　③　）も融資が受けやすくなる。この制度は米国，中国が先行している。

【選択肢】

	①	②	③
ア	POS	金利が下がったり	ダイバーシティ
イ	AI	金利が下がったり	フリーランス
ウ	人工知能	金利が上がったり	ギグワーカー

(3) 応酬話法について述べた次の説明のうち，適切なものを選択肢から選びなさい。

【選択肢】

ア．「確かに，以前よりは少し価格が上がっております。しかし，今回ご提案の商品は…」などと，相手の主張を一度受け入れてから，返す方法をWin-Win法という。

イ．「おかげさまで，○○大学でもご採用いただきまして…」などと，他を例に出して売り込む方法をYes-But法という。

ウ．「おっしゃるとおりです。そのとおりです」と，相手の言うことをすべて肯定する対応をオウム返し法という。

エ．「お急ぎということですが，何日までにお入用でしょうか」と，相手の発言を受けて問い返すことを質問法という。

(4)　次の記述は「ヒヤリ・ハット報告書」に関するものである。もっとも適切なものを選択肢から選びなさい。

【選択肢】

ア．お客様のアレルギー情報などは，口頭で報告したことは報告書に記載しなくてもよい。

イ．製品の構造上の問題に関しては，報告者の責任を追及することを目的としている。

ウ．お客様には被害が及ばなかった小さな事故でも，担当者の気づきとして，事故の状況を報告する。

エ．担当者の性格によるヒューマンエラーなどは，事故の報告とは分けて記載する。

オ．コンプライアンスに関わることなど，管理者以外の社員の目に触れないよう保管する。

(5)　次のビジネスと法律についての記述で，適切なものを選択肢から選びなさい。

【選択肢】

ア．契約は原則として口約束でも成立するが，意思を明確にするために契約書を2通作成して，当事者双方が各1通を保管する。

イ．会社設立時に市役所に届け出る代表取締役の実印を代表者印といい，必要なときに，印鑑証明書の発行を受けられる。

ウ．保証人は債権者から債務の履行を求められた場合，まず本来の債務者に請求権を行使すべきことを要求できるという権利は持たない。

問題４．次の各設問に答えなさい。

(1) 次の文は「ジョブ型雇用」について説明したものである。（　　）にあてはまる言葉を選択肢から選びなさい。

　　ジョブ型雇用とは，企業があらかじめ（　①　）や役割を明確にして人材を採用し，それにもとづいて（　②　）する雇用システムである。基本的に（　③　）はなく，あらかじめ提示されていた職務内容や役割を基準にして（　④　）が支払われる。
　　従来の日本の雇用システムは（　⑤　）型雇用と言われているが，社会情勢の変化に伴い，ジョブ型雇用が広がっている。

【選択肢】
　ア．データ　　　　イ．評価　　　ウ．残業　　　エ．リファレル採用
　オ．成果　　　　　カ．資格　　　キ．転勤　　　ク．職務内容
　ケ．報酬　　　　　コ．メンバーシップ　　　　　サ．基準

(2) 情報セキュリティの用語に関する次の説明のうち，<u>不適切なもの</u>を選択肢から選びなさい。

【選択肢】
　ア．ウィキペディア…インターネット上にて無料で利用できる百科事典。利用者が自由に記事を投稿・編集できるのが特徴。
　イ．IPアドレス…通信する相手（コンピュータ）を特定するため，インターネットに直接接続されるコンピュータに割り当てられる数値。
　ウ．フィッシング…電子メールやwwwを利用した詐欺の一種で，偽のサイトに誘導し，クレジットカードなどの情報を盗み取る手法。
　エ．ファイアウォール…火事の際の延焼を防ぐ「防火壁」のことで，企業が，管理するサーバマシンを壁などで囲んで保護する装置。

(3) ＜旅行市場＞に関する調査をMECEの考え方で分析する場合，「市場全体を捉える」思考を反映した図はどちらか，選択肢から選びなさい。

【選択肢】

＜旅行市場に関する調査＞

ア．

海外個人	海外法人
国内個人	国内法人

海外旅行，国内旅行をそれぞれ法人，個人に分けて情報を集めた。

イ．

海外旅行について，個人か法人かで分類し，重なる部分から傾向をまとめた。

問題５．次の新聞記事を読んで，次ページの設問に答えなさい。

クッキー、共有先開示8割

主要100社サイト、本社調査

消費者のインターネット上の行動を追跡して広告配信などに使う「クッキー」の扱いをめぐって、企業の情報開示が進み始めた。6月の法改正で一部業種への規制が強化されたためだ。日本経済新聞が専門機関の協力を得てメディアや映像配信など主要100社のウェブサイトを調べたところ、8割が広告目的のデータ共有先を開示していた。

「当サービスにおいて情報を送信している外部サービスは以下のとおりです」。サイバーエージェントはこのほど、ウェブメディア「アベマタイムズ」など200を超えるサイト・アプリで利用者から取得するデータの種類と目的、共有先企業の一覧を公表した。

クッキーやスマホ端末IDを使って集めたウェブサイトやアプリの閲覧データは、個人の関心にあわせて中身を変える「ターゲティング（追跡型）」広告で広く活用されてきた。

過去には悪用例もあり、2019年に発覚した「リクナビ問題」では就活生らの「内定辞退率」が、クッキーを使って個人が特定できる形で違法に販売された。

不適切なデータ利用を抑止しようと、政府はクッキー情報の共有先や目的などの開示を義務付ける改正電気通信事業法を6月16日に施行した。対象となりうるのはメディアやSNS、動画共有、電子商取引（EC）モールなど、幅広い。

日本経済新聞は施行直後の6月17〜27日に、データ解析のデータサイン（東京・港）、大井哲也弁護士と規制対象とされる100社のサイトを調査した。「ネットメディア」と「報道機関」に加え、情報交換の場を提供する「プラットフォーム」、企業が情報発信を運営する「オウン

8割がクッキー共有先を開示していた
（1社以上開示しているサイトの割合）

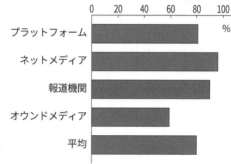

（注）プラットフォームはECモール、動画配信、地図、求人、シェアリングなど

分かりやすさに課題も

ドメディア」の4分野で、20〜30社ずつ調査対象を抽出し、サイト上の情報開示状況を分析した。

100社のうち80社はクッキーで集めたデータを広告目的で外部に送信していると説明し、共有先の企業名を1社以上記載していた。ヤフー、楽天グループ、メルカリ、リクルートといった大手は軒並みクッキー規制に対応していた。米ウォルト・ディズニー、米アマゾン・ドット・コムなど外資も日本向けのページで説明を用意していた。

総務省は「容易に到達できるページ」に平易な表現で利用者に説明するよう求めているが課題もある。調査では何度もクリックしないと説明ページに到達できない場合があった。データ送信先の企業名を実際より大幅に絞っているサイトも多かった。

大井弁護士は「情報開示の意識は高まっている」が、以前からサイトに説明を載せていても新規制だと不備となるケースもある。企業は実態確認や説明の見直しを急ぐ必要がある。また、「自社が規制対象なのか分からず悩む企業が多い」という。

電気通信事業法は通信事業者などの規制を目的としていたが、今回の法改正で規制対象の範囲が広がった。個別のサービスがクッキー規制の対象となるかは専門家の間で判断が割れることもある。総務省も「既存の法律で対応したため、分かりにくい部分があるかもしれない」と認める。規制当局側の説明にも工夫が求められそうだ。

▼クッキー　いつ、どのサイトを視聴したかといったアクセス履歴や、パスワードなどのログイン情報をためる仕組み。パソコンやスマホなどのブラウザー（閲覧ソフト）ごとに保存され、その端末でネットを使った人の好みや関心を推測した広告の配信などに利用される。一般的に広告会社は「サードパーティー・クッキー」と呼ばれる追跡用の共有クッキーを発行してユーザーのネット上の行動を捕捉する。

（日本経済新聞　2023年7月9日）

(1) 「クッキー」について，適切なものを選択肢から選びなさい。

【選択肢】

　　ア．消費者のインターネット上の行動追跡ができるクッキーは，個人情報の取り扱い規制が厳しくなったため見直しが始まった。

　　イ．法改正で一部業種への規制が強化されたため，クッキーの扱いをめぐって企業の情報開示が進んでいる。

　　ウ．広告目的のため8割の企業がクッキーを使ってのデータの共有管理をしていた。

　　エ．一般的に広告会社は追跡用の共有クッキーで保存して，ユーザーのネット上の行動を捕捉する。

(2) 記事とデータについて，下記の（　　　）にあてはまる言葉の組み合わせを選択肢から選びなさい。

　　サイバーエージェントは（　①　）で利用者から取得するデータの種類と目的，（　②　）の一覧を公表した。ウェブサイトやアプリの閲覧データはクッキーや（　③　）を使って集められる。データは（　④　）広告で活用されてきた。

【選択肢】

	①	②	③	④
ア	アベマタイムズ	共有先企業	スマホ端末ID	サードパーティ
イ	サイト・アプリ	ログイン情報	パスワード	追跡型
ウ	ウェブメディア	アクセス履歴	パスワード	ターゲティング
エ	サイト・アプリ	共有先企業	スマホ端末ID	ターゲティング

(3) クッキーに関する問題点について，適切なものを選択肢から選びなさい。

【選択肢】

　　ア．就活生が利用していたサイトでは，大学ごとの「内定辞退率」が特定されていた。

　　イ．「内定辞退率」が，クッキーを使い個人が特定できる形で販売されたことがあった。

　　ウ．規制対象の企業では，クッキーで集めたデータの目的について説明ができていない。

(4) 日経新聞が100社のサイトを調査し，分析した結果について，適切なものを選択肢から選びなさい。

【選択肢】

　　ア．ヤフー，楽天グループ，メルカリ，リクルートなどはクッキー規制に対応していて，協力会社の企業名を1社以上記載していた。

　　イ．米ウォルト・ディズニー，米アマゾン・ドット・コムなどの外資系企業は，日本向けのページでクッキー規制に対応した説明を用意していた。

　　ウ．総務省はクッキーについて平易な表現で利用者に説明するよう求めているが，英文で書かれるなど説明ページに到達できないものがあった。

(5) データと記事を読んで，適切なものを選択肢から選びなさい。

【選択肢】

　　ア．自社が改正電気通信事業法の規制対象かどうかわからない企業が多い。

　　イ．ネットメディアのほとんどがクッキーの共有先を開示し，サイト利用者の情報をネット上に公開していた。

　　ウ．プラットフォームの8割は，アクセス履歴を気軽に利用できる状態にある。

問題６．次のケース①〜③を読んで，各設問に答えなさい。

> **●ケース①**
>
> 大竹まりあは，スポーツ用品の販売をしているシダースポーツの新宿店に勤務している。この店舗は本店ではないが，売り場の面積も売上げもシダースポーツの店舗20店のなかで，一番の成果をあげている。大竹は学生時代に陸上部で活躍し，就職先にはスポーツメーカーやスポーツ用品店を希望して，そのなかの第一希望であったシダースポーツに決まった。今年で３年目に入り，今までに陸上関連の販売や，テニス用品の販売を経験してきた。最近は「山ガール」と呼ばれる，カラフルでおしゃれな服装で登山を楽しむ若い女性の登山者が増えたことから，アウトドアのフロアにその山ガールをねらったコーナーをもうけることになった。街中でも着れるおしゃれで機能的な登山仕様の洋服も人気のようだ。フロアマネージャーの市川は，そのコーナーの企画から運営を大竹に任せた。
>
> 大竹は準備段階で，若い女性の登山やハイキングの情報収集をし，企画書に盛り込んだ。大竹自身は登山やハイキングの経験がなかったので，学生時代の友人に頼んで，自分も仕事のリフレッシュを兼ねて，週末に近郊への登山に参加させてもらい，実際に若い女性がどのように登山を楽しんでいるのか，登山の魅力は何なのかなど自分の時間を使って取り組んでいた。

(1)　大竹は売り場開設にあたり，いろいろ情報収集をした。情報収集の仕方としてもっとも適切なものを選択肢から選びなさい。

　①　SNSの「山ガール」「登山」など関連コミュニティに参加して，情報収集する。
　②　社内の登山愛好家たちから，登山をするときの苦労話を聞いて知識を広げる。
　③　アウトドア関係の過去の専門誌を集め，それぞれの特集を調べてまとめる。
　④　本店のアウトドア売り場を見て，取り組みの仕方が酷似するよう工夫する。
　⑤　登山をしたときに出会った山ガールたちから，直に話を聞き傾向を分析する。

【選択肢】

ア	①・⑤
イ	②・③
ウ	④・⑤

(2)　大竹は自分のプライベートな時間を使って，仕事に取り組んでいた。このことについて，もっとも適切な考え方はどれか選択肢から選びなさい。

【選択肢】

　ア．仕事に関わる調査を週末のプライベートな時間を使って行うことは，他の社員へのパワーハラスメントになるのでやめる。

　イ．休日に調査をする際は，たとえ仕事のリフレッシュを兼ねていたとしても，時間外労働扱いにしてもらうため，登山中に上司に状況報告のメールを送る。

　ウ．大竹自身が楽しみも兼ねて自主的に週末に登山をして調査をしているので，問題はない。

　エ．登山中，怪我などで山岳救助隊に助けられた場合，健康保険証があれば山岳救助の費用負担は３割で済む。

　売り場のオープンが近づく頃には，大竹も若い女性の登山ブームについて知識も関心も深まっていた。打ち合わせも終わり，市川マネージャーと大竹が売り場で話をしていた。

市川「大竹さん，すっかり山ガールですね」

大竹「学生時代は，登山は辛いだけで何が楽しいのかわからなかったのですが，週末に山に行くと，気分転換ができて，登ってよかったっと思います。おしゃれで機能的なアウトドアファッションも，気分が盛り上がる要因だとわかりました」

市川「登山好きになるのはいいけれど，ターゲットとなる若い女性の好みや要望に合うような店舗づくりはできていますか？」

大竹「はい，それは大丈夫です」

　市川の心配をよそに，このコーナーのオープンには，順調にお客さまがいらっしゃった。

(3)　市川マネージャーの「山ガールの好みや要望に合うようなコーナーづくり」とは，どういう意味をさしているのか。選択肢からもっとも適切な組み合わせを選びなさい。

①　若い女性に合った色やサイズの品揃えを豊富にし，イメージ映像などを流し選びやすくした。

②　話しかけやすくするため新人を配置し，店内のBGMの音量を上げ元気で明るい曲を選んだ。

③　ネット通販での売上データやインフルエンサーのコメントを参考に，人気ランキングをPOPで作成した。

【選択肢】

ア	①・②
イ	①・③
ウ	②・③

──●ケース③

　オープンして数週間後，3人の若い女性客が話しながら登山ウェアを探していた。大竹は，ちょうどアルバイトの高田が昼食のため売り場を離れていたので，売り場に出ていた。

客A「山ガール好みのかわいい柄や色のものが増えているわ」

客B「この間，ここにきたMちゃんが『売り場の雰囲気はいいけど，スタッフがねぇ…』って」

客C「どういうこと？」

客B「『行ってみればわかるわよ』って言ってたけど…」

　この会話を聞いていた大竹は，あっと思った。思い当たることがあったのだ。

　オープン以来，コーナーを訪れるお客さまは増えているようだった。各種の登山サークルへの広報活動，SNS，ツイッターでの情報発信もしていたので，ホームページのアクセス数も伸びていて，効果が出たものと思われたのだが，訪れるお客さまの数の割には，売上げが伸びていなかった。オープンから今日まで，大竹と社員の中島のほかに2人のアルバイトが中心にコーナーを担当していた。中島は他の売り場も担当しているし，大竹はコーナーに出られる時間はさほど長くない。主に2人のアルバイトがコーナーにいることになる。この2人は以前大竹がいた売り場のアルバイトで，大竹も仕事を頼みやすいし，スポーツ好きの明るい若者だった。

　しかし，服装はカジュアルで，とくに前の担当がテニス用品売り場だったので，2人はTシャツにショートパンツのまま，登山用品売り場に立っていた。テニス用品売り場にいるときは，お客さまはサークル活動の雰囲気で2人と話をし，売上げを伸ばしていた。しかし，今回の売り場は，登山という危険と隣り合わせのスポーツであり，そのなかでも，山を楽しみたいというおしゃれな山ガールがターゲットである。カジュアルすぎるアルバイトの服装や言動に対し，店員の態度はいかがなものかと言われ，大竹はそう思われても仕方がないと思った。

(4) 大竹はお客さまの話を耳にしたとき，どのように対処すればよかったのか。対応の流れでもっとも適切なものを選択肢から選びなさい。

① お客さまに，先日いらしたというMさんに，ぜひまた，いらしていただきたいことを言う。

② アルバイトにも，登山の知識や山ガールの好みや要望を知らせる勉強会を行う。

③ お客さまに積極的に話しかけ，聞こえてきた件のおわびを言い，買い物を手伝う。

④ いやな気持ちにさせたおわびのため，3人に特別なサービスをし，噂を広げないように言う。

⑤ アルバイトに，コーナーに立つときは大人らしい服装をするようアドバイスをする。

⑥ 大竹がしたアルバイトへの指導を市川マネージャーに報告し，改善点をまとめる。

【選択肢】

ア	④→⑤→⑥→②
イ	⑤→①→④→⑥
ウ	③→①→②→⑥

(5) 年度末になり，市川マネージャーが構成比を加えた損益計算書（PL）をプリントし，大竹に販売計画について相談をしてきた。（　）に適切な言葉の組み合わせを選択肢から選びなさい。

（万円）

PL		陸上用品	構成比(%)	テニス用品	構成比(%)	登山用品	構成比(%)
売上高		8,000	100	4,500	100	2,500	100
売上原価		5,100	64	2,400	53	1,100	44
売上総利益		2,900	36	2,100	④	1,400	56
販管費※	販売費	800	10	600	13	400	16
	一般管理費	1,600	20	900	20	500	20
営業利益		500	6	600	14	500	20

※販売費及び一般管理費

（注）商品ごとに販売費を計算し，一般管理費を売上高の比率で各商品に割り振った。

大竹「売上高を（　①　）％としているところが，わかりやすいですね」

市川「営業利益が陸上用品は6％，テニス用品が（　②　），登山用品が20％…」

大竹「このデータから見ると，（　③　）用品がもっとも効率よく利益を生み出していますね」

市川「テニス用品の売上総利益が（　④　）％というのは，思ったより少ないですね」

大竹「有名アスリートにデザインを依頼したのに，売り上げにあまり影響しませんでしたね」

市川「そうですね。では，（　⑤　）用品の販売にかける労力を減らし，（　③　）用品の販売に力を入れましょう」

大竹「はい，頑張ります」

【選択肢】

	①	②	③	④	⑤
ア	100	14%	登山	47	陸上
イ	100	20%	陸上	20	テニス
ウ	100	13%	テニス	36	登山
エ	100	53%	テニス	44	陸上

問題７．次の〈資料１〉，〈資料２〉，〈資料３〉は，住宅新築，リフォーム，太陽光設置の
　　　　３つの事業を営んでいる建設業M社の，2020年〜2022年の売上高と売上総利益
　　　　率の推移，事業別販売件数と新規・既存顧客別販売件数の推移，売上総利益額の全
　　　　社に占める事業別割合を示した資料である。これらの資料を見て各問に答えよ。

〈資料１〉　売上高と売上総利益率の推移

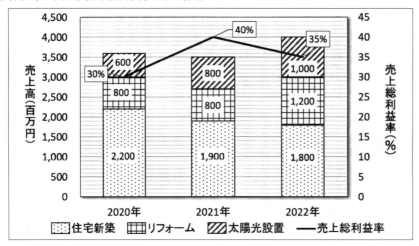

〈資料２〉　事業別と新規・既存顧客別の販売件数の推移

単位：件	2020年			2021年			2022年		
	販売件数	新規顧客販売件数	既存顧客販売件数	販売件数	新規顧客販売件数	既存顧客販売件数	販売件数	新規顧客販売件数	既存顧客販売件数
住宅新築	70	70	0	75	70	5	60	55	5
リフォーム	80	30	50	80	40	40	100	60	40
太陽光設置	50	20	30	95	40	55	140	65	75
販売件数合計	200	120	80	250	150	100	300	180	120

〈資料３〉　売上総利益額の全社に占める事業別割合

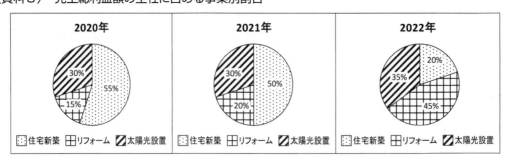

(1) 〈資料１〉から読み取れる記述の正誤の組み合わせとして，適切なものを選択肢から選べ。
① 2021年の売上総利益額は，14億円である。
② 2020年から２年連続で売上高が増加している事業は，太陽光設置である。
③ 2020年と2022年の比較で最も売上高が減少した事業は，2020年から25％以上減少している。

【選択肢】

	①	②	③
ア	正	正	誤
イ	誤	正	正
ウ	正	誤	正

(2) 〈資料２〉に関する記述について，下記の［　　　　］に入れるべき語句の組み合わせとして，適切なものを選択肢から選べ。

　　M社の３つの事業の販売件数合計は，2021年，2022年ともに前年からプラスとなっており，2022年は前年比で，［　①　］％と増加している。2022年の住宅新築販売件数に占める新規顧客販売件数の割合は約92％となっており，2022年のリフォーム販売件数に占める新規顧客販売件数の割合より［　②　］ポイント以上多い。３つの事業の中で，2020年と2022年を比べると，既存顧客販売件数が最も伸びている事業は太陽光設置であり，［　③　］となった。

【選択肢】

	①	②	③
ア	130	40	2.8倍
イ	120	40	2.5倍
ウ	120	30	2.5倍

(3) 〈資料１〉，〈資料２〉から読み取れる記述の正誤の組み合わせとして，適切なものを選択肢から選べ。
① 太陽光設置の１件あたりの販売単価（販売単価＝売上高÷販売件数）は，2020年から2021年にかけて減少している。
② 住宅新築は2021年から2022年にかけて売上高は減少しており，１件あたりの販売単価も減少している。
③ リフォームは2021年から2022年にかけて販売件数が増加しており，2022年の１件あたりの販売単価をみると2021年の1.2倍に増加している。
④ 2021年から2022年までの推移をみるとM社の３つの事業合計の販売件数は増加しているが，売上総利益額は減少している。

【選択肢】

	①	②	③	④
ア	誤	正	誤	正
イ	正	正	誤	誤
ウ	誤	誤	正	正
エ	正	誤	正	誤

(4) 〈資料１〉，〈資料３〉に関する記述について，下線部の語句のうち適切なものを選択肢から選べ。

　　2020年から2022年にかけての３つの事業の売上総利益額に占める各事業の割合で，毎年減少している事業が住宅新築であり，2020年から2022年で30ポイント減少している。反対に毎年増加している事業がリフォームで，2022年の売上総利益額は4億9千万円になっている。また，2022年の太陽光設置の売上総利益額は，2021年から7千万円増加している。2020年と2021年の住宅新築とリフォームの売上総利益額に占める割合を合わせると70％と同じになり，売上総利益額も同額となっている。

【選択肢】
　ア．30ポイント
　イ．４億９千万円
　ウ．７千万円増加
　エ．売上総利益額も同額

(5) 〈資料１〉，〈資料２〉，〈資料３〉からM社の今後の売上高，売上総利益額増加への取り組みに関する記述として，最も適切なものを選択肢から選べ。

【選択肢】
　ア．住宅新築は売上高，販売件数，売上総利益額が，いずれも２年連続で減少しているため，新規販売件数が伸び悩んでいる原因を分析して販売促進策を検討する。
　イ．リフォームの全社に占める売上総利益額の割合は毎年高くなっていて，これは新規顧客率の増加が一因となっていると考えられるので，状況を分析し新規顧客開拓の強化を検討する。
　ウ．太陽光設置は売上高，販売件数，販売単価とも２年連続して増加してきているため，M社の主力事業として経営資源を最も投入することを検討する。

本書に関するお問い合わせに関して

●正誤に関するご質問は，下記いずれかの方法にてお寄せください。
　・弊社Webサイトの「お問い合わせフォーム」へのご入力。
　　https://www.jikkyo.co.jp/contact/application.html
　・「書名・該当ページ・ご指摘内容・住所・メールアドレス」を明記の上，FAX・郵送等，書面での送付。
　　FAX：03-3238-7717
●下記についてあらかじめご了承ください。
　・正誤以外の本書の記述の範囲を超えるご質問にはお答えいたしかねます。
　・お電話によるお問い合わせは，お受けしておりません。
　・回答期日のご指定は承っておりません。

表紙デザイン
難波邦夫
本文基本デザイン
田内　秀

要点と演習　ビジネス能力検定ジョブパス2級　2024年度版

2024年3月30日　初版第1刷発行

●著作者──ビジネス能力検定ジョブパス研究会
　　　　　　杉﨑みどり
　　　　　　牛島　光恵
　　　　　　風戸　修子
　　　　　　茂木　幹弘

●発行者──小田　良次

●印刷所──株式会社広済堂ネクスト

〒102-8377
東京都千代田区五番町5
電話〈営　　業〉（03）3238-7765
●発行所　実教出版株式会社　〈高校営業〉（03）3238-7777
　　　　　　　　　　　　　　〈企画開発〉（03）3238-7751
　　　　　　　　　　　　　　〈総　　務〉（03）3238-7700
https://www.jikkyo.co.jp

ISBN978-4-407-36361-6

あ

ICタグ

　非接触で製品管理ができる小型の情報チップである。RFタグともいう。

IoT（Internet of Things）

　スマートフォンのように，あらゆるものがインターネットやクラウドで接続され，情報交換により相互に制御できるサービスやビジネスモデルまたはそのしくみをいう。

iPS細胞

　人工多能性幹細胞。体細胞に数種の遺伝子を導入し，多くの細胞に分化できる分化万能性と，分裂増殖を維持できる自己複製能力を持たせた細胞。京大の山中伸弥教授はこの研究で2012年ノーベル生理学賞を受賞した。免疫拒絶のない再生医療に向けての大きな一歩である。

IR情報

　IR（インベスター・リレーションズ）は，企業が投資家に向けて経営・財務状況，業績の動向などの情報を提供する活動で，その「投資家向け広報」として発信する情報をいう。

アウトソーシング

　企業や行政が，業務を専門的により得意とする専門家に外部委託すること。外注，外製などともいう。

アカウンタビリティ

　社会的に大きな影響力を持った政府や企業などは，直接・間接的にかかわりのある人や組織に，その活動・権限行使・内容・結果などを説明・報告する必要性がある。その説明責任のこと。

赤字国債

　人件費や事務費などの経常的経費をまかなうために発行する国債。国家財政の大幅な赤字を埋めるために赤字国債が発行されている。

アニュアル・レポート

　年次報告（書）のこと。事業年度ごとの企業の経営活動をまとめた報告書。株主，利害関係者，一般投資家などへの報告，アピールに利用される。

アプリ

　アプリケーションソフトの略。ワープロの表計算など特定の目的のために使うソフトの総称。ただし，最近は，スマートフォンなどで使うソフトをさすことが多い。

アフィリエイト

　企業サイトに，Webサイトやメールマガジンなどがリンクを張り，閲覧者がそれを見て，その企業の商品を購入したり会員登録したりすると，リンク元主催者に報酬が支払われる成果報酬型広告の方法。

粗利益

　売上高から売上原価を差し引いたものが粗利益である。

ROE（株主資本利益率）

　企業の経営能力を測る指標で，株主資本（株主による自己資本）がどれだけ企業の利益（収益）につながったかを示す。ROEが高いほど経営能力のある企業といえる。

　ROE＝1株あたりの利益÷1株あたりの株主資本

育児・介護休業法

　労働者が仕事と育児や家族介護を両立できるよう支援する制度。1995年成立，99年4月施行。2021年6月の改正で，出生時育児休業（産後パパ育休）の創設および育児休業の分割取得（2022年10月施行），育児休業取得状況の公表（2023年4月施行）が盛り込まれた。

Eコマース（EC）

　Electronic commerce（電子商取引）のこと。ネットを介して受発注や決済，契約などを行う。サイバーモール，オンライントレード，ネットオークションなどがある。

一般データ保護規制（GDPR）

　General Data Protection Regulationの頭文字。2016年EEA（欧州経済領域 30か国，EU+3か国）で採択された個人データ保護を基本的人権と位置付けて，規制の強化をはかった。GAFA BATHなどのプラットフォーマーだけでなく，グローバル企業もこの規制を適用しなくてはならない。

イニシャルコスト

　パソコンやシステムを新規に導入・構築する際などに必要な初期費用のこと。一方，運転資金にあたる経費のことは，ランニングコストという。

イノベーション

　「革新する」「刷新する」という意味。経済・経営の分野では，生産技術の革新，資源の開発，新消費財の導入，特定産業の再組織などをさし，きわめて広義な概念を示すことばとして扱われ，おもに「技術革新」「経営革新」などの意味で用いられる。

インサイダー取引

　企業内部の人間が，その立場から得た内部情報を利用して不公正に株式売買を行うこと。

インセンティブ

　特定の行動を促すために，外部から人や組織などに与える刺激や誘因のこと。企業経営的には，成果をあげた社員に対して報奨金で報いるときなどに，「インセンティブを与える」などと使われる。

インターンシップ制度

　学生が実際に職場体験を行う制度。アメリカではこの制度は一般的であり，日本でも授業改革の一環として導入する学校も増えており，1998年から文部科学省・経済産業省・厚生労働省もこれを推進する方針を決定した。

イントラネット

　インターネットを利用したLAN（企業内情報通信網）のこと。通常のLANより広範囲に構築することができ，業務の効率化をはかることができる。

インバウンド

　外国人旅行者を自国へ誘致することや，海外から来日

する観光客自体をさす。また，外部から入ってくる内向きの情報や通信あるいはそれを受信することをいう。

インフォームド・コンセント

医師が医療行為の目的や内容，副作用などを患者に十分説明したうえで，患者が，理解，同意すること。

インフルエンサー

新製品の購買など，購入者の意思決定に大きな影響力を持ち，SNSやマスメディア広告と連動して情報を発信する人。

インフレーション（インフレ）

ある一定期間にわたる一般物価水準の持続的上昇。

ウィキペディア（Wikipedia）

ウィキペディア財団が，個人や団体の寄付で運営するインターネット無料百科事典。

ウェルビーイング（Well-being）

個人，グループ，企業が身体的，精神的，社会的に「幸福」「健康」な状態にあること。社会福祉の専門用語だったが，近年はビジネスの場で使われている。

AR

現実世界をデジタル情報に出現させ拡張する技術。平面にスマートフォンをかざすと街並みが現れるなど，現実を拡張してコンテンツを楽しむことができる。拡張現実Augmented Realityの略。

エコロジー商品

生態系や環境問題への関心の高まりを背景に登場した生態系と環境保全（エコロジー）に配慮した商品。

エシカル消費

「論理的な（ethical）」という意味で，「良識的に考えると，こうではないか」と多くの人が考える消費行動のこと。他人のことを思う利他的な行動も含まれる。売り上げに応じて途上国に清潔な水を提供する被災地応援消費，フェアトレードなど広がっている。SDGs（持続可能な開発目標）のアクションの1つである。

SEO（Search Engine Optimization）

検索結果でWebサイトがより多く露出されるために行う対策のこと。

SSL

個人情報が漏洩しないよう，インターネット通信でWebブラウザとWebサーバーとの間でデータ通信を暗号化するしくみ。

SDGs（Sustainable Development Goals）

持続可能な開発目標のこと。国連が2015年に採択し，2030年の15年間で達成するために掲げた目標。17の大きな目標と，それを達成するための具体的な169のターゲットで構成されている。

エッセンシャルワーカー

必要不可欠な仕事(essential service/business)に従事する人(worker)。コロナ禍のなか，感染のリスクと戦いながら，社会の機能を維持するため誇りを持って，命と暮らしを守る仕事をする医療・福祉従事者，小売業界の店員，物流やライフラインにかかわる従事者。

NFT（Non-Fungible Token）

非代替性トークン。ブロックチェーン技術を使って発行される，所有証明書や鑑定書の役割を持った偽造不可能なデジタルデータのこと。デジタルアートなどにNFTを紐づけて販売し，実物の絵画のように一点ものや限定品として売ることが可能になる。

NGO

政府組織から独立している（非政府性），収益活動をしないということではなく，活動資金を役員や会員に分配したり，その施設などを私的に利用しない（非営利性）ということを有する団体。活動の参加者はボランティアで，活動資金の多くも寄付によって成り立っている。

NPO

営利を目的としない民間団体。たとえばNGO，ボランティア，経済団体連合会などがある。1998年NPO法が施行され，NPOの社会的な信用が向上した。

LEDライト

順方向に電圧を加えたときに発光する半導体素子（発光ダイオード）による照明器具のこと。寿命は白熱電球などに比べかなり長い。

円高／円安

円の対外価値が高くなることを円高といい，逆に円の対外価値が低くなることを円安という。

欧州連合（EU）

1993年のマーストリヒト条約の発効により，欧州共同体（EC）を発展させて成立された。市場や通貨の統合のほか，新たに，外交，安全保障などの統合を目的に掲げている。2023年現在，27か国。

オゾンホール

生物に有害な紫外線を吸収するオゾン層が，南極上空などで極端に減少し，穴のように消失する現象。

オープン価格

定価や標準価格，メーカー希望小売価格とは異なり，小売店が自由に値をつけることができる価格制度で，家電・食品業界などで増えている。

オフショアリング

企業が，自社の業務プロセスの一部または全部を，コスト削減などのためにコストの低い海外企業に移管・委託すること。

オンライントレード

インターネットを通して行う株の取引のこと。手続きが自動化されているので，従来の窓口や電話による取引よりも手数料が安い。

か

外貨準備高

政府や中央銀行が対外決済手段として保有しているドルなどの外貨や金などの準備資産。

確定拠出年金

拠出時非課税という税制面のメリットがある私的年金。アメリカの401Kにならったため日本版401Kと呼ばれる。企業型（事業主が拠出する）と個人型（iDeCo）の2種類がある。

ガット（GATT）

「関税および貿易に関する一般協定」のことで，自由・

無差別の国際貿易の促進が目的。

GAFAM BATH
　米国のG（グーグルGoogle），A（アマゾンAmazon），F（フェイスブック Facebook(Meta)），A（アップル Apple），M（マイクロソフト Microsoft），中国のB（バイドゥ Baidu），A（アリババ Alibaba），T（テンセント Tencent），H（ファーウェイ Huawei）9社の頭文字。この9社は「プラットフォーマー」と呼ばれ，それぞれの領域で独自の経済圏を拡張している。GAFAMはNetflixを加えFANGAMとも呼ばれる。

株価収益率（PER）
　1株あたり利益に対して，株価がどの程度買われているかを判断する指標。

株主資本利益率（ROE）
　税引後純利益を，株主資本（自己資本）の期首・期末平均で割って算出する。この数値が高いほど，株主資本を効果的に活用していることを示す。

カーボンオフセット
　CO_2（二酸化炭素，Carbon dioxide）を相殺する（offset）という意味で，人間の経済活動などで生み出された二酸化炭素などの温室効果ガスを，植林・森林保護・クリーンエネルギー事業などによって排出した分を相殺しようというしくみや活動。

カーボンニュートラル
　炭素排出をゼロにするということ。地球上の炭素（CO_2）の排出と吸収がプラスマイナスゼロになるようなエネルギーの利用をシステム化する考え方。

為替レート
　異なる通貨との交換比率をいう。

環境アセスメント（環境影響評価制度）
　開発行為が，開発に与える影響を事前に予測・評価して，公害のない開発計画を検討しようとする制度。

完全失業率
　労働力人口に占める完全失業者の割合。完全失業者とは，調査期間に収入をともなう仕事に1時間以上従事せずに，求職活動をしている人。

かんばん方式
　必要なときに，必要な量だけつくることを基本理念とし，在庫ゼロを目標とするトヨタ自動車があみ出した生産管理方式。JIT（Just in Time)と略される。在庫を持たないメリットはあるが，災害やパンデミックが起こった際は物不足になる弱点がある。

機関投資家
　株式投資を行う人のうち，個人を一般投資家というのに対して，団体や企業の場合を機関投資家という。資産運用のために大規模で組織的な株式投資をしている。

危機管理
　大地震などの自然災害や不測の事態に，迅速・的確に対処できるよう，事前に準備しておくこと。リスクマネジメントともいう。

基軸通貨
　国際間の決済や金融取引などで基軸となる特定国の通貨。現在は米ドル。

規制緩和
　行政による民間活動に対するさまざまな規制を廃止，緩和すること。民間の力による経済の活性化が目的。

キャッシュフロー
　現金流動化。資金流入額。現金収入があること。

QRコード
　デンソーウェーブ社が開発した，正方形の点を縦横同じ数だけ並べたマトリックス型二次元コード。バーコードは読み取りがはやく，正確ということもあり，日本で普及しているが，QRコードは水平と垂直の二次元方向に情報を持つことで，情報量を飛躍的に増加させた。

クラウド・コンピューティング（Cloud Computing）
　インターネット上に自分のデータを保存する利用形態やサービスのこと。ハードウェア，ソフトウェア，データなど，ユーザーが自分のパソコンや携帯端末で保管・管理するだけでなく，クラウドに保存・管理を任せられる。

クラウドファンディング（Crowdfunding）
　インターネットや端末を通して，個人や企業が資金を募ること。映画製作や商品開発など幅広く実施されている。クラウド（Crowd＝群衆）とファンディング（Funding＝資金調達）を組み合わせた造語。

クーリングオフ
　消費者が，不意の自宅訪問で勧誘を受け，自分の意思がはっきりしないまま契約しないよう，頭を冷やして再考できる機会を与える制度で，一方的に契約申し込みの解除や撤回ができる。

グローバルサウス
　新興国・途上国の総称であり，これらが南半球に多いことに由来する。BRICSのインドが主導的立場にある。人口増加による生産性の向上，資源国としての経済成長が見込まれている。

経済成長率
　経済成長の速さを示すバロメーター。GNP（国民総生産）またはGDP（国内総生産）の対前年増加率で表す。

公正取引委員会
　独占禁止法にもとづいて，公正に取引が行われるように監督する機関。内閣から独立して職権を行使する。

公定歩合
　日本銀行の貸出金について適用される基準金利。

公的介護保険
　身寄りがなかったり，介護を要する老人を社会的に救う体制を整えるための社会保険。国民から保険料を集め，施設の運営や介護家族の支援金にあてる。

公的年金制度
　社会保障制度の1つとして国が行う年金制度。20歳以上60歳未満の全国民に共通する基礎年金と，国民年金（自営業者）・厚生年金（企業の従業員・公務員）・共済年金（公務員）に分けられる。少子高齢化によって制度にひずみが出てきており，年金不信の払拭を目的として，公的年金制度改革が進められている。

顧客満足度（CS）
　顧客第一主義の立場に立って，顧客が業界や企業に対

していだく満足度を数値化することで，客観的に評価する。その評価によってサービスの向上をめざす考え方。

国債

国が歳入不足を補うために発行する債券。国が民間からする借金の「借用書」のようなもの。建設国債と赤字国債（特例国債）がある。

国際収支

一定期間における対外支払いと，受け取りの集計。

国際バカロレア

国際基準の教育プログラム。世界共通の大学入学資格で，条件を満たせば世界中の大学に進学することができる。授業はおもに英語で行われる。

国民総生産（GNP）・国内総生産（GDP）

GNPとは，1年間に国民によって生産された財貨とサービスの合計額をいい，GDPとは，1年間に国内で生産された財貨とサービスの合計額をいう。近年，日本企業の海外進出，外国企業の日本進出が盛んとなり，GDPが経済の実態を知る指標として多く利用されている。

個人情報保護法

個人のプライバシーや権利・利益を保護するための法律。2020年改正（2022年4月施行）では，利用停止・消去等の請求権の拡大，漏えい等報告・本人通知の義務化などの内容が盛り込まれ，2021年改正（2023年4月施行）では，民間企業から行政機関まで，全体の所管が個人情報保護委員会に一元化されることになった。

コーチング

人材を開発するための1つの方法で，もともとコーチ（COACH＝馬車）が人を目的地に運ぶところから，コーチを受ける人を特定の目標達成に導く人のことをさすようになった。一般的には運動・勉強・技術などの指導をいうが，現在では，ビジネスや個人の目的達成のために広く応用されている。

コーポレートガバナンス

企業統治と訳される。経営の透明性を高め，適切な経営をするためのしくみ。社外取締役制度などがその一例。従来日本では，経営はもっぱら経営者にまかされていたが，近年の相次ぐ経営不祥事により，株主らが監視できるようにすべきであるという考え方が出てきたことが背景にある。

雇用統計

雇用状況の刻々の変化を見るために用いられ，よく利用されるものに労働省の「毎月勤労統計調査」がある。

コンセプチュアルスキル

米国の経営学者カッツによって提唱された，マネジメントに求められるスキルの1つ。組織・社会を視野に，総合的情勢判断と政策決定を行う能力をいう。

コンプライアンス

法令を遵守すること。企業活動において，法令遵守という意識や教育が全従業員に徹底されていないため，不祥事に発展し，会社としての信用を失うばかりか，存続さえ危うくなるケースもある。

さ

サイバー攻撃

政府機関や企業のコンピュータネットワークをハッキングして，コンピュータウイルスを投入し，破壊や妨害，データの改ざんを行うこと。端末をロックして使用できなくするなどして，元に戻すことと引き換えに「身代金」を要求するランサムウェア（身代金要求型ウイルス）が増えている。

再販売価格維持制度

メーカーが卸・小売業者に売値を守らせ商品価格を維持する制度。独占禁止法で原則禁止となっているが，新聞・書籍・ＣＤなどの著作物は例外的に認められている。

サブスクリプション方式

日ごとや年ごとなど期間契約し，利用料金を払う方式。ＯＳのアップグレードに追加料金が発生しないというビジネスモデルだったが，飲食，自動車など，業界は拡大している。

サミット（主要先進国首脳会議）

日本を含め主要先進国の首脳が一堂に会して，政治，経済，環境などの問題を協議する。毎年1回開催。

産業構造

一国の全産業に占める各産業の生産高や就業人口の割合。第一次産業・第二次産業・第三次産業に分類する。

産業の空洞化

製造業の海外移転・現地生産が拡大した結果，国内の生産活動や雇用が失われること。

CC（カーボンコピー），BCC（ブラインドカーボンコピー）

CCは，送信する同じ内容のメールを別の人にも見て，確認してもらいたい場合に使用する。受信者はCC欄のアドレスを見ることで，自分以外に送られた人をメッセージヘッダーから読み取ることができる。これに対し，BCC欄を使用して複数の人にメールした場合は，受信者側には受信した人のアドレスだけしか見えない。

CEO，COO，CFO

アメリカ企業における，会社トップの呼称。意思決定権限の所在と責任が明確で，日本においても定着しつつある。CEO（最高経営責任者）が経営方針を決定し，それをCOO（最高執行責任者）が遂行する。CFO（最高財務責任者）は，企業の収益という視点からCEOを支援する。CEO＝会長，COO＝社長などの形態は，企業によりさまざま。

G20

主要国首脳会議（G8）の8か国，欧州連合（EU），新興経済国11か国の計20か国および地域の財務相・中央銀行総裁による世界経済の安定と成長を図る国際会議。

CPU（Central Processing Unit）

パソコンやスマートフォンに搭載されているデバイスのこと。中央演算処理装置。パソコンやスマートフォンの内部で処理を行う「頭脳」の役割を担う。プロセッサとも呼ばれる。処理性能は「クロック周波数（0.0GHzギガヘルツ）」や「コア（Core i0）」などで表記される。

ジェネリック医薬品

製薬会社が開発した医薬品の特許が切れてから，他のメーカーが同じ有効成分でつくった後発の医薬品。価格が安いのが特徴の1つ。

時価総額

企業価値を評価する際の指標の1つ（株価×発行株式数）。時価総額が大きいということは，業績だけではなく将来の成長に対する期待も大きいことを意味する。

実質経済成長率

市場価格をもとにしている国内総生産（GDP）から物価上昇率を差し引くことで導き出される，実質的な成長率。

実質賃金

賃金額を，消費者物価指数で割ることにより，物価上昇分を調整したもの。

社会資本（インフラ）

社会資本（インフラストラクチャー＝インフラ）とは上下水道・道路・公園などのあらゆる人々の暮らしに必要な施設・設備をいう。

出向

会社が社員を在籍のまま別会社や官庁に勤務させること。不況期には人員削減の一環として大企業が実施する場合が多い。

消費者物価指数

消費者が日常購入する財貨・サービスの小売り段階での物価の水準を測定したもの。

情報公開法

住民の「知る権利」を保障するために国や地方自治体の有する情報を請求により開示するという法。公開を自治体当局に義務づけた条例。

食品ロス

まだ食べられる状態の食品が捨てられること。

ジョブ型雇用

あらかじめ明確な職務内容や役割を提示して雇用契約を結び，それにもとづいて評価し，報酬を支払う雇用システム。基本的に転勤や配置転換などはない。

シンギュラリティ

AI（人工知能）が人間の知能を超える転換点（技術的特異点）。到達すると，AIによる人間の行動・思考の代替や進化など，大きな変革をもたらすといわれている。

スキーム

枠組みを持った計画。行政の基本計画，基本構想，企業の事業計画などをいう。

スタグフレーション

景気停滞とインフレーション（物価上昇）が併存した状態で，現代資本主義の経済的危機を示すことば。

ステークホルダー

企業や行政などに直接・間接的に利害関係を持つ利害関係者。

STEM（ステム）

ハイテク分野の研究開発に欠かせない科学（Science），技術（Technology），工業（Engineering），数学（Mathematics）の頭文字。

スパムメール

不特定多数に大量配信される迷惑な電子メールのこと。内容は広告，詐欺まがいの情報，デマなど。他者への転送を依頼するチェーンメールなども含まれる。受信者が通信料を負担する点や，一度の大量配信により公共回線に負担がかかる点が問題となっている。

スマートシティ

スマートグリッドなどによる電力の有効利用，熱・エネルギーの面的利用，交通システムの市民のライフスタイルの変革などを複合的に組み合わせた，地域単位の次世代エネルギー・社会システムの概念。各国で実験段階にある。

政令指定都市

地方自治法により，政令で指定する人口50万人以上の市で，都道府県並みの権限が与えられる。実際には100万人以上の市が指定の一般的な基準とされている。

世界遺産条約

世界的に重要な文化遺産と自然遺産を保護するために国連ユネスコ総会で1972年に採択された条約。「世界遺産」指定地の監視，保全，修復を目的とする。

セカンドオピニオン

医師の診断や治療法が適切かどうか，患者が別の医師の意見（第2の意見）を求めること。正しいセカンドオピニオンはカルテ開示とも関連し，医療の公開，適正化を促進する。しかし第2，第3の意見を聞いたとしても，混乱をまねくだけで終わることも多い。医師と患者が時間をかけて話し合うことや，患者自身が勉強することも必要だという指摘もある。

セクシュアル・ハラスメント（性的いやがらせ）

職場の上司や同僚から，異性が受ける性的いやがらせ。

総合的品質管理（TQC）

品質管理（QC）を生産現場だけにゆだねるのではなく，全社的に行うこと。部品の供給メーカーも含めたあらゆる部門が一体となって，それぞれの仕事を通じて品質をつくり込むという考え方に立った全社的な運動。

SOHO（ソーホー）

Small Office Home Officeの略。通信ネットワークの発達により，パソコンなどの通信機器を自宅や小規模な事務所に置いて仕事を行う様式のこと。

ソリューション

業務上の問題点の解決や要求の実現を行うための情報システム。

損益分岐点

管理会計上の概念の1つで，売上高と費用の額が等しくなる売上高をいい，売上高が損益分岐点以下になれば損失が生じ，以上になれば利益が生じる。採算点ともいう。一般的に，損益分岐点上の売上は次式で求められる。

損益分岐点＝固定費÷（1−（変動費÷売上高））

損失補てん

株式，債券など，有価証券の売買で生じた投資家の損失を，証券会社が事後に補うこと。

ダイオキシン

発ガン性，催奇形性のきわめて高い猛毒物質で，水に溶けず，半永久的に毒性はなくならない。

代替エネルギー

化石燃料や原子力エネルギーなどに代わる再生可能な新エネルギーのこと。バイオマス，太陽熱，地熱，風力，太陽光などのエネルギーをいう。

ダイナミックプライシング（変動価格性）

AIなどの分析により，需要と供給のバランスを予測して，多頻度でサービスや価格を設定すること。商品や宿泊・レジャー施設のチケット，運賃などで採用されている。

ダイバーシティ

「多様性」を意味する言葉で，企業経営的には「人材と働き方の多様性」のこと。異なる考え方を企業内に取り入れ，組織力を強化しようとする視点や動きをさす。

ダウ平均株価

アメリカのダウ・ジョーンズ社が，毎日発表しているニューヨーク市場平均株価。日本でもダウ平均株価にならって，日経平均株価などを発表している。

ダウンロード配信

インターネットを通じて，音楽をサーバから直接ユーザーのパソコンや携帯電話に取り込むこと。音楽流通の新しいビジネスモデルとして注目されている。また，音楽だけでなく，映画などの配信も始まっている。

多国籍企業

自国以外の複数の国で生産事業を行っている企業。

談合（入札談合）

国や地方自治体の公共事業や物品調達の入札に対し，参加を希望する事業者があらかじめ話し合い，受注予定者や入札価格などを事前に決定すること。

男女雇用機会均等法

1999年4月に男女が平等に働くことができる環境づくりをめざす「男女雇用機会均等法」が改正された。改正点には，これまで企業努力義務とされていた募集・採用，配置，昇進など男女差別の解消について明確に禁止したこと，セクハラ防止義務を課したこと，是正勧告に従わない企業の名前を公表するなどがある。

ダンピング

短期間に海外市場に食い込むため，国内市場よりも大幅に安い価格で販売すること。

担保

特定の債券について，あらかじめ債務不履行に備えて経済的価値を確保すること，またはそのための手段をいう。

知的財産権

知的な成果物を保護する権利のこと。音楽・出版物・コンピュータソフトなどの著作権，特許・商標・デザインなどの工業所有権がその中心となる。

ChatGPT

2022年11月にアメリカのOpenAI社がリリースした対話型生成AIサービス。GPTはGenerative Pretrained Transformerの略。

ディスクロージャー（企業情報開示）

一般投資家や株主を保護する目的で，企業の決算報告書などの情報を一般に開示する制度。

出来高

取引所で売買が成立した株式の数。

テザリング

スマートフォンなどが持つデータ通信機能を利用して，複数の機器をインターネットに接続できるようにすること。

デジタル課税

GAFAMなどのIT企業に対して適正に税金を徴収するための課税ルール。

デジタルマネー（電子マネー）

実物の貨幣を使わず，電子情報のみで代金を支払うことができる暗号資産のこと。ビットコインなどもその1つ。一定の金額をICカードやスマートフォンのアプリ上でチャージして，加盟店で決済できる「前払い（プリペイド）型」と，チャージの必要がなく，登録したクレジットカードや口座から，あとで引き落とされる「後払い（ポストペイ）型」がある。

デノミネーション（デノミ）

一般に貨幣の呼称単位。多くの場合その切り下げという意味で使われる。

デフォルト

英語で「何もしないこと」の意味。金融では，政府や企業が債券を発行しながら，利払いや元本償還ができない状態に陥る債務不履行のこと。コンピュータでは，ソフトウェアやハードウェアの初期設定の状態をいう。

デフレーション（デフレ）

ある一定期間にわたる一般物価水準の持続的下降。

デフレスパイラル

デフレが生じているとき，企業が将来の収益悪化や物価下落にともなう実質金利の上昇による債務者負担を恐れ，生産の削減や雇用のリストラを行うことによってさらなる物価下落を引き起こしデフレを悪化させるという悪循環を引き起こすこと。

デリバティブ（金融派生商品）

金融の現物取引から派生した「先物」「オプション」「スワップ」などの新しい金融商品のこと。金融の投機活動として，コンピュータによる取引で急膨張している。

テレワーク

情報通信技術（ICT）を活用した，場所や時間にとらわれない柔軟な働き方のこと。テレ（Tele＝離れたところ）とワーク（Work＝働く）を合わせた造語。在宅ワーク，リモートワークともいう。

投資信託

投資家から資金を集め，証券投資の専門家である投資信託委託会社が，株式や公社債を中心に運用して収益を分配する金融商品。

独占禁止法

私的独占，不当な取引制限，不公正な取引の禁止を内容とする法律で，国民経済の健全な発展を目的とする。

独立行政法人

国が出資するが，業務効率化のため，民間の経営手法を行政に取り入れる法人。国立大学や国立病院など，2004年度から独立行政法人となっている。

ドナーカード

臓器提供の意思を表示するためのカード。

ドメスティック・バイオレンス（DV）防止法

家庭内で起こる夫婦間の暴力（DV）の防止をめざす法律。夫婦間の暴力が犯罪であることを明確化し，第三者による通報や被害者の保護体制強化がはかられた。2001年に成立・施行された。

トレーサビリティ

対象とする物品やその部品や原材料の流通経路を，生産段階から最終消費段階（または廃棄段階）まで追跡・確認できる状態をいい，追跡可能性のこと。

ドローン

無人で遠隔操作や自動制御によって飛行できる飛行機の総称。広告，測量・調査，物流，農薬散布，警備，災害復旧などさまざまな産業で活用されている。

な

ナノテクノロジー

1ミクロンよりも3ケタ小さいナノメートル（100万分の1ミリ）単位で加工，計測する技術。超々精密技術。

ナレッジマネジメント

個人の持つ知識や情報を組織全体で共有し，有効に活用することで業績を上げようという経営手法。日本語では，「知識管理」と訳され，「KM」と略される。

ニート

イギリス政府が，労働政策上の分類で定義したことば「Not currently engaged in Employment, Education or Training」から生まれたことばだが，定義は誤用も含め多様である。一般的には，通学や有配偶者を除く無業者のうち，就業希望をしていながら求職活動をしていない個人である非求職型と，就職希望もしていない個人である非希望型に分けて考えられる。

ニッチ戦略

大企業が取り組んでいない分野や，まだ注目されていない分野をねらって進出しようという戦略。「すきま産業」のこと。

日本経団連

日本経済団体連合会の略称。2002年，経済団体連合会（経団連）と日本経営者団体連盟（日経連）が統合してできた。会員数は企業・団体など1,666（2023年現在）。

ニューノーマル

直訳すると「新しい状態」。生活習慣や働き方，学習方法，資本主義の考え方を含め国のあり方も変わるような新しい状態，常識が定着する状況をさす。

ネットオークション

インターネットなどの通信サービスで行われるオークションのことで，オンラインオークションともいう。出品者と落札者との間のトラブルが問題視されている。

ノックダウン輸出

海外現地に組立工場をつくり，部品を輸出して，現地で組み立てする輸出方式。

ノーマライゼーション

身体的・知的障害があっても，障害がない人と変わりなく過ごせる社会を実現するため，生活環境や人々の意識を改善していくこと。

ノンバンク

預金などを受け入れないで，金融業務を営む「銀行」でない金融業の総称。信販会社，リース会社，クレジット会社，消費者金融会社，住宅金融専門会社などがある。

は

バイオ食品

遺伝子組み換え技術（バイオテクノロジー）を応用し，製品化した食品。

派遣社員

1986年に施行された労働者派遣法にもとづく契約社員で，雇用主は派遣元企業，使用者は派遣先企業になる。

バジェット

政府の予算や予算案，特定の用途の経費。〈安価な〉の意味でも使われる。

バーチャル・モール

インターネット上に軒を連ねている電子商店街（複数のオンラインショップ）のことで，サイバーモールとも呼ばれる。

ハッカー

コンピュータへの知識と技術に精通した人のこと。その優れた能力を悪用し，違法行為をする人もハッカー（もしくはクラッカー）と呼ばれている。

ハブ空港

各地へ放射状に伸びた航空路線網の中心的役割を担う拠点空港のこと。ハブは，航空路線網を自転車の車輪になぞらえたもの。

バブル経済

投機によって土地や株式などの価格が実際の値打ちからかけ離れてはね上がり，それによって経済全体が膨張状態になること。日本経済は1980年代後半にバブル経済となり，1990年から91年にかけてこのバブルが崩壊した。バブルとは英語で「泡」のこと。

パワーハラスメント

職場でのいじめや嫌がらせの行為の総称で，パワハラとも略され，職務上の地位や優位性のもとに，業務の適正な範囲を超えた身体的・精神的苦痛を与えたり，職場環境を悪化させる行為をいう。

パンデミック

感染症（ウイルス感染症，細菌感染症，原虫感染症など）や伝染病が世界的に大流行する状態をさす。

PM2.5

粒径2.5μm（2.5mmの千分の1）以下の粒子状物質で，中国の急成長で工場より発生するものは大気汚染の原因となっている。日本にも飛来している。

PL法（製造物責任法）

製品の欠陥などが原因で消費者が被害を被った場合，製造者は過失の有無にかかわらず，損害賠償の責任を負うことを定めた法律。1995年に施行され，消費者には，従来のような製造者側に対する過失の立証が不要になった。

非核三原則

核兵器に対する，①つくらず，②持たず，③持ち込ませずの三原則。1968年以来の基本政策・原則。

ピクトグラム

「絵文字」「絵単語」とも呼ばれ，何らかの情報や注意を示すために表示される，視覚記号（サイン）やマークのこと。非常口，トイレ，オリンピックの競技種目など，誰もがその情報を理解しやすく表示したもの。

PKO（国連の平和維持活動）

国連が，軍事監視団や警察官，行政職員などを現地に派遣して，紛争や事態の悪化を防ぐ活動。

PTSD（心的外傷後ストレス障害）

災害や事故などで，生命を脅かされるような恐怖を感じた場合に，不眠，不安，抑うつなど，精神的不安定になる症状が出る障害のこと。ベトナム戦争の帰還兵に多く見られて注目されるようになった。阪神・淡路大震災，地下鉄サリン事件や東日本大震災の被害者にもその症状が見られる。

ビジネスモデル

利益を生み出す製品やサービスなどの戦略，収益構造のこと。

ビッグデータ

市販のデータベース管理ツールや既存のデータ処理アプリでは処理できない膨大かつ複雑なデータ集合集積物。その膨大なデータを解析してビジネスに活用する。

ビデオ・オン・デマンド（VOD）

映画や番組を，見たいときに呼び出して見られる機能。

ヒートアイランド

都市部の気温がその周辺の近郊部に比べ，高温を呈する現象。地表を覆う人工物の増加，車の排気ガスや空調機器の排熱の増加，都市の高密度化や気象の影響などが原因とされる。最近では，都市部における異常な集中豪雨などの関係でも問題視されている。

ヒヤリ・ハット

直接事故には至らないものの，重大な事故に直結する一歩手前の，ヒヤリとしたりハッとしたりする事例。

貧困率

国家内の所得格差を表す指標の1つ。OECDの貧困率の算出法によれば，国民の標準的な所得の半分（平均値ではなく中央値）を貧困の基準とし，それ以下の世帯の，全世帯に対する割合をいう。

ファストファッション

流行（トレンド）のファッションをシーズンに遅れないようタイムリーに製造して，安価で販売すること。

フィンテック

IT技術を使った新たな金融サービスのこと。金融を意味するFinanceと技術を意味するTechnologyを合わせた造語。金融IT，金融テクノロジーともいわれる。和製英語ではないので，英語として使える。代表的なものは，スマートフォンなどの携帯電波でモバイル決済ができるしくみである。また，クレジットカードのネット明細や電子マネーの利用履歴などを，まとめて自動で（クラウド）家計簿をつけてくれるしくみもある。データの改ざん，消失，漏洩を防ぐための技術がブロックチェーンである。

フェア・トレード

公正貿易。生産者である発展途上国には環境保護と正当利益を保障し，消費者である先進国には必ずしも低価格ではないが，その国独自の工芸品や産物を提供することを目的とする。

フェイクニュース

おもにインターネット上で発信される，事実ではない虚偽のニュース。

VUCA（ブーカ）

Volatility（変動性），Uncertainty（不確実性），Complexity（複雑性），Ambiguity（曖昧性）の頭文字。ビジネス環境や市場，組織，個人の考え方の変化により，将来の予測が難しい状態のこと。

プライベートブランド（PB）

スーパーやデパートなどの流通業者が，メーカーに拠らず自ら設定した商標。

プラットフォーマー

米国GAFAM（Google，Amazon，Facebook，Apple，Microsoft），中国BAT（Baidu，Alibaba，Tencent）など，ビジネスや情報配信を行う際，基盤となるような製品，サービス，システムを第三者に提供する事業者。

ブリーフィング

簡単な報告や司令。報道機関に対する事情説明。

不良債権

金融機関が企業などに貸し出したお金（債券）で，返済されないか，返済されない恐れのあるもの。バブルの崩壊により不良債権が増大した。

ブルートゥース

パソコンやスマートフォンと，周辺機器などをつなぐ無線通信規格。

ブレーンストーミング

会議などで否定的，批判的な主張をしない自由で拘束のないアイデア発想支援法。

ブログ（Blog）（ウェブログ（Weblog）の略）

インターネットの普及により，個人のWebサイトに日記をつけ，内容を日々更新していくという新しいメディアである。通常の日記風なものから，専門的見地から意見を述べ，広く一般に公開することによってコミュニケーションをはかるものまである。

ブロックチェーン

分散型台帳と呼ばれている。暗号化された情報を一元管理せず，取引データを分散して（みんなで）管理，保存しあう技術のこと。暗号資産（ビットコイン，イーサリアムなど）や音楽配信サービスの著作権の管理などに使われている。

ペイオフ

　金融機関が倒産したときに，預金保険機構が預金者に一定額の保証をする制度。元本のみ１人１口座あたり1,000万円まで保証される。

ポジティブ・アクション

　これまでの性別役割分担意識などによって生じた差を解消するように，均等な機会・待遇を確保する取り組み。たとえば「管理職の大半が男性」「営業職に女性がいない」というような差の解消を目的として，個々の企業が自主的かつ積極的に女性の採用をすすめること。国が相談なり援助を行うこともある。

POSシステム（ポスシステム）

　販売時点情報管理システム。13ケタのバーコードを使用して管理できるしくみになっており，小売店などでの販売活動を総合的に把握するシステムとして広く使われている。

補正予算

　国の予算が成立して，実行の段階に入ったあとで，情勢の変化により，内閣は予算を追加して国会に提出する。これを補正予算といい，年度当初に作成された予算を当初予算という。

ポータルサイト

　インターネットの入り口となるWebサイトのこと。検索エンジンやリンク集などがある。利用者は無料で情報を活用し，サイト提供者は利用者を増やすことで広告や各種サービスなどから収入を得る。

POP（Point of Purchase）

　商品やサービスの購入時点で，店舗で行う販売促進広告活動のこと。購入意欲促進広告。商品の説明カード，プライスカード，ポスター，パネル，ディスプレー，ステッカーなど購買意欲を高める手段のすべてをさす。

ボランティア休職（休暇）

　企業が社員のボランティア活動を支援するため，休職（休暇）を認める制度。

ホールセール（クラブ）

　ホールセールとは卸売りのことで，会員制ディスカウントストアをいう。支払いは現金で，配送は行わないため低価格販売を実現，「キャッシュ＆キャリー」とも呼ばれる。

ま

MICE（マイス）

　Meeting（企業などの会議），Incentive Travel（企業などの報奨・研修旅行），Convention（国際機関・団体，学会等が行う国際会議），Exhibition/Event（展示会・見本市・イベント）の頭文字のことであり，多くの集客交流が見込まれるビジネスイベントなどの総称。

マイナンバー制度

　行政の効率化のために，住民票を持つすべての個人に１人１つの番号を付し，社会保障，徴税，災害対策の分野で情報管理しようとするシステム。

マイノリティ

　少数派，社会的少数派のこと。社会的弱者という意味で使われることもある。

マニフェスト

　本来「宣誓」や「宣言」を意味することばで，選挙のときに政党や候補者が提示する，具体的な数値目標などを盛り込んだ政策綱領。

マネーサプライ

　金融機関以外の民間部門が保有する現金や預金などの残高で，市中に出回っている通貨の量。

メセナ

　主に企業が資金を提供して，文化や芸術活動などを支援すること。

メタバース

　超（meta）と宇宙（universe）を組み合わせた造語。仮想空間内で多くのアバター（ユーザー）が，その空間を共有できる。空間内でイベント参加，出勤，また商取引も可能。

メタボリックシンドローム

　生活習慣病に関係するような肥満や高血圧，糖尿病などをあわせ持った，注意を要する状態。心筋梗塞や動脈硬化にかかるリスクが高くなる。

メンター

　仕事上（または人生）の指導者，助言者のこと。メンター制度とは，企業においては，新入社員などの精神的なサポートをするために専任者を設ける制度をいう。OJT制度が元になっている。

メンタルヘルス

　「心の健康状態」を表す言葉。メンタルヘルスが不調になると，脳の機能が低下し，集中力や判断力のほか，ものごとに対する意欲や好奇心が低下する。

メンバーシップ型雇用

　明確な職務や役割を提示せずに人材を雇用する雇用システム。雇用後は割りあてた業務に従事させ，研修や業務のなかで経験やスキルを身につけさせる。

モーダルシフト

　CO_2削減に向けて，自動車による輸送を鉄道輸送に代替するように，貨物や人の輸送手段の転換をはかること。

モバイル・コンピューティング

　電話回線を利用し，携帯電話やPHS，小型コンピュータなどの携帯情報端末機を使って，いつでもどこからでも情報をやりとりすること。

や

ヤングケアラー

　家族の介護や世話，家事や労働を日常的に担っている18歳未満の子どものこと。

有効求人倍率

　労働力の需給バランスを示す指標の１つ。有効求職数に対する有効求人数の割合で，１倍を超えれば人手不足，１倍未満なら人手過剰。

ユニバーサルデザイン

　身体的な障害や機能低下のある人のためだけでなく，だれも公平かつ自由に使用でき，容易に使用方法や情報が理解でき，無理なく安全に使えるようユニバーサル（普

遍的）にデザインされた商品や設計，アイディア。

ユーロ（EURO）
EUの共通通貨の名称およびその通貨単位。欧州連合加盟国のうち20か国（2023年現在）が用いている。

要介護・要支援認定
介護保険の被保険者が申請したとき，どの程度の介護や支援を必要としているのかを，市町村が設置している介護認定審査会が「全国一律の客観的な基準」によって調査・認定すること。

ら

ライフライン
本来「命綱」「生命線」の意味だが，転じてガス，水道，電気，電話，放送，道路，鉄道，流通など，ライン（線，管など）で結ばれた日常の生活を支える諸々のシステムをさすようになった。阪神・淡路大震災で，ライフラインがずたずたになり，復興と救援を困難にした。

ラムサール条約（国際湿地条約）
1975年に発効した「とくに水鳥の生息地として国際的に重要な湿地に関する条約」。条約加入国では，渡り鳥などの多い生息地として重要な湿地を登録，保護している。

ランニングコスト
企業内で設備や建物の維持，機器やシステムの保守・管理にかかる費用。導入の費用はイニシャルコスト。

リエンジニアリング
企業を根本から変える業務革新。業務の根本的革新。

リコール
法律やメーカーの自主判断にもとづいた欠陥商品の点検，修理，製品交換，代金の払い戻しなどの行動。

リスキリング（Reskilling）
職業能力の再開発，再教育のこと。企業のDX戦略に対応できるようにするための再教育という意味で使われている。

リスクマネジメント
リスクを組織的に管理（マネジメント）して，損失の回避や低減を図るプロセスをいう。リスク（Risk）と危機（Crisis）の違いから，危機管理とは区別される。

リストラクチャリング（事業の再構築）
企業が収益力の向上など経営体質を強化するために，不採算部門を整理したり別の事業に切り替えたりすること。バブル崩壊以後，リストラの動きが広がっている。

リテール
一般消費者向け小売り（⟺ホールセール＝卸売り）。

リファラル採用
人柄をよく知っている自社の社員や関係者から，紹介や推薦により採用選考の対象を決める採用方法。

累進課税
所得の増大にともなって納税額が増える課税制度。

レアメタル
天然の存在量が少なく，品質の高い金属で，技術開発やパソコン，携帯電話などに不可欠な金属。

レイオフ
労働者の一時解雇。

レガシーキャリア
フルサービスを提供する既存の大手航空会社のこと。逆に，効率化をきわめて低価格なサービスを提供する航空会社をLCC（Low Cost Carrier）という。

ロイヤリティ
著作権使用料。特許権・特殊なノウハウの所有者に，その使用料をライセンス契約によって支払う料金のこと。

労働災害（労災）
労働者が業務上，不可抗力もしくは安全衛生設備の不備などにより，負傷，罹病，死亡する事故が発生した災害のこと。

ロコモティブシンドローム
筋肉，骨，関節，軟骨，椎間板などのロコモ（運動器）に，加齢や生活習慣から衰えや障害が起き，日常生活や歩行が困難な要介護のリスクが高まる状態。

ロジスティックス
物流の調達・生産・販売・回収などの分野のこと。戦略的な経営管理といえる。

わ

Wi-Fi（ワイファイ）
限られた範囲で，パソコン同士やパソコンとインターネットを無線でつなぐ「無線LAN」の通称。

ワーキングプア
先進国で見られる新しい種類の「働く貧困層」のことで，正社員として（あるいは正社員並みに）フルタイムで働いても，最低の生活さえ維持できない（あるいは生活保護の水準以下の収入しか得られない）就労者の社会層をいう。

ワークシェアリング
社員1人あたりの労働時間を短縮し，限られた仕事をより多くの人で分け合うことで，失業問題を解決しようという手段。サービス残業が常態化している企業では人件費増加につながるなど，問題点もある。また，長期的に見れば日本経済の競争力低下につながりかねないという意見もある。

ワークライフバランス
仕事と生活のアンバランスが原因で起こる精神疾患・過労死，家庭崩壊などを抑えるために，「仕事と生活の調和」の必要性が叫ばれ，その取り組みが進められている。

ワーケーション
「ワーク」と「バケーション」を組み合わせた造語で，旅行先などで休暇をとりながら働くこと。

英略語

ADHD	注意欠陥／多動性障害	KPI	重要業績評価指標
AFTA	東南アジア自由貿易圏	LAN	企業内統合通信網
AI	人工知能	LCC	格安航空会社
AIDS	エイズ（後天性免疫不全症候群）	LDC	後発発展途上国（LLDCとも書く）
APEC	アジア太平洋経済協力閣僚会議	LGBTQ+	幅広いセクシャリティの総称
ASEAN	東南アジア諸国連合	LSI	大規模集積回路
ATC	列車自動制御装置	M&A	企業の合併・買収
B to B, B to C	企業間，企業対消費者間電子商取引	ME	マイクロエレクトロニクス
CASE	自動車業界の方向性	MMC	市場金利連動型預金
CATV	ケーブルテレビ	MR	複合現実
CO-OP	消費生活協同組合	MSF	国境なき医師団
COP	締約国会議	NAFTA	北米自由貿易協定
CP	コマーシャルペーパー（商業手形）	NASA	アメリカ航空宇宙局
CPI	消費者物価指数	NATO	北大西洋条約機構
CPU	中央演算処理装置	NPO	特定非営利活動・市民活動
CTBT	包括的核実験禁止条約	NPT	核拡散防止条約
DAC	開発援助委員会	OA	オフィス・オートメーション
DX	デジタルトランスフォーメーション	ODA	政府開発援助
EFTA	ヨーロッパ自由貿易連合	OECD	経済協力開発機構
EPA	経済連携協定	OEM	納入先商標による受託製造
FANGAM	GAFAM に Netflix を加えた呼び方	OJT	企業内教育
FAO	食糧農業機関	OPEC	石油輸出国機構
FTA	自由貿易協定	OS	オペレーティング・システム（基本ソフトウエア）
GDP	国内総生産	pH	ペーハー（水素イオン濃度）
GNE	国民総支出	PKF	国連の平和維持軍
GNH	国民総幸福度	PKO	国連の平和維持活動
GNP	国民総生産	POP	購入意欲促進広告
G7/G8	先進7か国蔵相・中央銀行総裁会議（ロシア参加⇒8か国＝G8）	POS	販売時点情報管理システム
		ppm	100万分の1の単位
HACCP	危害分析重要管理点方式。ハサップ	SDGs	持続可能な開発目標
IAEA	国際原子力機関	SNS	ソーシャル・ネットワーキング・サービス
IBRD	国際復興開発銀行（世界銀行）	3R	リデュース，リユース，リサイクルの3R原則
IC	集積回路	TOPIX	東証株価指数
IDA	国際開発協会（第二世界銀行）	TPP	環太平洋戦略的経済連携協定
ILO	国際労働機関	UN	国際連合
IMF	国際通貨基金	UNCTAD	国連貿易開発会議
INP	物価指数	UNDC	国連軍縮委員会
INS	高度情報通信システム	UNESCO	国連教育科学文化機関
IOC	国際オリンピック委員会	UNF	国際連合軍
IOS9000	国際標準化機構の品質管理システム規格の総称	UNHCR	国連難民高等弁務官事務所
		UNICEF	国連児童基金
IRC	国際赤十字社	VAN	付加価値通信網
ISO	国際標準化機構	VR	仮想現実
IT	情報技術	WFP	世界食糧計画
JA	日本農業協同組合	WHO	世界保健機関
JAS	日本農林規格	Win-Win	双方に利得のある状態
JETRO	日本貿易振興会	WIPO	世界知的所有権機関
JICA	国際協力機構	WTO	世界貿易機構
JIS	日本工業規格	WWF	世界自然保護基金
JOCV	青年海外協力隊	You Tube	インターネット動画共有サービス
KGI	重要目標達成指標		

誤りやすい同音異義語

万事遺漏のないように	功労者を慰労する	定期公演	講演会
異議を唱える	意義ある大会	部品交換	好感をいだく
意外な結果	それ以外	好機を逸する	好奇心
意志が弱い	意思表示	計画を公言する	巧言令色
一矢報いる	一糸乱れぬ	広告宣伝	即時抗告
一変した態度	一片の通知	口座振込	講座の設置
民族移動	人事異動	過小評価	税の過少申告
遺留品	辞意の慰留	親の形見	肩身がせまい
電車の運行	貨物船の運航	外科学会	学界で認められる
会社の沿革	遠隔の地	自然観察	行政監察
温情主義	恩情をかける	風景の観賞	絵画の鑑賞
概観する	建物の外観	感心なこども	関心を払う
快気祝い	怪奇な事件	官製はがき	管制塔
当時を回顧する	懐古趣味	火災感知器	関知しない
会心の出来ばえ	改心する	精密機械	器械体操
快速電車	快足ランナー	電気器具	農機具
料金改定	本の改訂版	技巧をこらす	歯科技工士
アンケート回答	数学の解答	規制緩和	政治資金規正
プールの開放	奴隷解放	既製服	規成事業
自然科学	化学反応	奇跡が起きる	軌跡をたどる
勝利の確信	核心に触れる	規定種目	既定方針
事業の拡張	格調が高い	記念行事	平和祈念
注意を喚起する	室内の換気	共有財産	権利の享有
利益の一部を還元する	甘言を使って誘い出す	苦渋の選択	苦汁をのむ
景気がよい	病気を契機にする	掲示板	神の啓示
戦局が急迫	財政が窮迫	厚生年金	自力更生
驚異の躍進	自然の脅威	工程管理	行程半ば
スターの競演	共演者	巧妙な手口	功名心
強行突破	強硬手段	債権者	債券の発行
競争が激しい	100m競走	最小限	最少得点
その点を強調	協調介入	練習試合	泥仕合
協同組合	共同住宅	諮問機関	口頭試問
傾向を分析する	蛍光塗料	ゴミ収集	事態の収拾
原価が安い	減価償却	身元照会	自己紹介
原形をとどめる	鋳物の原型	借金清算　　精算料金　　成算見込み	
現状維持	原状回復	人格形成	形勢不利

上司の決裁	決済手段
思案顔　　私案　　試案	
自衛手段	自営業
資材置場	私財を投げ打つ
それ自体	緊急事態
プライバシーの侵害	どう考えても心外だ
精巧な機械	温厚な性向
正当防衛	正統派
精力的	勢力拡大
絶対禁止	絶体絶命
その前後	善後策
専任講師	役員の選任
創造性	想像する
発達を阻害する	仲間から疎外される
調査対象	対照的性格
大勢が決まる	体勢をととのえる
親子の対面	体面を気にする
計画の断行	国交の断交
沈痛な表情	鎮痛剤
目的の追求	責任の追及
適正価格	適性検査
摘要欄	法律の適用
不法投棄	投機的動き
本の発行	条約の発効
必死に追う	倒産は必至
人手不足	人出で賑わう
意思表示	道路標示
不純物	天候不順
不信感	不審火
経営不振	道路の普請
不断の努力	普段から
不変な態度	普遍の真理
不用品	印鑑は不要
平行線　　平衡感覚　　並行輸入	

在外邦人	社団法人
法定利息	裁判所の法廷
保健所	生命保険
身元保証	補償を求める
有終の美	憂愁に閉ざされる
教授の勇退	学生の優待券
用件を済ます	要件を満たす
本を著す	喜びを表す
敵を討つ	拳銃で撃つ
ドアを押す	委員に推す
集計が済む	空気が澄む
道順を尋ねる	知人を訪ねる
写真を撮る	栄養を摂る
便宜を図る	悪事を謀る
障子が破れる	勝負に敗れる
暑い夏　　厚い本　　熱い湯	
魚が傷む　　腹が痛む　　死を悼む	
罪を犯す	境界を侵す
のどが渇く	空気が乾く
仲を裂く	時間を割く
布を断つ	連絡を絶つ
けがを治す	寸法を直す
夜が更ける	見た目が老ける
金づかいが荒い	かごの目が粗い
表彰を受ける	工事を請ける
学問を修める	税金を納める
機転が利く	薬が効く
手で触る	気に障る
災害に備える	仏壇に花を供える
会社に勤める	司会を務める
所期の目的	初期設定
お蔭さま	影ひなたなく働く
次官級会議	時間給
自愛	慈愛

誤りやすい国語表現

誤	正	意味
相づちを入れる	相づちを打つ	相手に同調すること。
悪が強い	灰汁（あく）が強い	その人特有の癖や個性が感じられること。
上げ足を取る	揚げ足を取る	小さなミスを大げさになじること。
怒り心頭に達する	怒り心頭に発する	心底から怒る。
一切かまわず	委細かまわず	どのような状況であっても。
一同に会する	一堂に会する	大勢が1か所に集まる。
印籠を渡す	引導を渡す	あきらめさせること。
上へ下への大騒ぎ	上を下への大騒ぎ	混乱している状態。
鋭気を養う	英気を養う	気力を充実させる。
押しも押されぬ	押しも押されもせぬ	名実ともに優れている。
押して知るべし	推して知るべし	推測すればすぐにわかること。
関心を買う	歓心を買う	気に入られようとする。
聞いた風（ふう）	利いた風（ふう）	知ったかぶった様子。
機を一にする	軌を一にする	同じ考え方。
肝に命じる	肝に銘じる	忘れないようにする。
興味深々	興味津々	興味が絶えずあふれ出て尽きない様子。
均頭割り	均等割り	平等に分けること。
汚名挽回	汚名返上・名誉挽回	よくない評判を取り除き，名誉を回復すること。
一把一からげ	十把（じっぱ）一からげ	どれもこれもきわめて価値のないものとして，多数をひとまとめに扱うこと。
常軌を失する	常軌を逸する	常識はずれな扱いをする。
寸暇を惜しまず	寸暇を惜しんで	少しの時間も大切にして。
是が否でも	是が非でも	何としてでも。
同業（同類）相憐れむ	同病相憐れむ	同じ境遇を持つもの同士が，互いに同情し合う様子。
無しのつぶて	梨のつぶて	まったく返事・連絡のないこと。
的を得た	的を射た	的確な。
眉をしかめる	眉をひそめる	不愉快になる。
満を期す	満を持す	十分に準備する。
胸先三寸に納める	胸三寸に納める	心のなかに隠しておくこと。
命運を分ける	明暗を分ける	結果の善し悪しがはっきり分かれること。

間違えやすい慣用表現

慣　用　表　現	意　　　　　　　　　　　味
言い得て妙	状態を言いあてた巧みな表現。
気が（気の）置けない	遠慮せずに何でも言える（〜仲間）。
件のごとし （くだん）	例のように。いつもの決まりの。
順風満帆 （まんぱん）	船が追い風を受けて勢いよく進むように，ものごとがうまく進んでいく様子。
青天の霹靂 （へきれき）	（晴れた青空に，にわかに雷が起こる様子を表し）突然に起こる変動や急に生じた大事件。
鶴の一声	権威者・有力者などの発する一声が，周囲の者を圧倒すること。
情けは人のためならず	人に情けをかけておけば，めぐりめぐっていつかは自分のところに戻ってきてよい報いを受けられるということ。
目から鼻に抜ける	優れて賢いこと。あるいは，抜け目がなく敏捷な様子。
役不足	その人の力量に比べて，役目が軽過ぎること。

ことわざミニ辞典

こ　と　わ　ざ	意　　　　　　　　　　　味
あつものに懲りてなますをふく	一度失敗したのに懲りて，意味のない用心をすること。
石に漱ぎ，流れに枕す （くちそそ）	こじつけて言い逃れること。負け惜しみの強いこと。
隗より始めよ （かい）	遠大なことをなすためには，まず身近なことから始めること。
勝って兜の緒を締めよ	何かに成功したら気をゆるめず，次に備える。
禍福はあざなえる縄のごとし	禍（不幸）と福（幸福）は縄がよれ合うようにつねに変化する。
漁夫の利	双方が相争う隙につけこんで第三者が利益を横取りすること。
腐っても鯛	本当に優れたものは，だめになったようでもなお値打ちを保つ。
逆鱗に触れる （げきりん）	目上の人の怒りを買うこと。
光陰矢のごとし	月日のたつのは速いということのたとえ。
好事魔多し	よいことには邪魔が入りやすいこと。
後世畏るべし （こうせいおそ）	あとから生まれた年下の者にも学ぶべきことは多い。
紺屋の白袴 （こうや）	自分の専門でも，自分自身に関しては案外おろそかにしがちなこと。
五十歩百歩	大差のないこと。
虎穴に入らずんば虎児を得ず （こけつ）	危険を冒さなければ大きな成果は得られないということのたとえ。
人事を尽くして天命を待つ	人間ができる限りの努力をして，あとは天からの運に任せる。
断じて行えば鬼神もこれを避く	強い意志を持って行えば，障害はおのずと取り除かれる。
ならぬ堪忍するが堪忍	できないような我慢をすることこそが我慢である。
人間万事塞翁が馬 （さいおう）	世の中に吉凶禍福の転変つねないこと。
門前の小僧習わぬ経を読む	日頃見聞きして慣れていると，知らず知らずのうちにそれを学び取っていけるということ。

要点と演習　ビジネス能力検定ジョブパス2級　解答および解答例

第1編　演習

演習1（p.13〜14）

1 1．ウ　2．イ　3．ウ　4．イ　5．イ
　　6．イ　7．オ

演習2（p.26〜31）

1 エ

2 オ

3 1．(1)オ　(2)イ　(3)エ
　　2．(1)ウ　(2)オ　(3)ア

4 1．市場における商品動向をよくつかみ，顧客の要望に直結している。（顧客意識）
　　2．生産面における仕入れコストの低下についての検討・調査ができている。（コスト意識）
　　3．顧客のニーズに合う新商品開発企画であり，品質内容についての比較調査も行い，仕事に取り組む姿勢ができている。（品質意識）
　　4．期限を設定し，タイムリー商品とするねらいが明確に出ている。（時間意識）
　　5．組織としての力を発揮して，新しい開発をはかろうとする意欲が出ている。（強調意識）

5 イ

6 1．(1)イ　(2)エ　(3)ア
　　2．(1)キ　(2)オ，エ　(3)イ
　　3．(1)イ　(2)ウ　(3)カ
　　4．(1)ア　(2)キ　(3)エ　(4)イ　(5)オ　(6)ケ

7 1．−イ　2．−イ

8 ウ，エ，オ

9 (1)エ　(2)イ　(3)ア　(4)ウ

10 (1)ア　(2)カ　(3)エ　(4)オ　(5)イ　(6)ウ

11 ウ

12 ウ

13 (1)オ　(2)エ　(3)ウ　(4)ア　(5)カ　(6)イ

14 イ

15 (1)ア　(2)ウ　(3)オ　(4)エ　(5)イ

16 ウ

演習3（p.39〜53）

1 1．イ　2．オ　3．イ
　　4．①あいにく本日は，お会いできません。恐れ入りますが，またお越しいただけませんでしょうか。
　　　②せっかくお申し込みいただきましたが，今回は不採用となりましたので，よろしくお願いいたします。
　　5．①あいにく満席となっております。恐れ入りますが，もうしばらくお待ちいただけませんでしょうか。
　　　②あいにく○○（名指し人）は，別の電話に出ておりますが，いかがいたしましょうか。
　　6．①課長は，仙台から明日戻ると言われました。
　　　②常務は，今日はお帰りになりました。
　　7．①〈例〉申し訳ございませんが，このタイプのものは，お取り扱いできません。
　　　②〈例〉せっかくお越しいただきましたが，定員をオーバーしてしまいましたので，打ち切らせていただきます。
　　　③〈例〉たいへん恐縮ですが，こちらにもお名前をお書きいただけますか。
　　　④〈例〉お差し支えなければ，ご用向きをお聞かせいただけませんか。
　　　⑤〈例〉恐れ入りますが，こちらでおかけになってお待ちいただけませんでしょうか。
　　8．ア　9．ア
　　10．①雨の日がずいぶんつづきますね。もうかれこれ1週間も雨模様の日ばかりですよ。
　　　②今年は，桜（の開花）が遅いようですね。4月に入ったのにまだ咲きませんね。ところで，今年の新人の方はどうですか。
　　　③寒波が来ているようですね。○○地方では豪雪で幹線道路が通常のように機能していないようですから，いろいろ支障が出てきますね。
　　11．①本日はありがとうございました。恐れ入りますが，8月の○日から○日まで，私どもの会社では一斉休暇となりますので，ご迷惑をおかけしますが，よろしくお願いいたします。
　　　②このたびは，いろいろお世話になりました。また来年もお世話になると思いますが，よろしくお願いいたします。

2 1．ア
　　2．①導入としてあいさつのあとに今日の用件を告げている。
　　　②相手の都合を聞いて，すぐに商談に入っている。
　　　③会話に入る前に，話の進め方について，相手の意向を確認している。
　　　④用意した資料にそって説明している。
　　3．ウ
　　4．①今回の商談で決定した内容を確認する。
　　　②次回の面談がある場合は，約束する。

3 1．エ　2．イ　3．ウ　4．イ
　　5．(1)いつご出発ですか（何月何日何時頃がご希望ですか）。発駅は東京でよろしいですか。同行の方はいらっしゃいますか。お帰りの切符はお取りしますか。
　　　(2)課内ミーティングのためですか（目的の確認）。課のメンバー全員ですか。何か用意しておくこと（もの）はありますか。
　　　(3)お急ぎですか。人事部長が不在の場合は，どうしたらよろしいでしょうか。人事部の方に伝言して，渡してきてもよいでしょうか。それとも持ち帰りますか。
　　6．〈例1〉そうですね。蒸し暑いから，窓を開けましょうか。
　　　〈例2〉少し休憩して，お茶でも入れましょうか。
　　　〈例3〉この書類をBさんにお渡しするのです

ね。お急ぎですか。ちょっといま，明日の会議の資料を打っているのですが，あと１時間ほどで終わるのでそのあとでもよろしいですか。

4 1．ア
2．〔よくない点〕
・何か問題がありましたか？
・調べていた技術用語の画面と桑田の映る画面を重ね，カメラを見ずに言った。
・えっ！意見聴取をやり直せって言うんですか？そんなの無理ですよ。

〔理由〕
・相手の話を最後まで聴かずに反論めいた発言をしている。
・相手の話に集中していない。
・相手の要望を確認もせずに否定的な反応を示している。

3．態度：きちんと聴く姿勢を持って冷静になる。
言葉：そうでしたか。すみません。どんな内容でやるのですか。
4．伝え手：今日のミーティングの件ですが，開始時刻を10時半から13時に変更してほしいと伝えてください。
聞き手：聞き取った内容を復唱して確認すればよかった：「今日のミーティングは10時30分から13時までにしてくださいということですね」と言っていれば，相手は「そうではなくて……」と説明できたはずである。
5．ウ

5 1．(1)カ (2)キ (3)ア (4)オ
2．(1)ウ (2)キ (3)ク (4)ア
3．(1)イ (2)ア (3)オ
4．(1)ウ (2)オ (3)イ

6 1．－ア 2．－イ 3．－ア 4．－ウ

7 (1)私（わたくし）
(2)私ども（わたくしども），てまえども
(3)当社
(4)御社
(5)どちらさま

8 1．－エ 2．－エ

9 1．(1)カ (2)イ (3)オ (4)ア
2．(1)ア (2)エ (3)カ (4)キ

10 (1)それはやはりいたしかねます。
(2)その問題は大変困難です。
(3)お手紙を拝見いたしました。
(4)当社（小社，弊社）の社長は稲垣と申します。
(5)はい，かしこまりました（承知いたしました）。
(6)ご心配いただきまして，ありがとうございます。
(7)またのお越しをお待ちしております。（お待ち申し上げております。）

11 1．(1)どういうご用件でしょうか。
(2)いかがでしょうか。
(3)少々お声が遠いのですが。
(4)（失礼ですが）お名前はなんとおっしゃるのでしょうか。
2．(1)ございません。
(2)いたしかねます。
(3)存じません。
(4)さようでございます。
3．(1)少々お待ちください。
(2)～していただけませんでしょうか。
(3)おいでください。お越しください。
(4)お聞きになってください。おたずねください。

12 (1)部長はただいま出かけております。
(2)私どもの課長の山田が，よろしくと申しておりました。
(3)清原部長はいらっしゃいますか。
(4)久保田さまとおっしゃる方が，明日いらっしゃることになっております。
(5)会議室でお待ちください。
(6)どちらさまでいらっしゃいますか。
(7)ご予定は本木課長におたずねください。
(8)同封の文書をご覧ください。
(9)不明の点がございましたら，下記へおたずねください。
(10)この文書は，部長がお書きになりました（書かれました）。
(11)そのようなことは，いたしかねます（が）。
(12)そのようなものはございません（が）。
(13)ゴルフをなさいますか。
(14)ただいま，呼んで参りますので，少々お待ちください。
(15)御社（貴社）へお伺いしてもよろしいでしょうか。

13 1．－エ 2．－エ 3．－ウ
4．－ウ 5．－ウ 6．－ウ

14 1．－イ 2．－エ 3．－エ

演習4 (p.56～59)
1 1．ウ 2．オ 3．ア 4．オ
2 1．ウ 2．オ
3 1．オ 2．ウ
4 ①恐れ入りますが，商品をご購入になった店名をお教えください。
②ご迷惑をおかけいたしまして申し訳ございませんでした。
③すぐに品物を交換させていただきます。
④お近くに当社の支店はございますでしょうか。
⑤お電話いただきありがとうございました。
5 イ

演習5 (p.64～69)
1 ア
2 ウ
3 エ
4 問(1) かなり割高と感じるところはあると思います。だからこそ，今度の新製品は，工期が短縮できるという利点があります。
(2) いい値段ですか？しかし，工期短縮に加えて耐久性が３倍という大きな特徴を持っているんですよ。
(3) 現在は増産体制に入った商品ですので十分です。ところで，工事の着手は９月１日の予定ですと，納期はいつ頃をご希望でしょうか？
5 1．－ウ 2．－イ 3．－イ 4．－イ

6 1．(1)イ (2)エ (3)オ (4)キ
　　2．ⓐ10時にお約束なさったそうです。
　　　　ⓑただいま部長の森が参ります。
　　3．ーイ
7 1．ーウ　2．ーエ　3．ーウ　4．ーア　5．ーア
8 1．ーイ　2．ーエ　3．ーウ　4．ーア
演習6（p.78〜83）
1 1．(1)ア (2)キ・カ (3)イ (4)エ
2 ウ
3 ウ・ア
4 ア
5 C　⑤・⑦・⑧
　　E　⑤
6 1．ア　2．イ　3．オ　4．ウ
　　5．(1)Bタイプのほうが，○○の機能が加わり，容
　　　　量も2倍になりましたのでお得です。
　　　　(2)これを明日までに終わらせると，次のステッ
　　　　プへ進むことができる。
　　6．(1)Aさん，仕事をテキパキ進めてくれるのはと
　　　　てもよいけれど，やり方がよくわからないと
　　　　きなどは自分の判断で進めないで，相談して
　　　　ください。
　　　　(2)Bさん，仕事を慎重に進めていくのはよいけ
　　　　れど，一度説明したことはメモして，何度も
　　　　説明を受けなくてもよいように，少しずつ覚
　　　　えるようにしてください。
　　7．①先日送られてきた伝票の件でお尋ねしたいこ
　　　　とがあるのですが，ただいまお時間よろしい
　　　　でしょうか。
　　　　②先日○月×日に送られてきました伝票番号○
　　　　○ですが，不明な点が2点ありますので確認
　　　　していただけますでしょうか。
　　　　まず1点目は，〜
　　　　2点目は，〜
　　　　③お調べいただいて○時までにご連絡いただけ
　　　　ますでしょうか。よろしくお願いいたします。
7 1．イ　2．エ
　　3．「まだお客さんつかないなんて，当然のことよ。
　　　　入社して数か月なんですもの。そのことをそん
　　　　なに気にすることはないと思うけど。ほかにも
　　　　気にしていることがあるの？」
　　4．イ
　　5．「課長，いまお時間よろしいですか。夏期休暇
　　　　の件ですが，私としてはとくにまだ予定を立て
　　　　ていないので，いつでもよいのですが，希望と
　　　　しては7月21日からです。よろしくお願いいた
　　　　します」
演習7（p.90〜95）
1 1．(1)エ (2)イ (3)ウ (4)ア
　　2．(1)イ (2)ウ (3)オ
　　3．(1)ウ (2)キ (3)カ (4)オ (5)イ
　　4．(1)エ，ケ (2)キ，オ (3)ア
2 イ
3 オ
4 ウ
5 エ

6 イ
7 イ
8 エ
9 (1)イ (2)ウ (3)カ
10 1．ウ　2．イ
11 ア　**12** オ　**13** オ　**14** ウ
15 **16** 解答略

■第2編　演習

演習1（p.115〜124）

1 1．エ　2．ウ

2 1．(1)イ　(2)オ　(3)ア　(4)カ
　　2．(1)オ　(2)ウ　(3)ク　(4)カ　(5)ア

3 ①エ　②カ　③イ

4 1．ア　2．オ　3．ウ　4．ウ

5 1．イ　2．ウ　3．イ

6 1．ア　2．エ

7 1．(1)オ　(2)ウ　(3)ア
　　2．(1)エ　(2)オ　(3)イ

8 ア

9 オ

10 （順に）イ，エ，ケ，キ，カ，ウ，ク，オ，コ，ア

11 新入社員教育ビデオ教材（実務編）制作のガントチャート（下図）

12 1．(1)エ　(2)カ　(3)ク　(4)イ
　　2．イ

13 1．(1)イ　(2)カ　(3)キ　(4)エ，ク
　　2．ウ

14 イ

15 エ

16 ア

演習2（p.143〜154）

1 1．(1)キ　(2)ア　(3)エ　(4)ク　(5)カ
　　2．(1)カ　(2)オ　(3)キ　(4)ウ　(5)ク
　　3．(1)キ　(2)ウ　(3)オ　(4)カ　(5)エ
　　4．(1)ア　(2)カ　(3)ウ　(4)エ　(5)イ　(6)キ　(7)オ

2 (1)イ　(2)オ　(3)エ　(4)ア　(5)カ　(6)キ　(7)ウ

3 (1)オ　(2)イ　(3)カ　(4)ウ　(5)ア

4 ア

5 オ

6

令和○年○月○日

総務部長　殿

総務課
丸山　滋子

| 事務消耗品払い出し方法の改善案 |

1．改善案の概要
　(1) 消耗品は総務課で一括管理し，必要に応じて課の庶務担当者が請求する。
　(2) 各課の担当者は，消耗品格納庫から取り出す際に，社内データシステム内の「備品管理台帳」に入力することにする。

2．改善案の考え方
　(1) 現行では，各課から毎週月曜日に「事務用消耗品請求書」を提出させて，払い出しを行っている。
　(2) 現在，事務用消耗品に関しては，総務経費として一括処理されている。そのため，従来のように課別に経費配分し，予算統制を行っていたときとは異なり，個々の課ごとに払い出し金額を算出する必要はない。
　(3) 同じフロアにあり，それほど距離の離れていない課ごとに消耗品を管理・保管するのは，労力とスペースのムダである。

3．改善の効果
　各部門の負担の軽減になり，総務課の事務処理方式の改善にもつながると思われる。

以上

7

令和○年2月28日

○○物産営業部　御中

××商事
生田　昭二

| 取引条件についてのご照会 |

拝啓　貴社いよいよご隆昌のこととお喜び申し上げます。
　平素は格別のお引き立てを賜り，まことにありがとうございます。
　さて，現在お取引賜っております貴社製品につき，次年度以降も継続して取り扱わせていただきたいと考えております。
　つきましては，下記事項につき，次年度以降のご変更の有無を，折り返しご返事いただきたく，お願い申し上げます。

敬具

記

1．仕切り価格について
2．製品仕様について
3．支払い方法について
4．保証金，その他の条件について

以上

項目＼日程	14 金	15 土	16 日	17 月	18 火	19 水	20 木	21 金	22 土	23 日	24 月	25 火	26 水	27 木	28 金	1 土	2 日	3 月	4 火	5 水	6 木	7 金	8 土	9 日	10 月	11 火	12 水	13 木	14 金	15 土	16 日	17 月	18 火	19 水	20 木	21 金	22 土	23 日	24 月	25 火	26 水	27 木	28 金
スタッフ打合せ	━		━																																								
構成台本作成				━━━		━━━						━																															
撮　影																			ロケ		━				ロケ スタジオ						スタジオ												
編　集																															━━━					━━━						
パッケージ																																										━	
納　入																																											━

8

令和○年4月11日

展示会準備会議議事録

1．日　　時　4月10日（木）14：00～16：00
2．場　　所　第3会議室
3．会議の目的　新製品の「コンフォートスーツ」オンライン
　　　　　　　　展示会の開催計画と任務分担について
4．出　席　者　江崎開発部長（司会），徳田開発課主任
　　　　　　　　豊川営業課長，谷口企画課長，開発課八巻
5．議　　題
　　（1）オンライン展示会の開催日およびプラットフォーム
　　　　について
　　（2）展示会への招待者について
　　（3）各課役割分担について
　　（4）次回会議までの検討事項について
6．決定事項
　　（1）展示開催日を6月の第1金・土曜日，○○会社をプラッ
　　　　トフォームとする。
　　（2）展示会準備のため，各課それぞれ役割を分担する。（添
　　　　付分担表参照）
　　（3）次回の準備会議を，5月10日（木）14時から同じ場所
　　　　で行う。
　　（4）各課で分担する任務の詳細を，事前に課内で討議し，
　　　　次回会議に持ち寄る。
7．添付資料　各課役割分担表　1部　　　　　　　　以上

記録担当　開発課　八巻学

9

令和○年○月○日

第3回事務合理化小委員会議事録

日　時　令和○年○月○日（○曜日）10：00～12：00
場　所　第2会議室
議　題　文書保存の統一について
出席者　総務課長　勝浦　誠（司会）
　　　　経理課長　栗田誠一
　　　　営業課長　三浦陽子
　　　　企画課長　林　信行
　　　　総務課　　佐久間友子（記録）
〈決定事項〉
（1）ITの文書管理システムを活用し，保存する際はフォルダー
　　のタイトルの色を課ごとで変える。
（2）OA機器の前に「データ化してフォルダーに保存する」とい
　　うステッカーを貼る。
〈議事経過〉
（1）司会者より，事務部門合理化のためITでの文書管理システム
　　を導入しているが，各部門の保存の仕方で統一がとれず，混乱
　　しているとの問題提起があった。
（2）営業課長からも，共有文書を探すのに不便である，と報告が
　　あった。
（3）経理課長から，事務費の問題だけでなく，環境問題の側面か
　　らも紙ゴミを減らす必要がある。無駄なプリントアウトをやめ
　　るようOA機器の前に貼り紙をしたらどうかという提案があっ
　　た。
〈懸案事項〉
　　環境問題を考えて，用紙は原則として再生紙を使うか，次回
　　までの検討課題になった。

以上
記録（書記）総務課
佐久間友子

10

令和○年○月○日

○○産業営業部
　営業1課長○○　○様
　　　　　　　　　　　　　　　　　　　×ｘ商事営業部
　　　　　　　　　　　　　　　　　　　　○○　○○

商品代金のお支払いについて（ご照会）

拝啓　毎々格別のお引き立てにあずかり，厚くお礼申し上げます。
　さて，○月○日付けにて，お振り込みいただけるお約束になっ
ておりました商品代金が，いまだにご送金いただいておりませ
ん。別紙ご請求書のとおり改めて，ご通知申し上げます。
　ご多用のところ恐縮ですが，帳簿整理の都合もございますの
で，至急お調べのうえ，ご送金くださるようお願い申し上げま
す。
　なお，お振り込みと本状が行き違いになった場合には，悪しか
らずご容赦ください。
　まず，ご照会かたがたお願いまで。　　　　　　　　　敬具

1．添付書類　請求書　1通

以上

11　（1）①　結論が最後までわからない。
　　　　②　相手に対する配慮が不足している。
　　　　　　相手の申し入れを検討したという表現がない。
　　　　③　表現がだぶっている。
　　　　　　　お申し越しの～
　　　　　　　お申し込みいただきまして～

(2)

拝復　新緑の候，貴社ますますご隆盛のこととお喜び申しあげます。さて，○月○日付けの貴信拝受いたしました。新規取り引きのお申し込みをいただきまして，まことにありがとうございます。早速検討をさせていただきましたが，まことに残念でございますが，このたびのお申し込みにはお応えいたしかねることとあいなりました。

実は，弊社におきましては，貴地区に特約店が2店ございまして，現状の販売量からいたしますと，これ以上の拡大はいたしかねる状況でございます。重ねて当社もご多分にもれず，バブル崩壊後の不況にあえぎ，資金繰りにぎりぎりの努力を重ねているところでございます。

つきましては，せっかくのご好意に背くようでございますが，上記事情をご賢察のうえ貴意に添い得ないことを悪しからずご了承くださいますようお願い申し上げます。

まずは，失礼ながら書面をもってご通知申し上げます。

敬具

12

〔悪い点〕	〔理由〕
・意外にも～驚き入りました」	・感情をあらわにすべきではない。
・「まったく貴社の荷造りが不完全である」	・原因ははっきりしない。
・「双方にとって非常に不愉快」	・感情をあらわに書くべきではない。
・「代品が到着するまで破損品は留め置く」	・まるで人質をとるような言い方

令和○年○月○日

○○産業営業部
営業1課長○○　○○様

××商事営業部
○○　○○

代品発送のお願い

前略　去る○月○日付けでご発送の浄水器200個は本日到着いたしました。早速解荷しましたところ，うち4個の包装が破損しており，品物に相当の損傷が生じております。

なにぶんお得意さまに急いで納めなければならない品物ですから，至急代品をご送付ください。破損品は，代品到着次第発送いたします。

まずは，とり急ぎ報告とご請求まで。　草々

13

今朝のテレビニュースによりますと，貴地区を中心に大規模な地震があり，相当の被害が発生したとのこと，たいへん驚きました。心からお見舞い申し上げます。

貴社に被害はありませんでしたでしょうか。案じております。何か私どもでお役に立つことがありましたらば，なんなりとお申しつけください。社員を派遣申し上げます。

取り急ぎ，書状にてお見舞い申し上げます。　草々

東京物産東京営業所
所長　山口　豊樹

14

令和○年○月○日

○○株式会社
仕入部長○○　○○様

○○株式会社
営業部長○○　○○

不良品混入について（おわび）

拝啓　若葉の候，貴社ますますご清栄のこととお喜び申し上げます。

平素は格別のお引き立てにあずかり，厚く御礼申し上げます。

さて，このたび○月○日付けで納品申し上げました当社製品「エリカ」の不良品混入についてお手紙を拝受いたしました。

まことに申し訳ございません。深くおわび申し上げます。

早速，代替品を別便にてお送り申し上げます。なお，まことに恐れ入りますが，着荷済商品は運賃着払いで弊社に送品いただきますようお願い申し上げます。お手数をわずらわせまして申し訳ございません。

今後はこのようなことのないように，くれぐれも注意いたしますので，今後ともお引き立てのほど，よろしくお願い申し上げます。

敬具

演習3（p.157～162）

1　1．(1)カ　(2)ウ　(3)オ
　　2．(1)イ　(2)ウ　(3)オ　(4)ク

2　イ

3　1．(1)5　(2)建設　(3)11, 17　2．ウ

4　1．ウ　2．⑤エ　⑥ウ

5　1．ウ　2．エ

演習4（p.173～178）

1　1．(1)エ　(2)キ　(3)イ　(4)カ　(5)ア
　　2．(1)キ　(2)エ　(3)ア　(4)カ　(5)イ
　　3．(1)オ　(2)イ　(3)ア　(4)エ　(5)ウ

2　1．(1)①エ　②サ　(2)コ　(3)カ　(4)ク　(5)イ
　　2．(1)イ　(2)エ　(3)カ　(4)キ　(5)ケ

3　ウ

4　1．4200
　　2．①2倍超　②高齢者
　　　③セブン-イレブン（・ジャパン）
　　　④住宅地　⑤4000店　⑥約50店
　　3．－イ

5　1．①固定　②テコ入れ
　　2．－エ
　　3．－ウ
　　4．インフレ局面や季節（の繁閑）に応じて価格差をつけられるようにするなど，柔軟な運賃体系の導入

6　1．イ　2．ウ

7　ウ

8　イ

演習5 (p.183〜184)

1　1．ウ　2．エ　3．イ　4．ウ

演習6 (p.199〜210)

1　1．(1)エ　(2)ア　(3)イ
　　2．(1)ウ　(2)エ　(3)イ
　　3．(1)イ　(2)エ　(3)ア
　　4．(1)ア　(2)エ　(3)ウ

2　(1)労働契約(雇用契約)　(2)労働協約　(3)就業規則

3　1．(1)ウ　(2)ア
　　2．(1)エ　(2)オ　(3)ア
　　3．(1)ウ　(2)カ　(3)ア

4　(1)カ　(2)ウ　(3)ア

5　1．－ウ　2．－ア　3．－イ

6　1．－ウ　2．－イ

7　(1)カ　(2)オ　(3)ア　(4)ウ

8　(1)キ　(2)ウ・オ　(3)カ

9　1．(1)イ　(2)オ　(3)ウ　(4)キ
　　2．(1)ウ　(2)エ　(3)ア　(4)ク
　　3．(1)ウ　(2)イ　(3)オ　(4)キ
　　4．(1)ア　(2)オ　(3)カ　(4)ウ

10　1．－ウ　2．－イ　3．－ウ

11　1．－イ　2．－ウ

12　オ　　**13**　ア　　**14**　ウ

15　ウ　　**16**　ウ　　**17**　エ

18　エ　　**19**　ア　　**20**　ア

21　イ　　**22**　ア　　**23**　オ

24　エ　　**25**　エ　　**26**　イ

27　イ　　**28**　エ

29　1．エ　2．エ　3．イ　4．オ　5．ウ

■模擬試験問題

問題1 (p.216〜p.217)
　(1)ウ　(2)ア　(3)イ　(4)ウ　(5)ウ

問題2 (p.218〜p.219)
　(1)イ　(2)ウ　(3)エ　(4)ウ　(5)ウ

問題3 (p.220〜p.221)
　(1)ウ　(2)イ　(3)エ　(4)ウ　(5)ア

問題4 (p.222)
　(1)①ク　②イ　③キ　④ケ　⑤コ　(2)エ　(3)ア

問題5 (p.223〜p.224)
　(1)イ　(2)エ　(3)イ　(4)イ　(5)ア

問題6 (p.225〜p.227)
　(1)ア　(2)ウ　(3)イ　(4)ウ　(5)ア

問題7 (p.228〜p.230)
　(1)ア　(2)ウ　(3)エ　(4)ウ　(5)イ

「問題7はビジネス能力検定ジョブパス（令和5年12月3日実施）出題問題」